C. Bernd Sucher
Mamsi und ich

C. BERND SUCHER

MAMSI UND ICH

Die Geschichte
einer Befreiung

PIPER

Mehr über unsere Autoren und Bücher:
www.piper.de

MIX
Papier aus verantwor-
tungsvollen Quellen
FSC® C014496

ISBN 978-3-492-05857-5
2. Auflage 2019
© Piper Verlag GmbH, München 2019
Satz: Kösel Media GmbH, Krugzell
Gesetzt aus der Minion Pro
Litho: Lorenz & Zeller, Inning am Ammersee
Druck und Bindung: GGP Media GmbH, Pößneck
Printed in Germany

Meiner Mutter

A Yiddishe Mame,
Es gibt nisht besser oif der velt
A Yiddish Mame, Oy vey vi bitter ven zi felt
Vi shayn in likhtig iz in hoiz ven di mame iz do
Vi troyerig finster vert ven Got nemt ir oif Olam Haboh

In vasser in fayer volt zi gelofn far ihr kind
nisht halten ihr tayer, dos iz gevis di gresten zind
Oy, vi gliklekh un raykh iz der mentsh vos hot
Aza shayne matuneh geshenkt foon G-t,
Nor ayn altichke Yiddishe Mame,
Oy, Mame Mayn!

Jack Yellen (1892 – 1991)

Sie hat mich belogen. Oft habe ich sie gefragt, wie das damals war, als sie Paps heiratete, und immer antwortete sie ähnlich. Als ich ein wenig älter und noch neugieriger wurde, erklärte sie mir, dass eine kirchliche Hochzeit unmöglich gewesen sei.

Als ich sechs war, sagte sie: »Ganz schlicht, mein Kleiner. Erst waren wir im Standesamt, das war eigentlich das Rathaus. Dort haben Paps und ich uns das Jawort gegeben; danach gab es eine kleine Feier. Nichts Großes. Der Krieg war ja erst ein Jahr vorbei.«

»Du weißt doch Paps war Protestant, Großvater Oswald war Kirchenrat – und ich bin Jüdin. Wir konnten nicht in der Kirche heiraten.«

Ich halte ein Fotoalbum in der Hand, hocke auf einem alten Koffer im Keller unseres Hauses, und sehe meine Mutter. Sie trägt ein weißes langes Hochzeitskleid, über ihre langen, ein wenig krausen schwarzen Haare fällt ein Schleier bis auf die Schultern, gehalten von einem Myrtenkranz. Mit dem linken Arm hat sie sich bei meinem Vater eingehakt, in der rechten Hand hält sie einen kleinen Brautstrauß. Sie schaut ernst, aber nicht unfroh. Mein Vater lächelt. Ein zweireihiger dunkler Anzug, weißes Hemd, eine weiße Nelke im Revers und die Haare streng mit Pomade nach hinten gekämmt. Ein Paar. 1946, 8. Juni, ein Samstag. Ich möchte weiterblättern, doch ich kann nicht. Ich weine.

Hamburg, Montag, 13. Oktober 2005
Sonnenschein. Habe in einem braunen Lederkoffer voller Stockflecken Fotos entdeckt. Unsere Eltern haben sie ein Leben lang versteckt. Haben sie sie je angesehen? Heimlich? Im Keller? Sie haben in einer Kirche geheiratet! Protestantischer Pfarrer vor der Kirchentür, neogotisch. Mamsi ist eine Lügnerin gewesen. Aus Scham? Warum hat Paps die Lügen gedeckt? Minka hilft mir, die Wohnung auszuräumen. Sie ist patent, hat bereits einen Entrümpelungsdienst bestellt. Voreilig. Sie will nichts haben. Nicht einmal ein Foto. Seltsam! Razzien im Westjordanland.

Vor zehn Tagen ist meine Mutter gestorben, die seit dem Tod meines Vaters das Bett nicht mehr verlassen und seit mehr als vierzehn Monaten kaum noch gesprochen hatte, außer um mit leerem Blick immer nur eine einzige Frage zu stellen: »Und jetzt?«

Ich starre auf die Frau in weißem Tüll. Sie sitzt neben meinem Vater bei Tisch, links von ihnen mein Großvater, schon damals mit einem glatt rasierten Schädel, und rechts meine sehr schmächtige Großmutter. Bilder der Tischgesellschaft. Der Pfarrer, immer noch mit weißem Beffchen unter dem Anzug, der Bürgermeister mit einer lächerlichen Amtskette. Von wegen kleine Familienfeier. Eine große Hochzeit war das. Oswald Sucher, mein Großvater, und seine Frau Hulda Milda, in Bitterfeld sehr angesehene und durchaus wohlhabende Geschäftsleute, hatten nach der kirchlichen Trauung in der Stadtkirche ins Hotel Döring geladen – das Brautpaar steht unter dem Eingangsschild. Trauzeugen waren der Bruder meines Vaters, Helmut, und dessen Freundin. Ich entdecke auf keiner der Aufnahmen junge Frauen. Offensichtlich waren die wenigen Freundinnen, die meine Mutter nach ihrer Wiederkehr vielleicht gefunden hatte, nicht eingeladen. Wird sie in der Kirche das »Ja« sehr laut gesagt haben? Schwieg sie beim Glaubensbekenntnis?

Ich finde einen vergilbten Zettel in einem hübschen Intarsienholzkästchen. Auf dem Briefkopf: Pfarrei Stadtkirche Bitterfeld. Der Pfarrer Christian Lorch bestätigt, dass sich Margot Sucher, geborene Artmann, bereit erklärt, die Kinder, die das Paar, so Gott will, zeugen wird, im protestantischen Glauben zu erziehen.

Ich sehe ein Foto, auf dem Oswald Sucher steht. Er hat sich erhoben, schaut auf seinen Sohn und hält einen Zettel in der Hand: Er spricht. Auch diesen Zettel haben meine Eltern aufbewahrt. Großvater hatte eine sehr klare Handschrift: Sütterlin.

Zwischen der Hühnersuppe, die sich meine Mutter, da bin ich sicher, gewünscht hatte – »jüdisches Penicillin« mochte sie zeitlebens –, und dem Schweinebraten mit Kartoffelknödel – Großvaters Lieblingsspeise –, freute sich ihr Schwiegervater öffentlich, dass sein Sohn eine Leipzigerin zur Frau gewählt hat, noch dazu eine, die über die Geschäfte ihrer Eltern mit der Stadt Bitterfeld verbunden ist.

»Besonders schön ist, dass du, Margot, nach anfänglichem Zögern dieser kirchlichen Heirat zugestimmt hast. Und noch schöner, dass die gesunden Kinder, die du Heinz hoffentlich gebären wirst, im protestantischen Glauben erzogen werden.«

Vor dem Essen wurde gewiss gebetet, wie stets, wenn mein Großvater mit am Tisch saß: »Komm, Herr Jesus, sei unser Gast und segne, was du uns bescheret hast!« Oswald Sucher schmetterte die Verse, immer. Was tat meine Mutter? Stimmte sie ein, hat sie mitgebetet? Hat sie die Hände gefaltet, was Juden nie tun? Wird sie sich zum »Amen« dazugesellt haben? Womöglich mit einem gedehnten »e«, wie es Juden gern machen?

Die Hochzeitstorte, auch sie wurde fotografiert, war ein riesiger Baumkuchen, den mein Vater, der zuvor eine Konditorlehre absolvierte, selbst gebacken hatte. Oft erzählte er von seinen misslungenen Versuchen, solche hohen Ungetüme aufzubauen, Schicht um Schicht. Für jeden missglückten Versuch musste sein Vater zahlen – und er wurde bestraft, mit Ohrfeigen. Als Kind besaß ich sein Buch der Konditoreikunst – ich nannte es das »Ditor«-Buch, Großmutter hatte es Anfang der Fünfzigerjahre nach Hamburg geschickt. Ich blätterte gern darin. Manchmal erfüllte mir mein Vater auch einen Kuchenwunsch. Ich mochte sie, die dicken, fetten Torten mit ihren vielen Cremeschichten – aus einem Spritzbeutel. Auf einem der Fotos: Margot Artmann beim Anschneiden.

Das erste Buch, das ich, im Alter von zwei Jahren, durchblätterte und dessen bunte Illustrationen mich faszinierten und aus dem mir Gretti, meine Amme und Kinderfrau, vorgelesen hatte, hieß *Bernd allein auf der Welt*. Glaubte ich bis 2015. In diesem Jahr machte ich mich auf die Suche nach dieser Bilderbuch-Erzählung. Nicht zuletzt, weil keiner meiner Freunde mir glauben mochte, dass sie existierte. Ich hatte mich um Kopf und Kragen geredet. Denn dieses Buch – so meine feste Überzeugung – hatte mich geprägt. Der fiktive Bernd sehnte sich nach Menschen – wie ich. Ein Junge, der alles kann – nur nicht allein sein!

Im Zentralen Verzeichnis Antiquarischer Bücher fand ich eines Tages ein Exemplar von *Paul allein auf der Welt*, erschienen in meinem Geburtsjahr, geschrieben von Jens Sigsgaard, illustriert von Arne Ungermann. Dieser Paul wacht eines Morgens auf und merkt, dass seine Eltern nicht zu Hause sind. Auch auf der Straße ist kein Mensch. In der Straßenbahn gibt es weder einen Schaffner noch einen Fahrer. Niemand ist im Milchladen, niemand im Schokoladen- und Obstgeschäft. In der Bank holt er sich einen Beutel voller Geld, aber er kann sich dafür nichts kaufen, weil es keine Verkäufer gibt. Er läuft über einen Rasen – das Schild »Bitte nicht betreten!« schert ihn nicht.

Paul genießt seine Freiheit, aber auf dem Spielplatz fehlen ihm Käthi und Peter – er kann nicht wippen … Endlich wacht er auf und schreit. Die Mutter kommt an sein Bett und will wissen, warum er so heftig weint. Paul sagt, er habe geträumt, allein auf der Welt gewesen zu sein. Er habe alles tun können, was er wollte – »aber es war schrecklich langweilig so allein!«.

Le Grand Hotel, Paris, Mittwoch, 7.12.2005
Von Sonntag bis Dienstagmorgen Hamburg. Erst »Leidenschaften«: Schiller mit Siemen Rühaak im St. Pauli Theater. Am nächsten Tag mit Minka, Nico, Wolfgang die Weihnachtsessentradition wieder aufgenommen. Erst Champagner in der Wohnhalle, dann Essen im Doc Cheng. Minka erzählt zum ersten Mal, dass Mamsi sich immer die Schabbes-G'ttesdienste im NDR anhörte. Abschied vom Elternhaus. Mit Wolfgang nach Paris geflogen. Nikolausessen im Vaudeville. Heute Einkauf dieses ledernen Tagebuchs, Hemd und Krawatte + Pochette, kriegt Wolfgang zu Weihnachten.

Minka und ich trafen den Hausverwalter, einen Herrn Hagemann, zur Übergabe der Wohnung. Das letzte Mal im Uckermarkweg 10e. In meinem Zimmer, in dem der Daumen hochgebunden worden war, damit ich ihn nicht lutschte; in dem ich geschlagen wurde; in dem ich betete, nicht schwul zu sein; in dem ich meiner Mutter alles gestand – und verraten wurde; in dem ich masturbierte. Einmal überraschte mich dabei Minka. Sie kam ins Zimmer, ohne anzuklopfen. Ich wurde schamrot. Wir haben nie darüber geredet. Neben meinem Bett stand ein kleines Radio, das ich – für Pop auf NDR – gleich nach der zweiten Weckung andrehte.

Bevor Minka kam, lief ich nochmals um den Block der Reihenhäuser – beäugt von neugierigen Nachbarn. Nur in unserem Garten gibt es hochgewachsene Bäume, eine Tanne, einen Pflaumen- und einen Apfelbaum. Und eine Schaukel, sie stand noch da. Ich setzte mich drauf und erinnerte mich an meinen Vater! Hier war es gewesen! Was für eine Nacht!

Schon drei Wochen nach dem Tod von Mamsi wurde innen aus dem Haus alles rausgerissen, Rohbau. Im Wintergarten habe ich mich kurz auf den Holzboden gesetzt und daran gedacht, wie gern ich dort schlief, vor allem bei Regen. Wie Mamsi zu Schulzeiten hier die erste und die zweite »Weckung« machte, mit einer Schlaffrist dazwischen von fünf Minuten. Nie waren es sechs. Und wenn ich nicht sofort aufstand, schimpfte sie sehr. Immer wieder der Spruch: »Du stiehlst dem lieben G'tt den Tag!«

Ich bin wehmütig, aber nicht wirklich traurig. Im Keller entdecke ich noch meinen Schlitten. Ich erinnere mich, dass Paps ihn mit einem Tau hinten an der Stoßstange an seinem Opel Kapitän befestigte und Minka und mich auf einer schneebedeckten Waldstraße nördlich von Bad Segeberg mit zwanzig Stundenkilometern durch den Schnee schleppte. Mamsi schaute aus dem Rückfenster, sie fürchtete wohl, dass uns etwas passieren könnte. An die Abgase dachte damals niemand.

Warum hat meine Mutter geschwiegen, schlimmer noch: mich belogen? Warum hat sie mir nur selten etwas anvertraut? Warum hat sie nie über die Frau, die polnische Bäuerin, gesprochen? Oft sagte sie, dass eine Frau sehr gut zu ihr gewesen sei, ihr verdanke sie ihr Leben.

»Aber, glaub mir, auch diese Zeit war furchtbar. Anders furchtbar.«

»Wieso?«

Meine Mutter schwieg.

Warum hat sie meinen Vorschlag abgelehnt, sie möge ihre Lebensgeschichte aufschreiben oder auf ein Tonband sprechen? Warum wollte sie so viel für sich behalten? Warum gab es im Alter für sie nur eine Frage: Und jetzt? Warum vertraute sie sich niemandem an – nicht meinem Vater, der es sehr früh aufgab, sie zu befragen? Auch er erzählte mir nicht viel vom Krieg und seinen Jahren in Frankreich. Er brüstete sich nur damit, eine sehr schöne französische Freundin gehabt zu haben. Natürlich verletzte dieses Bekenntnis meine Mutter. Sie fand auch seine anderen Prahlereien weit weniger amüsant als er: die Plünderung von Weinkellern französischer Juden; die Verfolgung von Deserteuren.

Ein verschwiegenes Paar. Ein ungleiches Paar. Ein nur sehr selten glückliches Paar.

Meine Mutter wurde am 9. Januar 1925 in Leipzig geboren. Sie war die Tochter von Kurt Artmann und seiner Frau Elise, geborene Jacoby. Mein Großvater war Protestant, meine Großmutter Jüdin. Sie wuchs in einem wohlhabenden Haushalt auf. Ihr Vater, Clemens Jacoby, hatte es als Rechtsanwalt in Leipzig früh schon zu Wohlstand gebracht; ihre Mutter Ruth kam aus kleinbürgerlichen Verhältnissen. Sie liebte, so erzählte meine Mutter, die Musik, war aber geizig. Je älter sie wurde, desto schlimmer sparte sie, gab alle Geselligkeiten auf, weil sie es nicht einsah, andere »durchzufüttern«.

Die Eltern meines Großvaters Kurt, Michael und Elisabeth Artmann, waren Lebensmittelhändler in Bitterfeld. Dieser Urgroßvater muss ein exzessiver Trinker gewesen sein, im Rausch gewalttätig zu seinen beiden Kindern, was dazu führte, dass Kurt Artmann lebenslang keinen Alkohol anrührte. Er arbeitete nach der Mittleren Reife und einer Kaufmannslehre ehrgeizig an seiner Karriere und besaß, als meine Mutter geboren wurde, ein großes Möbelgeschäft in Leipzig, in der Menckestraße 26, mit einer Filiale in Bitterfeld. Großvater Kurt war ein Snob. Er ließ sich, so erklärte meine Mutter stolz – und zugleich ein wenig enttäuscht, dass ihr Vater doch ein kleiner Angeber war –, in seinem schwarzen Horch 830 BL Convertible nach Budapest fahren, um sich Schuhe anfertigen zu lassen. Diese Geschichte bekam ich immer wieder und immer dann zu hören, wenn ich neue Schuhe haben wollte. Mutter meinte, ich hätte diesen »Schuhfimmel«, so nannte sie diese ihr seltsam erscheinende Lust, von »Opa Artmann« geerbt.

Hamburg, Hotel Vier Jahreszeiten, 24. Oktober 2005
Es ist ein Montag. Noch mal für zwei Tage in der Wohnung der Eltern. Minka hatte angeboten, dass ich bei ihr übernachten könnte. Habe abgelehnt. Wir räumen das Schlaf- und das Wohnzimmer aus. Es tut weh, Dinge wegzuwerfen, die mir einmal wertvoll schienen. Ganz schlimm: die Geschenke, die ich Mamsi und Paps gemacht habe. Ich mag sie nicht zu mir nehmen. Im weißen Schlafzimmerschrank finden wir im obersten Fach, versteckt hinter Tischdecken, sechs Krokodilledertaschen in verschiedenen Größen. In einer entdecke ich den Brief. Alle komplett ausgestattet, mit Kamm im Krokoetui, Puderdöschen und Spiegel. Mamsi regte sich über meinen Schuhfimmel auf – sie hatte einen Taschenfimmel. Aber heimlich! Wie albern ist das denn? Ging sie mit ihnen schlafen?

Meine Großmutter Elise kam am 5. Juni 1894 in Nienburg an der Saale zur Welt. Meine Mutter nannte sie nur »meine Mutter«, während sie von ihrem Vater immer als »Opa Artmann« sprach. Sie muss sowohl geschäftstüchtig als auch gebildet gewesen sein. Sie stammte aus einer erfolgreichen jüdischen Anwaltsfamilie, die wie die meisten Leipziger Juden assimiliert war, weshalb für ihre Familie die Heirat mit einem Nichtjuden, einem Goj, unproblematisch war. Ein Problem stellte eher Kurt Artmanns soziale Herkunft dar. Doch da Elise Jacoby, die Deutsch und Französisch studierte, als sie Kurt Artmann kennenlernte, sich nicht von ihrem Wunsch abbringen ließ, diesen gut aussehenden, erfolgreichen Aufsteiger zu heiraten, willigten die Eltern letztlich ein. Nicht zuletzt, weil Clemens Jacoby die Strebsamkeit seines zukünftigen Schwiegersohnes imponierte. Geheiratet wurde nur standesamtlich, weder in der Kirche noch in der Synagoge.

Elise Artmann gab wegen der Heirat das Studium auf. Sie erwies sich bald schon als die Stärkere in dieser Ehe. Sie war es, die sich um die Angestellten im Geschäft kümmerte, um den Haushalt und, nach zweijähriger Ehe, um das einzige

Kind, die Tochter Margot. Opa Artmann hingegen gefiel sich als Charmeur und hatte, so meine Mutter, ganz gewiss andere Frauen neben der eigenen. Seltsam, nie sprach sie über diesen Vater-Hallodri unziemlich, nie kritisierte sie sein Verhalten. Im Gegenteil: Es schien, als sei sie stolz gewesen auf diesen Herzensbrecher.

Ich blättere in dem Fotoalbum und finde mein Großelternpaar Artmann. Sie stattlich, aber nicht sehr groß gewachsen, er schlank und sie ein wenig überragend. Sie stehen vor einem großen Hotel in Marienbad. Überaus korrekt gekleidet. Sie haben sich hergerichtet – nicht für das Foto, sondern für den Ort. Sie haben sich nicht vor der Kulisse drapiert, eher möchten sie erscheinen, als seien sie von dem Fotografen entdeckt worden – als Vorzeigebesucher dieses Nobelortes. Das Geschäftsehepaar aus Leipzig demonstriert Wohlstand und möchte gesehen werden. Selbstbewusst schauen sie in die Kamera. Schaut meine Großmutter jüdisch aus? Meine Mutter? Kann man in mir einen Juden erkennen?

München, Montag, 7. November 2005
Ich muss mir unbedingt Alain Resnais' Film L'année dernière à Marienbad *aus der HFF-Mediathek ausleihen.*
Fotos von meinen jüdischen Großeltern in einer Pappschachtel gefunden, die in einem sehr großen Karton lagen neben vielen Diakisten aus den Sechzigerjahren. Ich und Minka auf dem Schlitten, fotografiert aus dem Autoheckfenster, Minka und ich an der Ostsee, wir bereiten in einem Eimer einen Salat aus weißen Quallen. Habe alle Fotos und Dias mitgenommen. Ich war wirklich ein dicker Junge. Nie kam mir der Gedanke, dass ich eine jüdische Physiognomie habe. Ich sehe doch nicht aus wie die Juden, die Philipp Rupprecht unter dem Pseudonym Fips für den Stürmer zeichnete. Erinnerte mich an meine ersten Besuche in der Hamburger jüdischen Gemeinde. Nur zweimal in meinem Leben wurde mir bewusst, dass ich aussah wie andere Juden. Also doch womöglich jüdische Züge tragen könnte. Was

mich verunsicherte und zugleich meinen Wunsch stärkte, der jüdischen Gemeinde offiziell anzugehören.

Herbst 1964.

Ich besuchte ein Klavierkonzert im Gemeindesaal der Hamburger Israelitischen Kultusgemeinde. Es waren viele junge Menschen im Saal, einige mit ihren Müttern. Ich glaubte, besonders viele Frauen mit so großen Ohren, wie meine Mutter sie hatte, zu sehen. Ich verglich sie mit den Cocker-Hängern. Und Jungen, die mir ähnelten: schwarze Haare, Brille, ein wenig dicklich – und im Gespräch neunmalklug.

Herbst 2016

Seit ich Mitglied der liberalen Gemeinde in München bin, die den Namen »Beth Schalom« trägt, Haus des Friedens, versuche ich an Rosh Hashana, dem Neujahrsabend, und an Jom Kippur in der Synagoge zu sein. Der Versöhnungstag ist mir der wichtigste Termin im jüdischen Jahr. Ich faste, ich kleide mich in Weiß, trage weder Schmuck noch Lederschuhe, verzichte also auf jeden Luxus – es ist so, als probiere man in einem Totenhemd den Tod, hoffend, dass nach diesem »Tag der Bedeckung«, wie die wörtliche Übersetzung heißt, nach diesem Tag, an dem man seine Sünden bekennt – G'tt den Gläubigen ins Buch des Lebens eintragen möge. Bin ich in München, dann bitte ich den Rabbiner darum, möglichst viele Texte vor der Gemeinde vortragen zu dürfen. Auch Kafka-Texte!

Ausgerechnet an Jom Kippur laufe ich mit meinem Mann und unserer japanischen Fremdenführerin Ayaka Mitsuda durch Kyoto. Ich hatte beiden erklärt, dass ich das 24-stündige Fasten einhalten wolle, also auch nichts trinken würde, trotz der sechsundzwanzig Grad im Schatten. Auf dem sogenannten Philosophenweg, von einem buddhistischen Tempel zu einem anderen, sprechen mich zwei junge Männer an: »You're looking very jewish!« – »Yes I'm a German jew, a liberal one.«

Sie erklären, dass ihnen noch ein Mann fehle. Der zehnte, um einen G'ttesdienst abhalten zu können. »You know: the minjan!« – »Yes, but I don't speak Hebrew!«

Kyoto, 12. Oktober 2016, Jom Kippur, 23.12 Uhr
Ich muss Hebräisch lernen!

Seit der Pubertät las ich bevorzugt jüdische Autoren, und, das gehörte für mich zusammen, ich suchte nach den Antisemiten unter den Intellektuellen. Was mich trieb, war Neugier zum einen. Zum anderen wollte ich wissen, welche Intellektuellen und Künstler offen judenfeindlich waren, um mich mit meinem Urteil zu positionieren. Gab es Antisemiten, die sich öffentlich anders äußerten als in ihren Briefen und Tagebüchern? Ich wollte mir meine selbst gestellte Frage beantworten, ob ich ein Werk schätzen konnte und zugleich den Autor oder Komponisten verachten. Ich wurde zum Erstaunen meiner Freunde und später meiner Zuhörer und Leser sehr oft fündig – es gab sie, die bekennenden und die verstohlenen, aus Rücksicht auf ihre Karriere verschwiegenen Judenverächter, die allein in privaten Mitteilungen ihrem Hass freien Lauf ließen. Nur eines gelang mir nicht: eine eindeutige Antwort. Vergibt man dem Genie Antijudaismus und im 20. Jahrhundert Antizionismus?

Zu den schlimmsten Judenhassern zählte ich Martin Luther, Richard Wagner und Theodor Fontane, der sich sehr ausführlich mit den Juden und ihrem Aussehen beschäftigt – das interessierte die anderen beiden Antisemiten eher nicht.
    Während seiner Ferien auf Norderney schreibt Fontane seiner Frau Emilie. Es ist übrigens ein Brief, der in der ersten Ausgabe seiner Korrespondenzen von der Familie nicht in die Sammlung aufgenommen wurde, Familienzensur: »Fatal waren die Juden; ihre frechen, unschönen Gaunergesichter (denn in Gaunerei liegt ihre ganze Größe) drängen sich einem

überall auf. Wer in Rawicz oder Meseritz ein Jahr lang Menschen betrogen oder, wenn nicht betrogen, eklige Geschäfte besorgt hat, hat keinen Anspruch darauf, sich in Norderney unter Prinzessinnen und Comtessen mit herumzuzieren. Wer zur guten Gesellschaft gehört, Jude oder Christ, darf sich auch in der guten Gesellschaft bewegen, wer aber elf Monate lang Katun abmisst oder Kampfer in alte Pelze packt, hat kein Recht, im zwölften Monat sich an einen Grafentisch zu setzen.«

Im Jahr 1880 beschwört er, dass den Juden eine Lektion erteilt werden würde, weil sie eine Strafe verdienten: »Nichts von den großen Dingen, nicht einmal von der ›Judenfrage‹, sosehr mich diese bewegt und geradezu aufregt. Nur so viel: Ich bin von Kindesbeinen an ein Judenfreund gewesen und habe persönlich nur Gutes von den Juden erfahren, dennoch hab ich so sehr das Gefühl ihrer Schuld, ihres grenzenlosen Übermuts, dass ich ihnen eine ernste Niederlage nicht bloß gönne, sondern wünsche. Und das steht mir fest, wenn sie sie jetzt nicht erleiden und sich auch nicht ändern, so bricht in Zeiten, die wir beide freilich nicht mehr erleben werden, eine schwere Heimsuchung über sie herein.«
Fontane war ernsthaft davon überzeugt, dass die Juden »ein schreckliches Volk« seien: »Ein Volk, dem vom Uranfang an etwas dünkelhaft Niedriges anhaftet, mit dem sich die arische Welt nun mal nicht vertragen kann. Welch Unterschied zwischen der christlichen und der jüdischen Verbrecherwelt! Und das alles unausrottbar.« Schließlich, Lessings *Nathan* bedenkend, verabschiedete sich Fontane auch von den Idealen der Aufklärung. Zu den Herrlichkeiten, die er während seines Lebens erfahren habe, schreibt er 1880, »gehört auch der immer mehr zutage tretende Bankrutt der Afterweisheit des vorigen Jahrhunderts. Das Unheil, das Lessing mit seiner Geschichte von den drei Ringen angerichtet hat, ist kolossal. Das ›seid umschlungen Millionen‹ ist ein Unsinn.«

Meine Großmutter gehörte zur Leipziger Gesellschaft – doch meine Mutter wurde bereits als Mädchen durch die Gesetzgebung 1938 ausgeschlossen; Lessings *Nathan* verschwand von den Bühnen, und der *Stürmer* präsentierte zum Vergnügen seiner Leser die »Gaunergesichter«, von denen Fontane geschrieben hatte. Und die Deutschen nahmen des Dichters Rat an, die Juden auszurotten.

Margot Artmann, das Mädchen mit den großen Ohren und den schwarzen Locken – meine Mutter –, besuchte erst eine normale städtische Volksschule. Der Chauffeur fuhr sie hin und brachte sie ins Haus zurück, manchmal lud sie ihre Freundinnen noch ein, zum Mittagessen mitzukommen. Sie war ein verwöhntes Einzelkind und schlug auch gern einmal über die Stränge. An einem Donnerstagnachmittag im März 1933 ließ sie sich zu Hause vorfahren, Herr Egon musste ihr die Wagentür öffnen, und dann gab sie ihm, weil sie ihrer Freundin Agnes imponieren wollte, ihren Schulranzen. Ihre Mutter sah diese Szene vom Haus aus, eilte vor die Tür und ohrfeigte die Tochter vor ihrer Freundin und dem Angestellten.

»Wie führst du dich auf! Schäm dich! Pass auf! Du wirst auch noch mal vierter Klasse reisen.«

Agnes schlich nach Hause, meine Mutter ging in ihr Zimmer, das Mittagessen fiel aus. Elise Artmann ahnte vielleicht, wovon sie sprach. Am 30. Januar dieses Jahres war Adolf Hitler zum Reichskanzler ernannt worden; es begann die Vertreibung der Juden aus dem öffentlichen Dienst. Meine Großmutter hatte in der *Neuen Leipziger Zeitung* gelesen, dass schon am 7. April im Gesetz zur Wiederherstellung des Berufsbeamtentums eine Bestimmung zur Ausschaltung von »Nichtariern« aufgenommen worden war, in der explizit gefordert wurde, Beamte »nichtarischer Abstammung« in den sofortigen Ruhestand zu versetzen. Als »nichtarisch« galt, auch das stand am 13. April in der Zeitung, wer einen Eltern-

oder Großelternteil hatte, der der jüdischen Religion angehörte. Neun Tage später schon wurde »die Tätigkeit von Kassenärzten nichtarischer Herkunft« unterbunden. Es dauerte keine drei Monate, bis der Arierparagraf auch für den Apotheker-, den Schriftstellerverband und für alle Sport- und Turnvereinigungen galt. Ende Oktober 1933 verlor ein Freund meiner Großmutter, Hermann Kohn, seine Stellung bei der *Neuen Leipziger Zeitung;* der Klavierlehrer meiner Mutter bekam Auftrittsverbot. Klar, dass das Mädchen die Veränderungen mitbekam. Aber sie fragte nicht, und sie erzählte ihren Eltern auch nicht, dass in der Schule einige Klassenkameraden sie hänselten.

»Ich wollte sie nicht beunruhigen«, sagte mir meine Mutter an einem Nachmittag, als sie wider Erwarten einmal auf meine Fragen antwortete. Wie es ihr ergangen war, wollte ich wissen, damals in der Schule.

»Eigentlich wurde ich von den meisten geachtet. Nur ein Junge war schon sehr früh aggressiv mir gegenüber. Sein Vater gehörte zu den ersten Leipzigern, die in die NSDAP eingetreten waren. Er arbeitete als Straßenbahnfahrer. Sein Sohn war ein großer, hagerer Junge, nicht sehr intelligent, aber ein toller Fußballspieler und blond. Er hat mich zunächst nur auf dem Schulhof beschimpft. Aber einmal auch im Unterricht. Ich erinnere mich genau. Es war während der Mathematikstunde. ›Du mit deiner Judenfratze solltest nicht immer das Maul aufreißen, bevor du gefragt wirst‹, brüllte dieser Stefan Grothe, als ich wieder einmal als Erste eine Antwort auf die Frage des Lehrers wusste. ›Wir Deutschen haben Vortritt, merk dir das, die Juden haben überhaupt kein Recht, sich vorzudrängeln.‹« Dann fügte sie hinzu: »Und ich war mindestens so ehrgeizig, wie du es jetzt bist.«

Montag, 14. Januar 1963
Mamsi hat über ihre Schulzeit geredet und über die Nazis in der Klasse. Es wäre so gut, wenn sie mir mehr erzählte. Gut für sie –

und gut für mich. Aber sie tut's nur sehr selten. Eine Eins in Mathe. Turnunterricht geschwänzt. Mondscheinsonate geübt. Alles andere als perfekt. Leider.

Der Lehrer lobte meine Mutter nicht für die richtige Lösung der Mathematikaufgabe, er tadelte Stefan nicht für sein Geblöke. Warum Margot schwieg? Sie wollte ihren Eltern nicht noch mehr Sorgen bereiten, denn sie hatte gehört, dass Großvater Clemens keine Arier mehr vertreten durfte, also von nun an allein von jüdischen Mandanten abhängig war. Die Familie hatte plötzlich weniger Geld zur Verfügung und musste sich einschränken, trotz der Ersparnisse. Schon am 28. März 1933 hatte die Parteileitung der NSDAP zum Boykott jüdischer Geschäfte, Ärzte und Anwälte aufgerufen. Auch vor den Möbelhäusern von Kurt Artmann postierten sich am 1. April SA-Männer und die Hitlerjugend. Sie hinderten die Kunden am Betreten des Geschäfts, pöbelten, dass Deutsche ihr Geld nicht bei Juden lassen sollten. Die meisten, die vorhatten, sich beraten zu lassen oder etwas zu kaufen, waren eingeschüchtert – und traten nicht ein.

»Du musst eine Anzeige aufgeben, dass du Arier bist, dass es keinen Grund gibt, deine Geschäfte zu boykottieren«, schlug meine Großmutter vor.

»Das wird nichts nützen, weil Artmann nun mal ein sehr jüdischer Name ist, schließlich wissen alle, dass du Jüdin bist. Und außerdem wird dieser kleinbürgerliche Spuk bald vorbei sein.«

Auch mein Großvater schloss die Augen vor der Realität.

»Das glaube ich nicht, Kurt. Denk an den Reichstagsbrand. Denk an die Rede von Hitler im Reichstag und wie er umjubelt wurde. Die meisten finden gut, was er vorhat. Sie glauben daran, dass er sie vom Marxismus befreit und auch von uns, den Juden. Von mir. Du bist ja kein Jude.«

Sie konnten nicht weiterreden. Margot kam früher als sonst, sie war nach Hause geschickt worden. Heute, habe der Direktor gesagt, sollten die Deutschen mal unter sich bleiben.

Die Rede, von der meine Großmutter sprach, hatte ihr Mann sich nicht angehört. Ihn ödete Politik an und dieser Hitler ganz besonders. Doch Hitlers Rede im Sportpalast am 10. Februar 1933 ließ keine Zweifel: »Niemals, niemals werde ich mich von der Aufgabe entfernen, den Marxismus und seine Begleiterscheinungen aus Deutschland auszurotten, und niemals werde ich zu Kompromissen bereit sein. Ich will ein Programm der Wiedererhebung auf allen Gebieten des Lebens, unduldsam gegen jeden, der sich gegen die Nation versündigt. Denn ich kann mich nicht lösen von dem Glauben an mein Volk, kann mich nicht lossagen von der Überzeugung, dass diese Nation einst wieder auferstehen wird, kann mich nicht entfernen von der Liebe zu diesem meinem Volk.«

Als Margot im September 1934 mit Wunden am Kopf und am Oberkörper nach Hause kam und erzählte, dass Stefan und einige andere Jungs aus der Hitlerjugend sie verprügelt hätten, ihr »die Judenfresse« polieren wollten, und dass keine Freundin ihr beigestanden hätte, ließ sich Elise Artmann einen Termin beim Schuldirektor Doktor Leonhardt geben. Der hörte sich an, was sie vorzutragen hatte, bedauerte den Vorfall, fügte aber an, dass er schwer etwas dagegen machen könne. Die Zeiten seien eben nicht gut für Juden.

»Im Übrigen, verehrte Frau Artmann, Sie haben doch sicher gelesen, dass der Führer im August eine Amnestie für übereifrige Nazis erlassen hat und dass es schon seit Juli ein Staatsnotwehrgesetz gibt. Ich denke, wir sollten auch bei Stefan Gnade vor Recht ergehen lassen.« Doktor Leonhardt stand auf. »In diesem Sinne wünsche ich Ihnen noch einen schönen Tag. Heil Hitler!«

Die Schikanen wurden häufiger und heftiger. Wenngleich Elise Artmann keineswegs als bekennende Jüdin lebte – je schlimmer die Diskriminierungen wurden, desto bewusster verfolgte sie, wie die jüdischen Gemeinden auf das immer aggressivere Vorgehen der Nationalsozialisten reagierten. Sie engagierte sich sogar finanziell beim Kulturbund Deutscher Juden, der sich von 1935 an »Reichsverband jüdischer Kulturbünde« nennen musste. Er wurde ein Sammelbecken für alle aus den verschiedenen Reichskulturkammern ausgeschlossenen jüdischen Künstler. Elise Artmann freute sich, dass jüdische Schauspieler Lessings *Nathan* und Dramen von Goethe und Schiller aufführten. Doch Hans Hinkel, der Reichskulturverwalter, forcierte schon bald die Entjudaisierung der Spielpläne; den Juden wurde verboten, Werke von Schiller, Goethe und Beethoven aufzuführen. Auch das stand in der *Neuen Leipziger Zeitung,* versehen mit einem Kommentar, dass es höchste Zeit würde, Artfremden, also Nichtariern, zu verbieten, die deutsche Kultur zu misshandeln.

»Jetzt nehmen sie uns auch noch unsere Kultur«, klagte Elise Artmann ihrer Tochter, »aber sie unterschätzen uns: Wir können lesen, und wir können musizieren! Wir werden es ihnen zeigen.«

Bis zum 17. März 1934 – an diesem Tag starb Kurt Artmann im Alter von 46 Jahren an einem Herzinfarkt – gab es im Elternhaus meiner Mutter Lesungen von jüdischen Schauspielern und Hauskonzerte. Auf den Programmen – jeweils am Freitagabend, dem Vorabend des Sabbat – standen Gedichte von Goethe und Schiller; man las Lessings *Emilia Galotti,* man spielte auf dem Flügel Sonaten von Haydn, Mozart, Beethoven. 1936, nach dem frühen Tod meines Großvaters, wurde meine Mutter auf ein jüdisches Lyzeum geschickt.

Musste ich deshalb, frage ich mich heute, schon als Vierjähriger das Blockflötespielen erlernen, Sopran-, Alt-, Tenor- und später, als die Hände größer waren, auch noch die Bassblockflöte? Als ich fünf war, bekam ich dann – und zwar dreizehn Jahre lang – Klavier- und Cellounterricht. Damit nicht genug: Meine Mutter brachte mich auch zum Aufnahmevorsingen beim Knabenchor des NDR. Ich bestand und sang dort bis zum Stimmbruch – und danach wieder als Tenor. Hier lernte ich die Bach-Kantaten kennen. Wir sangen sie nicht allein für den Sender, sondern auch sonntags während der Gottesdienste in der Kirche Sankt Nicolai am Klosterstern. Die Kantate für den 14. Sonntag nach Trinitatis, Bach-Werke-Verzeichnis Nummer 25, war die erste, die ich singen durfte. Der Titel amüsierte uns Knaben sehr, wir machten uns über ihn sogar lustig, zitierten ihn bei Erkältungen, Magenschmerzen und Beinbrüchen: »Es ist nichts Gesundes an meinem Leibe vor deinem Dräuen und ist kein Friede in meinen Gebeinen vor meiner Sünde.«

Ich war fleißig und glücklich zugleich. Denn meine Mutter war mächtig stolz, wenn ich den Freunden der Familie vorspielte und vorsang oder öffentlich auftrat. Sogar in der Hamburgischen Staatsoper brachte sie mich unter, in *La Bohème*. Ich war einer der Knaben, die im zweiten Bild während des Weihnachtstrubels im Quartier Latin trällerten: »Ecco Parpignol, Parpignol! Col carretto tutto a fior! Ecco Parpignol! Voglio la tromba, il cavallin, il tambur, tamburel. Voglio il cannon, voglio il frustin, dei soldati il drappel!« Beiläufig erwähnte meine Mutter während dieser Zeit gern, dass ich mit Ingeborg Hallstein, der Musetta, auf der Bühne stand.

Weil mein Volksschullehrer, er hieß Andreas Ohlsen, diese musische Begabung schätzte und besonders förderte, empfahl er meiner Mutter, mich nicht schon nach der vierten Klasse ins Gymnasium zu schicken, sondern erst nach der sechsten. So könne ich weiter musizieren und hätte erst einmal keine langen U-Bahn-Fahrten und damit Zeit für die Musik. Dieses Schulmodell war ein Hamburger Versuch, der sich nicht etablieren konnte, weil die meisten Schüler im gemeinsamen Unterricht in der siebten Klasse am Gymnasium scheiterten. Aber Scheitern war bei meiner Mutter nicht vorgesehen. Sie wollte einen Primus, die jiddische Mamme, die ihr Abitur nicht hatte machen dürfen.

Ich stöbere weiter im Keller meines Elternhauses und finde die Geburtsurkunden meiner Eltern. Und in einer Mappe einige Bescheide der Wiedergutmachungsbehörde. Ich entdecke eidesstattliche Erklärungen; unter anderem lese ich die Begründung für die Enteignung der Witwe Elise Artmann, geborene Jacoby, im Januar 1939. Schadensursache? – »NS-Verfolgungsmaßnahmen«.

Lochenhäusl, 12. Dezember 2005
Minka hat mir die restlichen Akten geschickt, die wir im November im Haus gefunden hatten. Ich denke, ich werde rauskriegen, was Mamsi verschweigen wollte. Aber werde ich auch etwas erfahren über den Sucher – über den bigotten Großvater und seine stille, kleine, schmächtige Frau? Warum suche ich? Weil ich mir sicher bin, dass mein Großvater Oswald Juden verachtete! Dass er während der Naziherrschaft das System akzeptierte. War er Parteimitglied? Und Mamsi schwieg gewiss, weil sie diese Demütigung nicht auch noch offenbaren wollte. Erst verfolgt, dann verabscheut. Sie wird gewusst haben, dass die Familie ihres Mannes die Wahl von Heinz als Verrat an ihrem protestantischen Glauben ansah – und an ihrem eher kleinbürgerlichen Lebensstil. Deshalb die unselige Taufverabredung.

Ich mochte meine Großmutter, Hulda Milda. Es war verrückt, wie sie mich verwöhnte, mit Geschenken anreiste und nichts, aber auch gar nichts für Minka dabeihatte. Wollte ich ihr etwas abgeben, verbat sie das. Paps kaufte seiner Tochter zum Trost dann ein Spielzeug. Einmal schoss er auf dem Dom so gut, dass Minka einen riesigen Teddybären bekam. Auch davon haben wir ein Foto gefunden. Eines aus der *Bild*-Zeitung. Minka sitzt auf den Schultern von Paps, den Bären in der Hand und freut sich. Bildunterschrift: *Glück gehabt!*

Glück gehabt? Nicht Elise Artmann. Das Haus war nicht mehr das ihre, und auch die Möbelgeschäfte in Leipzig und Bitterfeld gehörten ihr nicht länger. Elise und ihre Tochter mussten umziehen, sie wohnten fortan zur Miete im sogenannten »Judenhaus«, Berliner Straße 123. Aber sie waren nicht plötzlich verarmt. Elise Artmann hatte den größten Teil des ihr verbliebenen Vermögens zu Hause aufbewahrt – allmählich, also eher unauffällig, hatte sie von 1938 an ihre Konten aufgelöst. Was meiner Großmutter an Silber, Porzellan, Schmuck, Gemälden und wertvollen Möbeln geblieben war, wurde drei Jahre später, im Sommer 1941, nach Amerika verschifft, an die Adresse ihrer schon fünf Jahre zuvor ausgewanderten Schwester Hedwig Jacoby: Long Island. Und meine Großmutter wollte mit ihrer Tochter am 19. September 1941 von Hamburg aus nach Amerika aufbrechen.

Ich finde eine eidesstattliche Erklärung von einem Karl Schmidt aus dem Jahr 1967, abgegeben in Leipzig:

> »Mir ist bekannt, dass Frau Elise Artmann, geborene Jacoby, bis zum Jahre 1938 Alleininhaberin eines Möbeleinzelhandelsgeschäftes in Bitterfeld war. Der Umsatz bis zur ›Arisierung‹ des Betriebes betrug jährlich RM 150 000 bis 200 000. Der Wert des Grundstücks betrug ca. 50 000 RM. Mir ist bekannt, dass die Judenabgabe prozentual zum Vermögen restlos gezahlt worden ist. Mir ist auch bekannt, dass die Reichsfluchtsteuer restlos abgeführt worden ist. Des Weiteren bestätige ich wahrheitsgemäß, dass Frau Artmann ihren gesamten Hausrat mit Lifts nach USA verschiffen ließ. Die Genehmigung der Devisenstelle Leipzig, die das gesamte Vermögen der Frau Artmann beschlagnahmte, wurde ja erst erteilt, wenn Judenabgabe und Reichsfluchtsteuer restlos gezahlt waren.«

Vor der geplanten Reise in die USA machten sich Mutter und Tochter am 6. September 1941 auf nach Venedig, weil meine Mutter diese Stadt besonders mochte und noch einmal auf dem Lido spazieren gehen wollte. Sie stiegen im Bauer Grünwald ab, mit Blick auf den Canal Grande – und blieben vier

Tage lang. Doch statt direkt nach Berlin zur amerikanischen Botschaft zu fahren, wo sie bereits einen Termin für die letzten Formalitäten ausgemacht hatten, blieben sie länger in Italien und kehrten noch einmal nach Leipzig zurück.

Ich schaue die Fotos an, die in ein anderes Album geklebt wurden. Meine Mutter auf dem Markusplatz, in einem hellen, knöchellangen Kleid, eine Taube sitzt auf ihrer rechten Hand. Großmutter steht daneben, mit einem dunklen, sehr großen Hut. Zufrieden, so als sei sie sich sicher, einen besonders gelungenen Menschen geboren zu haben, schaut sie auf ihr Kind, das in die Kamera blickt.

Auf dem Weg ins Hotel, in der Salizada San Moisè, begann Margot zu quengeln. Sie war, das bekannte sie immer wieder, kein unkompliziertes Kind:

»Mami, das kannst du mir nicht abschlagen. Noch ein paar Tage Venedig und, bitte, noch etwas Zeit in Leipzig. Vielleicht kommen wir nie wieder zurück. Ich kann nicht einfach so fort. Uns wird nichts passieren. Was kann uns denn schon in ein paar Tagen zustoßen?!«

»Du bist naiv, Margot. Oder du stellst dich naiv. Wir können nicht noch mal zurück, wir müssen so schnell wie möglich nach Hamburg.«

Margot versuchte es erneut.

»Du warst es doch, die bei Papas Tod erklärte, dass alle Vorsicht nichts nützt, wenn G'tt es anders beschlossen hat. Wenn er will, dass wir sterben, sterben wir jetzt sowieso – in Leipzig, irgendwo anders oder auf dem Schiff. So G'tt will, geschieht uns nichts Böses!«

Doch meine Großmutter fürchtete, dass genau dieses Böse ihnen bevorsteht. Trotzdem ließ sie sich erweichen.

»Wir bleiben, wenn wir im Hotel nicht umziehen müssen. Einverstanden?«

Margot nickte. Großmutter wollte G'tt nochmals prüfen. Das Hotel war halb leer. Trotzdem sagte der Mann am Empfang, dass genau dieses Zimmer schon wieder vergeben sei.

»Zum Canal habe ich keines mehr.«
Das war die Entscheidung.

Am Montag, dem 8. September, überlegte Elise Artmann, ob sie mit ihrer Tochter, die beide die Leipziger Synagoge nur an den hohen Feiertagen aufsuchten – an Jom Kippur, dem Versöhnungsfest, an Pessach und Chanukka –, das Bethaus in Venedig besuchen sollten. Meine Großmutter fragte beim Concierge nach, ob es in der Scuola Grande Tedesca vielleicht einen G'ttesdienst geben würde. Sie wusste, dass die Frage eine Provokation war, denn auch in Italien war der Antisemitismus inzwischen weit verbreitet, nicht etwa auf deutschen Druck hin, sondern weil die italienischen Faschisten die nämlichen Ziele verfolgten. Signore Carlo, ein gepflegter, grauhaariger Herr Mitte vierzig, erwiderte kühl, dass die Synagogen geschlossen seien. Die beiden deutschen Frauen entschieden, dennoch am frühen Abend ins Getto zu gehen. Seit der Reichspogromnacht versteckte das junge Mädchen den goldenen Judenstern, den sie um den Hals trug, das fiel ihr nicht leicht, wie sie mir später erzählte, denn sie war – obwohl nicht sonderlich religiös – auf seltsam unbedachte Art stolz darauf, eine Jüdin zu sein. Sie gingen über die Rialtobrücke, überquerten den Campo San Polo, tranken auf dem Campo dei Frari ein Wasser, und Margot musste unbedingt dazu noch eine heiße Schokolade haben – die mochte sie vor allem anderen; eine Leidenschaft, die ich geerbt habe.

Der Platz war gut gewählt. Sie schauten auf die Fassade des Backsteinbaus mit ihrem geschwungenen Giebel. Elise Artmann, die immer fürchtete, ihre Tochter würde zu oberflächlich werden und mehr Freude am Geldausgeben als am Lernen haben, begann eine kleine Vorlesung, wobei sie weniger selbst erzählte als vielmehr ihre Tochter abfragte. So hatte sie es immer und überall gemacht, auch damals, als sie, noch zu dritt, mit dem Vater in Prag waren und sie Margots Kafka-Kenntnisse geprüft hatte. Dabei hatte sie ihr auch erzählt, dass der geniale Dichter ein sehr zwiespältiges Verhältnis zu seinem jüdischen Glauben pflegte. Einerseits habe er sich in der jüdischen Gemeinde engagiert, andererseits litt er darunter, dass sein Vater ihm nur ein »Nichts von Judentum« überliefert hatte. Auf den Besuch in Prag hatte die Mutter sich genauso gut vorbereitet wie jetzt in Venedig. Sie hatte damals ein kleines DIN-A5-Heftchen aus ihrer Tasche geholt und aus Kafkas *Brief an den Vater* vorgelesen; nun las sie vor, was sie sich in Leipzig aus dem Brockhaus abgeschrieben hatte. Doch Margot hörte nicht recht zu. Sie dachte an Kafka und fragte sich, ob ihre Mutter bei der Erziehung vielleicht auch etwas falsch machte, denselben Fehler begangen hatte wie einst Kafkas Vater.

Warum wurde sie denn verfolgt? Sie dachte nicht jüdisch, sie glaubte nicht jüdisch, glaubte sie überhaupt? Und außerdem sah sie überhaupt nicht jüdisch aus, nun wirklich nicht. Sie könnte ihrer Mutter, der Drei-Feiertage-Jüdin, dasselbe sagen, was Kafka seinem Vater einst schrieb. Gut, Kafkas Vater ging vier Mal im Jahr in die Synagoge, einmal mehr als ihre Mutter, aber erledigte sie, Margot, nicht auch die Gebete als Formalität? Durchgähnte sie nicht, neben der Mutter sitzend, viele Stunden, und ging es ihr nicht wie dem Knaben Franz, der sich nur darauf freute, dass endlich die Bundeslade aufgemacht wurde, was ihn und sie immer wieder an die Schießbuden erinnerte, wo auch, wenn man ins Schwarze oder Rote traf, eine Kastentür sich öffnete; nur kommt in der Synagoge nichts Interessantes raus. Es ist langweilig in der Synagoge und triste, dachte sie. Und zu Hause war es doch noch ärmlicher und verlogener: Tannenbaum und Chanukkaleuchter, Sederabend und Ostereier. »Was hat Mutter mir schon überliefert? Warum werde ich eigentlich verfolgt? Warum muss ich weg? Warum trage ich überhaupt diese Judensternkette?«, fragte sich Margot.

Sie hörte noch, wie die Mutter die Grabmäler aufzählte und von dem Reiterdenkmal für den Condottiere Paolo Savelli sprach.

»Das erste Reiterdenkmal, das Venedig einem Condottiere bewilligte… Aber du träumst, Margot. Lass uns gehen.«

Die Mutter zahlte. Margot war missgelaunt und stumm.

»Komm, wenn wir schon nicht in die Synagoge können, lass uns in die Frari gehen und dort beten.«

»Sehr jüdisch! Findest du nicht, dass bei uns etwas falschläuft? Wir werden verfolgt, enteignet, wir sind auf der Flucht – und du gehst mit mir in eine katholische Kirche. Du kannst allein gehen. Ich warte draußen.«

Meine Großmutter wollte über Margots schwarzes Haar streichen, doch mit einer Kopfbewegung entzog das Mädchen sich dieser Zärtlichkeit und ging zurück zu dem Café. Elise betrat die Frarikirche, betrachtete die Codussifenster, diese typisch venezianische Vereinigung von Rundbogenform und rechteckiger Fensterumrahmung, wie sie die Renaissance liebt. Sie ging auf dem glatten Marmorboden bis zur Chorschranke, wobei sie darauf achtete, trotz der hohen Absätze möglichst wenig Lärm zu machen. Vorn angekommen, blieb sie stehen, faltete die Hände und wollte beten. Sie zögerte. Wohin sollte sie ihren Blick wenden? Zum Kruzifix, zum Altar? Margot hatte recht. »Und doch, Herr, will ich mit dir reden. Hier. Was tust du? Was hast du mit uns vor? Warum strafst du mich und meine Tochter? Warum uns, dein Volk? Gib mir ein Zeichen, ob ich noch einmal zurückdarf nach Leipzig, ob nicht. Hilf mir, der du mir immer geholfen hast. Nimm mich bei der Hand und führe mich.«

Sie wusste nicht, welches Zeichen sie erwartete, aber irgendetwas musste doch passieren. Sie stand da, versuchte sich zu erinnern und fand ein Gebet, das am Sederabend, der Nacht vor dem Pessachfest, oft gesprochen wurde, nicht in ihrem Haus, aber bei jüdischen Freunden.

Lobt, Diener des Herrn, lobt den Namen des Herrn! Gepriesen sei der Name des Herrn, von nun an und in Ewigkeit. Vom Sonnenaufgang bis zum Untergang, gelobt sei der Name des Herrn. Aus dem Staube richtet er die Armen auf, hebt den

Bedrückten aus dem Kot empor, um ihn den Fürsten gleichzustellen, den Fürsten...

Sie spürte eine Hand auf ihrer Schulter und wusste, dass es die ihrer Tochter war. Sie wandte sich nicht um. Sie hörte Margot hinter sich beten: Baruch attah Adonnaj Allohejnu, Gelobt seist du, ewiger unser G'tt, Baruch attah Adonnaj ga'al; Jisra'al. Gelobt seist du Ewiger, der Israel erlöst hat.

Sie sprachen gemeinsam das Amen und gingen hinaus.

»Mutter, das war dumm von mir.«

Elise Artmann drückte die Hand ihrer Tochter und sagte nichts. Sie liefen weiter in Richtung Getto. Keine von beiden sprach. Sie weinten. Margot dachte an ihre Freundinnen und an Arthur, den Jungen, in den sie sich verguckt hatte, nicht, weil er besonders schön war, und auch nicht, weil er so gläubig war, sondern weil zwei Eigenschaften sich in ihm verbanden: Arthur war geistreich, und er besaß so viel Charme wie kein anderer Junge.

Elise Artmann weinte, weil sie sich vor dem Neuen in der Neuen Welt fürchtete und sowenig wie ihre Tochter den Grund für die Grausamkeiten der Deutschen verstand – es waren ja nicht bloß die bekennenden Nazis, die Juden von einem Augenblick zum anderen verachteten, die die Wände ihrer Geschäfte beschmiert und Steine geworfen hatten. Es waren auch durchaus gebildete Menschen unter denjenigen, die am 9. November 1938 randalierten, die vorher schon am 10. Mai 1933 die Bücher von Klaus Mann, von Alfred Döblin, von Isaak Babel, von Ernst Toller und so vielen anderen Autoren verbrannt hatten.

Endlich angekommen im Stadtteil Cannaregio, wunderten sie sich, dass die Straßen kaum beleuchtet waren, die Schaufenster der Geschäfte mit Brettern vernagelt. Eine verlassene Stadt.

»Wir waren schon mal weiter«, murmelte meine Großmutter.

»Wie meinst du das?«

»Hier haben Juden fast vierhundert Jahre lang unbehelligt gelebt. Bis heute. Aber wir werden es erleben, dass auch diese Juden hier wie die in Florenz und Rom bald nicht mehr geduldet werden.«

Von außen schauten sie sich die Scuole an, die Scuola Grande Tedesca, die Scuola Canton, die Scuola Italiana, die Scuola Spagnola.

»Alle Nationen hatten hier ihre Gebetshäuser, in diesem ersten europäischen Judengetto. Und niemand hat sie angefeindet.«

»Aber bei deiner Begeisterung vergisst du, dass sie von den Christen abgesondert in einem Getto leben mussten, dass sie Stadtkontrollen passieren mussten und nicht außerhalb übernachten durften. Wird es das so bei uns auch bald geben?«

»Ich weiß es nicht.«

Zurück im Hotel aßen sie zu Abend. Wie zu Hause ohne Rücksichten auf jüdische Speisegesetze – meine Mutter mochte schon damals italienischen Schinken und ließ ihn sich schmecken.

Sie verließen Venedig und fuhren mit dem Zug über München nach Leipzig. Es war der 11. September 1941.

Eigentlich hatten sie ja schon Abschied genommen von der Wohnung, den wenigen verbliebenen Möbeln. Nun waren sie wieder zurück in der Vierzimmerwohnung, die sie nach der Zwangsenteignung gemietet hatten. In ihrem Haus hatten sich die arischen Angestellten der beiden Möbelgeschäfte eingenistet. Meine Mutter und meine Großmutter planten, bis zum 16. September zu bleiben, denn am 19. September sollte das Schiff in Hamburg ablegen.

Während meine Großmutter unter dem sozialen Abstieg, der ihr in Leipzig wieder schmerzlich bewusst wurde, sehr litt, nahm meine Mutter diese Veränderung eher gelassen hin. Manchmal dachte sie an die Szene mit ihrem Chauffeur: vierte Klasse, hatte ihre Mutter damals gedroht.

Margot Artmann besuchte damals die jüdische Mädchenschule, und zwar schon vom Winter 1936 an. Warum sie als Zehnjährige umgeschult wurde, hatte ihr die Mutter mit dem Tod des Vaters erklärt. Aber das war gelogen.

Ich halte ein vergilbtes Papier in den Händen, an den Rändern uneben, ausgefranst. Die Buchstaben der Schreibmaschine sind nur noch hellgrau und schwierig zu entziffern. Der Bogen hat keinen Briefkopf. Es ist ein Protokoll und zugleich eine Erklärung: Am 30. September 1935 erscheint Elise Artmann, geb. Jacoby, vor dem zuständigen evangelischen Pfarramt zu Leipzig:

> Meine Tochter Margot, geboren am 9.1.1925 zu Leipzig, als Tochter des Kaufmanns Kurt Artmann und seiner Ehefrau Elise, geb. Jacoby, soll die höhere jüdische Mädchenschule zu Leipzig besuchen. Ich erkläre hierzu als Vormund meines Kindes Folgendes: Meine Tochter Margot ist auf Wunsch des verstorbenen (evangelischen) Vaters evangelisch-christlich getauft und erzogen worden. Da nach dem bestehenden jüdischen Kirchengesetz meine Tochter mit dem Besuch der jüdischen Mädchenschule zugleich den Übertritt in die jüdische Konfession vollziehen muss, bestimme ich hierdurch, dass mein Kind, welches noch nicht die Religionsmündigkeit besitzt, aus der Deutschen Evangelischen Kirche austritt und dem jüdischen Glauben zugeführt wird.

Pfarrer Zeller nahm die Erklärung zur Kenntnis und beglaubigte sie. Mit einer Zusatzerklärung:

> Ich erkläre vor dem zuständigen evangelischen Pfarramt Folgendes: Die Übermeldung meiner evangelisch getauften und christlich erzogenen Tochter Margot, die seit ihrem sechsten Lebensjahr den Kindergottesdienst besucht, erfolgt nur gezwungenermaßen. – Elise Artmann, geb. Jacoby.

München, 14. Januar 2006
Mamsi war getauft! – Was hat sie uns denn noch alles verheimlicht! Ich bin ihr nicht gram, wüsste nur gern den Grund.

Die Taufe meiner Mutter wurde am 21. Januar 1925 in Leipzig gefeiert. Nicht der Vater hatte entschieden, sondern die Mutter hatte sich für ihre Tochter eine christliche Erziehung gewünscht, denn Elise Jacoby hatte früh schon bei ihren Eltern erlebt, dass die Juden zwar geduldet, als Ärzte und Juristen auch geschätzt wurden, aber immer wieder hörte sie, wie ihre Eltern mit ihren jüdischen Freunden darüber sprachen, dass unterschwellig und zuweilen sogar offen sich Judenhass breitmachte. Elise Artmann wollte ihre Tochter in Schutz nehmen; und da sie selber nicht sehr religiös lebte, war dieser Schritt für sie weder ein Verrat an ihrem Judentum noch schmachvoll, sondern konsequent. Ein getaufter Jude wurde eher akzeptiert, konnte im Staat Karriere machen. Heinrich Heine und seine Geschwister hatten es so gehalten wie viele andere auch. Wie Rahel Varnhagen, Gustav Mahler, Felix Mendelssohn-Bartholdy, Alexander von Zemlinsky, Alfred und Viktor Adler, Peter Altenberg, Egon Friedell, Karl Kraus und Otto Weininger, um nur einige zu nennen.

Die Taufe als Entreebillett in die deutsche Gesellschaft.

Nun, 1935, wurde meine Mutter wieder vor die Tür gesetzt. Ihre Mutter war gezwungen worden, der Tochter das Entreebillett wieder aus der Hand zu reißen. Aus der getauften Jüdin wurde die Jüdin, die sich in die Volksgemeinschaft schummeln wollte und bei diesem Versuch entdeckt wurde. Was war sie nun? Im Nazijargon: eine Halbjüdin.

Niemand protestierte – nicht der Pfarrer Zeller, nicht Margots Schuldirektor, nicht ihre Klassenlehrerin Clara Hufner. Und die Hitlerjungens, allen voran Stefan, sie jubilierten und skandierten: Ei, ei, ei, die Schul ist judenfrei!

Elise Artmann hatte dem Druck nachgegeben, der sich schon zu Beginn des Jahres 1933 breitgemacht hatte. Jüdische Konvertiten fühlten, dass sie in den christlichen Gemeinden nur noch geduldet wurden; dass die Christen sie ausgrenzten – während der Gottesdienste und in den Gemeindeämtern. Das hatte sie auch im Haus und Geschäft zu spüren bekommen. Christliche Angestellte kündigten, weil sie nicht in einem Judenhaushalt oder Judengeschäft arbeiten mochten. Diejenigen, die bei Elise Artmann bleiben wollten und sogar noch eine Zeit lang ihre Loyalität bekundeten, gaben irgendwann aus Angst auf, auch aus Angst vor Denunzianten. 1935 wurde es Nichtariern schließlich gesetzlich verboten, deutschblütige Hausgehilfinnen unter fünfundzwanzig Jahren zu beschäftigen. Die Köchin, Inge Maier, und die Putzfrau, Adele, verließen das Haus in der Ritterstraße unter Tränen. Auch Margot weinte, denn sie kannte beide seit ihrer Kindheit. Elise Artmann fand zwei jüdische Gehilfinnen, die – nicht zuletzt durch die Zwangsenteignungen und durch den Verlust ihrer Arbeitsplätze – allmählich verarmten und dankbar waren für die Anstellung und den eher niedrigen Verdienst. In den Möbelgeschäften bedienten von 1936 an der Juraassessor Felix Grünbaum und der Assistenzarzt Matthias Schneider die Kunden.

Die Umschulung ins jüdische Gymnasium bereitete der zehnjährigen Margot keine Probleme. Sie lernte leicht und schnell. Und sie gewann mit ihrem Witz und auch, weil sie allen bereitwillig bei den Hausarbeiten half, einige treue Freundinnen. In dieser Zeit hatte sie ihren ersten Freund: Arthur, den Sohn von Dr. Chaim Blau, einem Internisten aus Leipzig, der zu dieser Zeit in seiner Praxis schon keine Arier mehr behandeln durfte. Sie alle verband ein gemeinsames Schicksal, eine gemeinsame Angst und – noch immer – die Hoffnung, dass dieses Grauen bald vorbei sein würde. Doch die Zeichen deuteten eher auf Verschärfung. Nicht zuletzt machte Elise Artmann und ihren kunstinteressierten Freunden die Kunstfeindlichkeit der Nationalsozialisten Angst. Wer Bücher verbrennt und Gemälde verteufelt, der verbrennt bald auch Menschen. Sie hatten Heine gelesen – und begriffen seine Warnung jetzt erst richtig. Der Prozess war ein schneller, eher stiller, aber er war nicht geheim. Meine Großmutter bemerkte, dass es in den Zeitungen keine Kritiken mehr gab, sondern bloß noch meinungslose Kunstbetrachtungen. Die Ausstellung »Entartete Kunst« war ihr ein Graus. Dennoch wäre sie mit Margot gern nach München gereist, denn diese Schau bot die letzte Möglichkeit, zu sehen und zu bewundern, was von nun an verboten, verkauft und vernichtet werden würde.

Elise Artmann betrachtete die Entwicklungen mit Abscheu und Furcht, aber um der Ausbildung ihrer Tochter willen blieb sie in Deutschland. Sie blieb, obwohl ihr spätestens nach der Pogromnacht hätte klar sein müssen: Kurz würde dieser Spuk nicht sein. Es waren reichsweite Ausschreitungen in der Nacht vom 9. auf den 10. November 1938. Es war kein spontaner Volksaufruhr. Der Pogrom war geplant.

Ich erklärte an einem Abend, als ich allein mit meiner Mutter war und wieder einmal versuchte, sie zum Sprechen zu bewegen, dass sie sich irrte. Sie war noch immer fest davon überzeugt, der Mob habe sich gegenseitig aufgewiegelt und randaliert. Ich weiß nicht, ob sie mir glaubte, aber sie widersprach nicht, als ich ihr vortrug, was ich im Geschichtsunterricht gelernt hatte.

Die Ausschreitungen waren ja keine zufälligen Zusammenrottungen. Sie wurden ausgelöst am Abend des alljährlichen Treffens der NSDAP-Führerschaft, die an diesem symbolträchtigen Tag erinnerten an den 9. November 1923, also an den fehlgeschlagenen Münchner Hitler-Putsch. Erst hielt Goebbels eine Hetzrede, anschließend gaben die SA-Führer von München aus telefonisch entsprechende Befehle an ihre Stäbe und Mannschaften. Nichts war da spontan! Die Propagandamaschine arbeitete zu dieser Zeit schon extrem zuverlässig: Die Vorgänge in der Nacht wären Ausdruck des Zorns der Deutschen auf die Juden, auch Reaktionen auf den Tod des deutschen Diplomaten Ernst vom Rath – so las es Elise Artmann am 11. November in der Zeitung, während missmutige Glaser, die sie nur gewonnen hatte, nachdem sie ihnen einen doppelt so hohen Lohn als üblich zugesichert hatte, neue Fenster im Haus einsetzten. Steinwürfe hatten die alten zerstört – hier im Haus wie auch in den Artmann'schen Geschäften. Die Wände waren mit Davidsternen und den Aufschriften »Juden raus!«, »Juda verrecke!« und »Auch diese Juden sind unser Unglück!« beschmiert. Auf dem Bürgersteig wiesen weiße, mit Kreide gemalte Pfeile auf ihre Häuser.

Hamburg. 27. April 1965
Im Hamburger Abendblatt steht: Die Kriegskosten der Vereinigten Staaten in Vietnam betragen täglich 4 Millionen US-Dollar, das sind umgerechnet 16 Millionen DM. Wahnsinn! Überall auf der Welt Proteste gegen die amerikanische Politik. Mamsi hat wenig politisches Interesse und geschichtliches schon gar nicht. Seltsam, dass sie nach dem Krieg nicht wissen wollte, wie die Nazis es schaffen konnten, die Juden so rasch zu entrechten? Habe ihr die Reichspogromnacht erklärt. Diskutieren will sie nicht.

Elise Artmann und ihre Tochter Margot dachten am Morgen des 10. November 1938 zum ersten Mal an Flucht, an Emigration. Die beiden Frauen waren empört über die Verwüstungen, aber sie waren körperlich unversehrt geblieben. Anderen erging es viel schlimmer, wie Elise und Margot Artmann von ihren Leipziger Freunden erfuhren. Einer jungen Frau, die früher bei den Artmanns angestellt war und später für die jüdische Gemeinde in Bochum arbeitete, war Fürchterliches zugestoßen. Vierzehn SA-Männer waren in ihre Wohnung gedrungen; zwei von ihnen beschützten, wie sie grinsend höhnten, die Überfallene mit vorgehaltenem Revolver, während die anderen zu plündern begannen. Die Eindringlinge erwiesen sich als absolut gut organisiert: Bargeld, Schreibmaschine, Fotoapparat, Haushaltsgegenstände wurden in den Koffern der Überfallenen verstaut, Bilder und Zeichnungen aus den Rahmen geschnitten – und nichts Zerbrechliches blieb heil in der Wohnung.

Es war die Stunde der Ganoven. Jeder professionelle Dieb galt jetzt, vorausgesetzt, er gehörte der SA an oder einer anderen NS-Organisation, als ein deutscher Wohltäter, als ein Rächer und wurde von keinem Richter zur Rechenschaft gerufen. Der 9. November signalisierte auch den Beginn eines ungeheuren Denunziantentums. Jeder konnte von nun an vom Unglück anderer profitieren, war er nur skrupellos genug.

Wie glimpflich die Artmanns und die meisten Leipziger Juden davongekommen waren, lasen Elise und Margot in den *Leipziger Neuesten Nachrichten,* die *Leipziger Volkszeitung,* ein SPD-Organ, war 1933 verboten worden: Siebentausend jüdische Geschäfte wurden in dieser Nacht völlig zerstört, vierhundert Menschen kamen um, in Beuthen in Oberschlesien beispielsweise wurden Juden, jeweils in Gruppen von zehn oder zwölf Personen, zu ihrer brennenden Synagoge geführt – sie mussten zusehen, bis ihr G'tteshaus in Schutt und Asche lag. In Leipzig wurden fünfhundert Juden verhaftet und deportiert. Je mehr die beiden Frauen erfuhren, umso glücklicher waren sie, dass ihnen, ihrem Haus und ihren Geschäften nicht wirklich Schlimmes widerfahren war. Ein Berliner Freund, der die beiden im Dezember 1938 besuchte, enthüllte ihnen ebenfalls Grauenvolles: Eiserne Rollläden waren mit Brechstangen aufgebrochen worden. In einem jüdischen Schreibmaschinengeschäft in der Kantstraße wurde jede einzelne Maschine, schwere Schreib- und Rechenmaschinen, in offenbar mühseliger Arbeit in Stücke geschlagen und die Bestandteile zerstreut. Aus einem Damenmodengeschäft wurde nichts gestohlen. Nein, es wurde zerstört: Mäntel und Kleider

mit Messern zerschnitten, Blusen zerrissen. In der Konditorei Goldstein warfen die Nazischergen die Torten an die Wände.
– Sie sind Vandalen, wollen zerstören, konstatierte Elise Artmann.
– Macht euch nichts vor, sie wollen morden.

Das junge Mädchen zwang den beiden ihre Themen auf, denn bisher hatten sie nicht darüber gesprochen und nur stumm zur Kenntnis genommen, dass in den Fenstern oder an den Türen von Cafés, Restaurants und Geschäften Schilder hingen: »Juden nicht erwünscht!«, dass vor engen Straßenkurven Hinweisschilder angebracht worden waren: »Gefährliche Kurve! Für Juden 120 km/h erlaubt!«, dass das Leipziger Denkmal für Moses Mendelssohn fortgeschafft worden war, dass Juden keine Badeanstalten mehr besuchen durften.

Doch Margot und ihre Mutter wollten nicht weg. Der Gast aus Berlin, der schon sein Ausreisevisum besaß, riet ihnen dringend zu, sich sofort um eine Ausreise zu bemühen, bevor es zu spät wäre.

Er war schon in Boston, als am 1. Januar 1939 in Deutschland die Zwangsvornamen eingeführt wurden. Elise und Margot hießen nun zusätzlich Sara; Elises Freund Arthur musste den Namen Israel tragen. Meine Großmutter zahlte die »Sühneleistung« für die Schäden des Novemberpogroms ohne Murren und verheimlichte ihrer Tochter, dass sie dafür fünfundzwanzig Prozent ihres Vermögens, das noch auf den Konten war, abgeben musste.

Am 1. September 1939 überfielen die Deutschen Polen – der Zweite Weltkrieg begann. Die Juden wurden aufgefordert, Fotoapparate, Fahrräder und Radios abzugeben. Elise Artmann hielt sich nicht daran, fürchtete aber Denunzianten. Nur wenig später musste sie sich nach der Zwangsenteignung widerspruchslos damit abfinden, dass im Sommer 1940 ihr Telefonanschluss gekappt wurde. Und öffentliche Telefone zu benutzen war ihnen ebenso verboten, wie sich auf öffentlichen Bänken hinzusetzen. In Zügen, Straßenbahnen und

Bussen mussten Juden stehen. Sie konnten diese Verbote nicht umgehen, denn seit August 1941, kurz bevor Elise und meine Mutter nach Venedig reisten, mussten sie alle den Judenstern tragen, den handtellergroßen, sechszackigen Stern, der, schwarz umrandet, in schwarzen, die hebräische Schrift parodierenden Buchstaben, die Aufschrift »Jude« trug. Jetzt waren sie Freiwild. An meiner Großmutter verging sich niemand. Aber es war demütigend, dass ehemalige Angestellte und christliche Freunde Elise und ihre Mutter nicht mehr grüßten, schlimmer noch: die Straßenseite wechselten, wenn sie sie kommen sahen; und es tat weh, als Rassensau beschimpft zu werden, weil sie, Elise, einen Christen geheiratet hatte. Margot bekam den Hass ganz anders zu spüren. Sie wurde beschimpft, bespuckt, mit Dreck oder mit Steinen beworfen. Der Jungen liebstes Spiel war es, jüdischen Kindern mit Stöcken zwischen die Beine zu fahren und sie damit zu Fall zu bringen.

Manche Nachmittage verbrachte meine Mutter mit Arthur, dessen Vater längst seine Praxis und seine Arbeitserlaubnis verloren hatte und wie viele andere Juden zu verarmen drohte. Sie lasen einander Gedichte vor und überlegten, welches Land ihnen und ihrer Familie wohl mehr Schutz bieten könnte.

Meine Großmutter hatte Ende 1940 beschlossen, nach Amerika zu emigrieren. Sie hatte bei der amerikanischen Botschaft in Berlin einen Visumsantrag gestellt. Die Blaus wollten, weil der Vater der zionistischen Bewegung nahestand, nach Palästina. Doch Margot und Arthur wären lieber zusammengeblieben. Die Situation in Deutschland war aussichtslos – die Zukunft außerhalb Deutschlands für beide düster.

Elise Artmann mochte mit den Blaus nicht diskutieren. Margot und Arthur stritten. Arthur, der gläubige Jude, wollte Elise davon überzeugen, ihren Glauben zu leben und mit ihm nach Jeruschalajim zu kommen: »Ich liebe dich, Margot, aber ich heirate gewiss nur eine orthodoxe Jüdin, denn ich möchte jüdische Kinder! Warum weigerst du dich? Du siehst doch, dass die Assimilation ein Irrweg war.«

Am 12. Juni 1941 bekommen Elise und Margot Artmann einen Brief. Absender: American Embassy Berlin, Consular Section, Berlin W. 9. Hermann-Goering-Straße 21.

Ich halte ihn in den Händen. Er lag in einem kleinen braunen Lederkoffer, abgeheftet in einem Leitzordner, in dem seltsamerweise auch die Schulzeugnisse meines Vaters sind – nein, er war keine Leuchte! Am 12. Juni 1941 schreibt die amerikanische Botschaft meiner Großmutter:

Betr.: Ihre hier laufende Visumangelegenheit.
Es wird Ihnen von der Konsular-Abteilung der Amerikanischen Botschaft freigestellt, am July, 31 1941 in der Zeit von 10 – 12 Uhr unter Vorlage der auf dem beiliegenden Zettel »Zur Visumerteilung erforderliche Dokumente« aufgezaehlten Papiere vorzusprechen und Ihren formellen Visumantrag zu stellen. Der Zweck eines formellen Visumantrages ist der, festzustellen, ob Sie saemtlichen Einwanderungsgesetzen der Vereinigten Staaten genügen. Es liegt in Ihrem eigenen Interesse, keine definitiven Vorbereitungen, wie z. B. Haushaltsaufloesung etc., zu treffen, bevor Sie nicht im Besitz des Einwanderungsvisums sind.
Hochachtungsvoll H. Francis Cunningham, jr. Amerikanischer Vizekonsul.

Bis auf die Unterschrift und das Juli-Datum handelt es sich bei diesem Brief um ein Standardformular. Dazu gehört auch der Zusatz:

Zur Beachtung: »Diese Einladung hat nur für den genannten Tag Gueltigkeit und verfaellt, wenn sie nicht eingehalten wird. Warnung! Die Erteilung eines Visums kann erst dann erfolgen, wenn eine Quotennummer verfügbar wird.« (Dokument Ende)
Mit Schreibmaschine ist hinzugefügt:

»Sie werden aufgefordert, mitzuteilen, ob die Buchung für den 19. September ds. Js, tatsaechlich fuer sie erfolgt ist.« (Dokument Ende)

Elise Artmann besaß zu diesem Zeitpunkt bereits die Zusicherung, dass sie für sich und Margot ein Visum erhalten würde. Ihre Schwester Hedwig hatte sich eingeschaltet und den amerikanischen Behörden zugesichert, dass sie für ihre Verwandten finanziell würde sorgen können und bereits die Überfahrt am 19. September 1941 gebucht hatte.

Elise Artmann bestätigte den Erhalt des Briefes am folgenden Tag. Zugleich fragte sie an, ob ihre Vermutung richtig sei, dass sie am 31. Juli die Visa bekäme, sodass der Auswanderung nichts im Wege stünde. Sie teilte der Botschaft auch mit, dass sie vor der Abreise im September noch einige Tage in Venedig verbringen wolle, um dann von dort direkt nach Hamburg zu reisen. Am 17. Juni erhielt sie Antwort von Francis Cunningham, jr.: Die Visa würden für neun US-Dollar pro Person ausgestellt; sie sollten aber, wie bereits mitgeteilt, am 31. Juli in Berlin in Empfang genommen werden. Die Buchung sei überprüft worden und gültig.

Elise Artmann fuhr nach Berlin und erhielt die Auswanderungspapiere sowie die Unterlagen für die Schiffsreise. Der Sommer war für beide fürchterlich. Außer einigen jüdischen Freunden – und diese wurden immer weniger, weil viele schon ausgewandert waren, in die USA, einige auch nach Palästina – hatten sich alle von ihnen losgesagt. Meine Großmutter und meine Mutter wurden gemieden, selbst im Haus. Auf den Straßen wurde der Pöbel immer frecher. Sie erfuhren, dass sich arische Männer von ihren jüdischen Frauen scheiden ließen und arische Frauen von ihren jüdischen Männern, weil sie sich nicht länger der Rassenschande schuldig machen wollten – wie es in den Zeitungen hieß.

Die deutschen Zeitungen und der Rundfunk hatten in dieser Zeit nur noch zwei Themen: die Juden und die Kriegserfolge der deutschen Wehrmacht. Elise Artmann weigerte sich, sie noch zu lesen oder zuzuhören. Ihre Tochter dagegen wollte alles wissen und erzählte ihrer Mutter, was sie für besonders schlimm hielt.

»In Magdeburg dürfen die Juden die Straßenbahnen nicht mehr benutzen. In Frankfurt wurde ein Jude zu einer einmonatigen Gefängnisstrafe verurteilt, und weißt du, warum?«

Ihre Mutter antwortete nicht.

»Er soll ein fünfzehnjähriges deutschblütiges Mädchen gegen elf Uhr vormittags in der Innenstadt Frankfurts über die Straße hinweg angesehen haben.«

Margots Mutter schwieg. Sie wollte nichts mehr hören, sie wollte noch nach Venedig, weil Margot sich diesen Abschied von ihrer Lieblingsstadt gewünscht hatte – sie wollte weg. Nur weg. Nichts mehr lesen und hören von Blutschutzgesetz und Rassenschande, wollte sich nicht länger über die immer neuen Schikanen aufregen, über die absurde Verordnung, die Reichsbürgerschaft über Staatsbürgerschaft stellte, Juden waren bloß Staats-, Arier dagegen Reichsbürger. Wenngleich ihre Tochter keine Ruhe gab, es interessierte sie nicht wirklich, wann ein Jude Jude war, ob es sie gab, die Halb-, Viertel-, Achteljuden.

Es war der 15. September 1941 in Leipzig. Sie hatten sie kommen hören. Sie hatten alle Lichter abgedreht. Sie hofften, dass die Nachbarn lügen würden, doch sie denunzierten sie.

»Sie müssen zu Hause sein. Wir haben Frau Artmann und ihre Tochter heute Abend noch gesehen«, sagt Gabriele Schneider, die mit ihrer Familie in der Wohnung der Weißhaupts wohnte, die vor einem Jahr emigriert waren.

»Sofort aufmachen.«

Sie donnerten mit den Fäusten gegen die Tür und traten mit ihren Stiefeln. G'tt hatte anderes mit meiner Mutter vor. Es sollte keine Reise in die USA geben.

Großmutter öffnete die Tür, sechs Männer stürmten in den Flur, der siebte packte Elise. Margot stand im Wohnzimmer.

Ein junger Kerl ohrfeigte die Mutter und stieß sie zu Boden. Sie sah, wie ein junger Kerl ihre Mutter schlug.

»Bitte tun Sie uns nichts«, bettelte sie.

»Halt die Schnauze, du Judensau. Wieso hast du denn deinen Judenstern nicht auf dem Kleid? Meinst, dann erkennt man dich nicht. Irrst dich, hast 'ne verdammte Judenvisage und Elefantenohren.«

Die beiden Frauen werden abgeführt und in einen Bus geschubst. Sie fahren zu einem Polizeirevier, wo sie verhört werden. Nach vier Stunden werden sie wieder nach Hause geschickt. Sie machen sich zu Fuß auf den Weg, denn sie haben kein Geld bei sich. Am nächsten Tag müssen sie sich auf dem Revier melden, am übernächsten auch. Am dritten Tag erfahren sie, dass sie zur Zwangsarbeit verpflichtet werden, sie müssen sich die Kommentare auf dem Revier anhören:

»Da habt ihr beiden Juden richtig Glück gehabt. Wir könnten euch auch auf Reisen schicken«, höhnt ein Mann.

»Die Junge sieht nicht mal schlecht aus. Sie würde man da gern haben, wo unsere Männer Dienst tun. Die Männer sind da so allein. Für die Alte wird man sich was einfallen müssen. Aber wir sind erfinderisch. Wir haben für jeden Juden Verwendung – zu irgendwas taugen sie allemal.«

»Meinst du Seife?«

»Halt die Schnauze.«

2007 erfahre ich, dass im September und Anfang Oktober kein Schiff aus Hamburg im New Yorker Hafen angelegt hat. Die gebuchte Überfahrt hatte also nicht stattgefunden, es hätte keine Rettung gegeben, denn vom Oktober 1941 an war allen Juden die Emigration verboten.

München, 12. Oktober 2007
Minka hat Geburtstag, sie wird 53. Habe Blumen schicken lassen. Gestern mit Schifffahrtsämtern in Hamburg und Bremen und Bremerhaven telefoniert. Kein Schiff sei im September aus-

gelaufen mit dem Ziel New York. Mamsi und Oma Artmann hätten es also nie geschafft. Seltsam. Ich denke, es ist müßig, weiter zu forschen. Wie sagte Mamsi immer: »Fürs Gewesene gibt der Jude nichts!«

Am Montag der darauffolgenden Woche sitzen Elise und Margot Artmann in Leipzig am Brühl, dem Zentrum des europäischen Rauchwarenhandels, sie müssen Pelze mit Kampfer behandeln – Fontane-Juden. Sie werden angewiesen, Futter in Militärmäntel zu nähen. Das Gebäude der Firma, die vordem Max Ariowitsch gehörte, der zwangsenteignet wurde, diente weiterhin der Verarbeitung von Pelzen und gehörte nun einem arischen Unternehmer. Schon im September 1941 konnten die Leipziger in der *Kürschner-Zeitung* lesen, dass fast drei Viertel der Betriebe von den Ostjuden gesäubert worden seien.

Meine Großmutter und meine Mutter redeten bei der Arbeit nicht miteinander; auch nicht mit den anderen Frauen, die wie sie die gelben Judensterne trugen. Überhaupt waren sie wortkarg, selbst wenn sie zu Hause allein waren, sie sprachen wenig – und nie über ihre Reise von Venedig nach Leipzig. Kontakt zu den Nachbarn mieden sie. Der Winter war streng; sie froren bei der Arbeit und des Nachts, aber sie mussten nicht hungern.

Margot fragte sich, wie es Arthur und seiner Familie wohl in Palästina gehen mochte.

»Gewiss besser als uns«, dachte sie bei sich. Sie fragte sich auch, ob G'tt sie dafür strafte, dass sie keine guten Juden waren. Zu selten in der Synagoge; kein koscheres Essen und vielleicht auch zu reich, vielleicht hatten sie zu selten Armen geholfen…

Schabbat, 17. April 2010
Gestern bei Kabbalat Schabbat sprach Tom Kučera über Mildtätigkeit, darüber, dass man abgeben muss. Den Geizigen strafe

G'tt. Er las der Gemeinde einen Text des Rabbiners Tovia Ben-Chorin vor. Ich bat Tom, ihn mir zu kopieren.
Hier der wichtigste Gedanke: »Niemand lebt nur für sich allein, jedes Lebewesen ist so geschaffen, dass ihm etwas fehlt. Dieses Defizit wird durch das aufgefüllt, das außerhalb seiner selbst liegt, einem Menschen, einem Tier, einer Pflanze. In der ganzen Schöpfung gibt es nichts Vollkommenes, das Leben besteht aus einem dauernden Prozess der gegenseitigen Vervollständigung.« Ich bin froh, zu dieser Gemeinde zu gehören!

Am 8. Mai 1942 kommen die Männer wieder, derselbe Trupp wie im September.

»Jetzt dürft ihr doch noch reisen – ab in den Urlaub mit euch. Packt eure Koffer, einen für jede. Morgen um sieben Uhr erwarten wir euch und einige andere am Hauptbahnhof.«

Um 5:30 Uhr laufen die beiden Frauen los, beide mit einem Koffer. Der von Margot ist ein wenig größer als der ihrer Mutter. Die Halle ist voller Juden. Greise, Familien, Kinder, Frauen mit ihren Babys. SS-Schergen schreien, befehlen, schlagen. Ein Güterzug steht bereit.

»Ihr habt Pech«, brüllt einer. »Die Reise geht erst morgen los. Stau am Urlaubsort. Eure Verwandten aus Hamburg sind gerade auf dem Weg. Ihr müsst hier warten. Jeder, der versucht zu fliehen, wird erschossen.«

Die Nacht verbringen die beiden Frauen mit Hunderten anderen Juden auf dem Bahnhofsvorplatz, bewacht und geschmäht von SS-Schergen. In der Früh werden sie in einen Güterzug verfrachtet.

Margot und ihre Mutter werden nicht getrennt. Von Leipzig geht es ostwärts, nach Polen, nach Bełżec, südlich von Lublin. Wie viele Stunden und Tage sie unterwegs waren, wusste meine Mutter nicht. Ich glaube nicht, dass sie mich im Ungewissen lassen wollte. Sie war selbst im Ungewissen.

»Es war schrecklich. Wir waren eingepfercht. Menschen

weinten, schrien. Menschen starben. Ein entsetzlicher Gestank. Nein, ich will all das nicht erzählen.«
»Habt ihr geweint? Habt ihr geredet? Kanntest du jemanden?«
Sie antwortet nicht.
In aller Frühe erreichen sie ihr Ziel. Am 11. Mai 1942, so steht es in den Akten und in einem 2001 publizierten Buch mit dem Titel *Menschen ohne Grabstein. Die aus Leipzig deportierten und ermordeten Juden.* Dort findet sich auch der Eintrag: »Artmann, Elise, geb. Jakoby 5.6.1894 Nienburg (Saale), Anhalt – nach 1942 verschollen, dt. Staatsangeh., Inh. e. Möbelgeschäfts, Zwangsarbeit als Näherin, Menckestr. 26; JH Berliner Str. 123, Witwe, Mutter von Margot; auf der Transportliste vom 21.1.42 gestrichen, am 10.5. nach Belzyce deportiert.«
Warum waren meine Großmutter und meine Mutter nicht schon im Januar verhaftet worden? Wer hatte ihnen die Schonfrist gewährt – und warum? Ich finde keine Antwort. Aber die Nazis wussten seit dem 15. September 1941, dass die Artmanns nicht mehr flüchten konnten. Sie hatten ihnen alles genommen: das verbliebene Geld und jedes Eigentum. Von Elise und Margot Artmann ging keine Gefahr aus, zu holen war bei ihnen nichts mehr – außer ihrem Leben. Und das konnte noch etwas warten.

Ankunft in Lublin: Es ist ein wunderbarer Frühlingstag. Aus dem Güterwaggon steigen achtundsechzig ermattete und geschundene Menschen. Darunter meine Großmutter und meine Mutter. Drinnen liegen zwei tote Kinder und eine Frau, erstickt. Der Geruch von Verwesung. Exkremente. Blut.
»Dieser Viehtransport hat sich gelohnt«, ruft ein SS-Mann einem anderen zu. Er lacht.
»Der nächste kommt morgen, wir kriegen Platzprobleme.«
»Gottlob haben wir eine Lösung gefunden.«
Beide schütteln sich vor Freude.

Die Männer werden von ihren Frauen und Kindern getrennt. Meine Mutter und meine Großmutter stehen nebeneinander. Eine lange, sehr lange Reihe von Frauen. Vor ihnen der Lagerkommandant von Bełżec, SS-Hauptsturmführer Christian Wirth, der sich durch die Ermordung von Behinderten im deutschen Reichsgebiet schon verdient gemacht hatte, mit einer Aktion, die nach 1945 Aktion T4 genannt wurde. Wirth, ein stämmiger, glatzköpfiger Mann mit einem Schnurrbart, wie ihn Adolf Hitler trug, und mit einer Brille, ein Mann von siebenundfünfzig Jahren, schreitet die Frauenreihe ab und zählt:

»Eins, zwei, drei, vier, fünf, sechs, sieben, acht, neun…«

Er zückt seine Pistole und erschießt die Nummer zehn. Meine Mutter stürzt aus der Reihe auf den Boden und schreit:

»Sie müssen nicht zählen, schießen Sie.«

»Stell dich sofort wieder in die Reihe, du Judenhure.«

Meine Großmutter zieht ihre Tochter zu sich hoch, wieder in die Reihe.

»Margot«, flüstert sie, »wann du stirbst, bestimmt ein anderer.«

Margot wird Minuten später die Nummer sieben sein.

In Belzyce und Bełżec wurden über vierhunderttausend, in Majdanek zweihundertdreißigtausend Menschen ermordet. Am schlimmsten war es in Majdanek am 3. und 4. November 1943 – zu diesem Zeitpunkt war meine Mutter bereits befreit, aber nicht frei. Die Nazis feierten ein »Erntefest«, wie sie es nannten. Ein Massaker. Die Häftlinge mussten Gräben ausheben. Dann kamen Transporte mit Juden aus Lublin und aus anderen Konzentrationslagern, auch aus Bełżec. Sie standen in einer Schlange, die einen Kilometer lang gewesen sein soll. In Zehnergruppen mussten die Gefangenen vortreten, um von SS-Leuten erschossen zu werden. Den nächsten zehn wurde befohlen, sich auf die Leichname zu stellen. Dazu ertönte Marschmusik aus den Lautsprechern. Das Massaker ging eine ganze Nacht lang. Achtzehntausend Tote, die in eine von dreihundert überlebenden Juden ausgehobene Grube geworfen und verbrannt wurden.

Die Zahl Sieben hatte meine Mutter gerettet. Was bedeutet diese Zahl im Judentum? Ich frage meinen Rabbiner Tom.

»Sieben, das ist die Menorah, der siebenarmige Leuchter, die Sieben steht für Vollkommenheit, der siebte Tag ist der Schabbat. Es gibt sieben große Festtage im jüdischen Jahr, sieben Tage dauerte es, den Tempel zu bauen, und das Laubhüttenfest dauert sieben Tage und Pessach auch.«

All das war meiner Mutter sicher nicht bewusst, denn sie lebte ihren Glauben nicht. Sie betete zwar und lehrte mich beten und war Mitglied der Gemeinde. Aber in die Hamburger Synagoge ging ich allein – nicht zu den G'ttesdiensten, zu den Tefillin, da traute ich mich nicht hin, denn ich war getauft und konfirmiert. Ich besuchte Lesungen und Konzerte und freute mich, wenn ich mit jungen Juden ins Gespräch kam und ihnen erzählen konnte, was für eine seltsame jüdisch-christliche Mischung ich bin.

»Nur deine Ohren sind protestantisch«, hänselte mich Aaron, mit dem ich mich anfreundete und mit dem ich vierhändig Klavier spielte. Immer bei seinen Eltern – nie bei uns. Meine Mutter hielt nichts davon, dieses Kind aus einem reichen jüdisch-orthodoxen Haushalt zu uns einzuladen. Wir seien viel zu wenig jüdisch für so einen, erklärte sie. »Schließlich bist du getauft, vergiss das nicht!«

Warschau, Hotel Interconti, 28. April 1988
Meine zweite Mutter getroffen. Gang durch das Konzentrationslager. Es war schlimm, ich habe nur geweint. Ich bin so froh zu leben!

Ich laufe durch das Lager von Majdanek und weine. Immer wieder verliere ich eine der Osterglocken, die ich mitgebracht habe. Ich weiß nicht, wohin ich sie legen soll. Vor das Mahnmal, vor eine der Baracken, vor das Krematorium, vor die Öfen? Nirgends ein Ort, der mir als der richtige erscheint. Ich lasse die Narzissen fallen, eine gelbe Spur vom Wachturm zur Baracke mit den Haaren, zur Baracke mit den gestreiften Hemden, zu den Öfen.

Im Konzentrationslager lernte meine Mutter die jiddische Sprache, die sie auch später noch mochte. Sie freute sich, dass ich an der Hamburger Universität, wo ich zu studieren begann, Jiddisch lernte. (Mein Vater fand diese Hinwendung zum Judentum befremdlich und unnötig.) Damals kaufte ich mir auch den ersten Talmud – in deutscher Sprache.

Meine Mutter, Margot Artmann, das verwöhnte Kind, das dem Gärtner immer nur beim Arbeiten zugesehen hatte, lernte in Bełżec zu ernten, schnitt Kohl und grub Kartoffeln aus. Vor Tagesanbruch wurden die Frauen geweckt. Sie mussten sich rasch waschen, ihr »Bett bauen«, dann bekamen sie entweder einen Ersatzkaffee oder warme Brühe und ein Stück Brot. Anschließend ging es aufs Feld. Zwölf Stunden lang. Die Männer mussten Befestigungsanlagen an der sowjetischen Grenze errichten.

»Wem gehörten diese Felder, Mamsi?«, fragte ich meine Mutter, wenn sie davon erzählte.

»Wenn ich tot bin, wirst du's erfahren.«

Heute weiß ich es. Es waren die Ländereien eines polnischen Kleinadligen, der mit seiner Frau und seinen drei Söhnen in einem Herrenhaus lebte. Mägde und Knechte wohnten in einem Gesindehaus daneben. Christian Wirth hatte »seine« Jüdinnen dem Grafen verkauft, oder besser: ausgeliehen. Die Arbeiterinnen wurden von den Wachmännern und den Mägden des Grafen beaufsichtigt, die die Frauen anleiteten. Meine Mutter hatte in ihrem Leben noch nie eine Karotte aus dem Boden gezupft, jetzt musste sie am Boden hockend Kartoffeln aus der harten Erde buddeln.

»Es war nicht so schlimm. Ich fand dort eine Freundin. Wir sprachen mit den Augen miteinander. Wir lächelten einander zu. Sie war kein Häftling. Eine Polin.«

Meine Mutter stockt. Ich wage nicht zu fragen.

»Das Beste an der Kartoffelernte war, dass ich ab und an eine Kartoffel einstecken konnte. Ich brachte sie meiner Mutter mit. Sie schaffte es nicht mehr aufs Feld; sie wurde schwächer und schwächer.«

»Ist sie verhungert?« Meine Mutter schweigt.

»Wurde sie vergast?«

»Nein. Sie hatte keine Kraft mehr. Sie verlosch.«

Ich weine. Meine Mutter schaut nach innen. So, wie sie jetzt schaut, da sie, wortlos, auf ihren Tod wartet, so muss meine Großmutter geschaut haben. Sie starb, so lese ich in den Akten, am 10.10.1942 in Bełżec. Meine Mutter sagte mir, sie sei vergraben worden. Aber nicht auf dem Gelände von Bełżec, sie liege irgendwo in der Nähe der Verbrennungsöfen des Konzentrationslagers Majdanek. Wie es dazu gekommen ist, erzählte sie mir nicht.

»Wie war das mit der Polin?«, frage ich an einem Nachmittag, nachdem wir gemeinsam eine Dokumentation über die Befreiung des Konzentrationslagers Buchenwald gesehen haben.

Meine Mutter blickt mich überrascht an. Dann, langsam, sagt sie:

»Sie hieß Nina, eigentlich Janina. Sie hat mich gerettet vor dem Tod, ja, das hat sie. Aber eigentlich kam ich von der Hölle nur ins Purgatorium.«

Jetzt nicht Dante, denke ich.

»Bernd, ich möchte darüber nicht sprechen.«

Meine Mutter steht auf und verlässt den Raum.

4. April 1966
Könnte ich doch Mamsi zum Sprechen bewegen! Eigentlich müsste sie eine Psychotherapie machen. Sie ist körperlich gesund, doch sterbenskrank in der Seele.

Frühling 1988

August Everding inszeniert in Warschau Richard Wagners *Der Ring des Nibelungen* und fragt in der Redaktion der *Süddeutschen Zeitung* an, ob vielleicht ein Kritiker sich die ersten Produktionen, *Rheingold* und *Walküre*, ansehen und mit nach Warschau reisen möchte. Der damalige Feuilletonchef Albrecht Roeseler möchte wissen, ob ich Lust darauf hätte. Seit acht Jahren gehöre ich der Redaktion an als – wie es in meinem Vertrag heißt – »verantwortlicher Redakteur für das Sprechtheater«. Schon einige Male zuvor hatte ich Musiktheaterproduktionen besprochen, aber das Schauspiel war mir immer lieber. Nicht, weil ich die Oper nicht schätzte, im Gegenteil: Gesungenes Leid, gesungene Liebe, gesungener Hass bewegten mich viel mehr als jede gesprochene Emotion. Ich war und bin sentimental. Ich weinte in *La Bohème* schon im ersten Akt; auch im ersten Akt des *Rosenkavalier* kullerten zur Arie der Marschallin bei mir die Tränen; und während des Trauermarschs für Siegfried schnäuzte ich mich unentwegt, als wäre ich erkältet. Da ich einen heulenden Kritiker für eine Fehlbesetzung hielt, entschloss ich mich, die Finger von der Oper zu lassen. Schauspiel ja! Musiktheater nein!

Ich sagte dennoch zu, in Warschaus großem Theater würde mich niemand kennen. Ich vereinbarte ein Gespräch mit August Everding, erzählte ihm von meiner Vorfreude auf die beiden Abende und formulierte eine Bitte.

»Ist es möglich, an einem Tag nach Lublin und Majdanek zu fahren?«

Nachdem ich ihm erklärt hatte, warum ich dorthin wollte, arrangierte er ein Auto mit Chauffeur und Übersetzerin.

Am Donnerstag, dem 28. April 1988, sitze ich in einem schwarzen großen Moskwitsch auf dem Weg nach Lublin, 190 Kilometer seien es ungefähr, vielleicht auch 200, sagt Milena, die mich begleitet. Wir reden über Kafka und dessen Prager Milena. Wen ich denn in Lublin treffen möchte, fragt sie.

»Die Retterin meiner Mutter.«

»Verzeihen Sie, Sie müssen nicht antworten, aber wie haben Sie sie ausfindig gemacht?«

»Nicht ich habe sie gefunden. Sie hat meine Mutter gefunden.«

Im November 1986 erreichte uns ein Brief in Hamburg. Absender: der Suchdienst des Roten Kreuzes mit der Anfrage, ob sie, Margot Sucher, geborene Artmann, eine Frau namens Janina Szafranek kenne oder gekannt habe. Sie wohne in Lublin und habe in den Vierzigerjahren bei einem Gutsbesitzer gearbeitet und jüdische Zwangsarbeiterinnen auf den Feldern bewacht. Sie suche nach einer Margot Artmann, die im Lager Bełżyce inhaftiert gewesen sei. Einundvierzig Jahre nach Kriegsende fand Nina ihre Margoscha.

München, 9. November 1986, Reichspogromtag
Es gibt Gedenkreden, Schlechtes-Gewissen-Reden. Mamsi hat einen Brief vom Roten Kreuz bekommen. Die Polin, die sie gerettet hat, fahndete nach ihr – und hat sie gefunden. Mamsi ist verstört. Sie kann mit dieser Nachricht nicht umgehen. Wieder weigert sie sich, über ihre mögliche Antwort mit uns nachzudenken. Ich bin nicht einmal sicher, ob sie antworten wird. Ihre Vergangenheit holt sie wider ihren Willen ein.

In Wagneropern würde jubiliert: »Ein Wunder! Ein Wunder!« Das war es. Janina Szafranek konnte dem Suchdienst nicht viel mehr Informationen geben als diese: Name Margot Artmann, geborene Jacoby, Jüdin, Geburtsdatum wahrscheinlich 1925, aus Leipzig, Konzentrationslager Bełżyce, falscher Name Klara Schneider. Ich weiß nicht, wie lange Janina Szafranek nach meiner Mutter hatte fahnden lassen. Es müssen Jahrzehnte gewesen sein. Aus Margot Artmann war Margot Sucher geworden, sie lebte nicht mehr in Leipzig, nicht in Bitterfeld, sondern in Hamburg. Warum sie überhaupt wissen wollte, was aus meiner Mutter geworden war, weiß ich nicht.

Offensichtlich war es nicht pure Neugier, sondern der Wunsch, einen Menschen, den sie gerettet hatte, wiederzusehen.

»Meinst du, ich soll nach Lublin reisen?«, fragte meine Mutter zehn Tage, nachdem sie den Brief erhalten hatte.

»Ich kann dir weder zuraten noch abraten. Die Reise, das Wiedersehen, der Besuch des Lagers: All das kann fürchterlich werden oder heilsam. Ich weiß es nicht.«

Auch mein Vater wagte keinen Ratschlag.

Schließlich reisten meine Eltern gemeinsam. Als sie zurückkamen, sprachen weder meine Mutter noch mein Vater von der Begegnung. Das irritierte mich, aber ich traute mich nicht nachzufragen. Aber sie schickten fortan Pakete nach Lublin: Schokolade, Lachskaviar in kleinen Gläsern, Nivea Creme, Seifen, Parfum. Solche Hilfspakete bekamen wir Ende der Fünfzigerjahre von einem amerikanischen Ehepaar, das uns über eine Hilfsorganisation gefunden hatte. Zwei Pakete jährlich. Zwei Dankeschönbriefe zurück. Ich war vernarrt in die Mackintosh-Bonbons und sammelte Briefmarken in den buntlila Dosen. Quality Streets. Jedes Bonbon in einem andersfarbigen Glanzpapier.

Bevor ich nach Warschau reiste, bat ich meine Mutter um Ninas Adresse.

»Sie werden also diese Nina besuchen und danach das KZ?«, fragt Milena. Ich nicke. Von der Telefonauskunft hatte ich die Telefonnummer der Familie Szafranek in der Jana Pawla II bekommen. Und Nina angerufen.

»Szafranek, hallo?«

Ich bekomme kein Wort heraus.

»Czy mnie otrzymaniu?«

»Verzeihen Sie, Nina. Ich bin Bernd. Margots Sohn. Ich möchte Sie sehen.«

»Was für eine Überraschung! Bernd, du. Entschuldige, Deutsch schlecht. Aber verstehen.«

»Ich könnte Sie am 28. April nachmittags, so gegen vierzehn Uhr, besuchen. Geht das? Es wäre mir so wichtig.«

»Tak, ja. Wie kommst du her?«

»Ich habe ein Auto und einen Fahrer. Also am Donnerstag in einer Woche.«

»O jaja. Ich freue mich so.«

Vorher möchte ich an einem Blumenladen haltmachen. Einen Strauß – ganz bunt für Nina. Fünfzig Osterglocken für meine Großmutter.

Wir nähern uns dem Haus in der Jana Pawla II. Ich bekomme Angst. Wir halten. Ich bitte Milena, nicht mit ins Haus zu kommen. Ich würde sie aber bei der Begrüßung vorstellen. Im Vorgarten steht Nina, eine kleine, zarte, grauhaarige Frau. Neben ihr, ihr Mann. Sein Name ist Franz, ein deutscher Name. Auch er ist klein, mit einem verwitterten Gesicht.

Nina läuft mir entgegen, umarmt mich und ruft:

»Du bist mein Sohn, ohne mich gäbe es dich nicht!«

Ich lege meine Arme um sie, die Fremde. Ich kann nicht sprechen. Minutenlang stehen wir beide so da. Der wiedergefundene Sohn und Nina. Franz und Milena stehen schweigend abseits.

Endlich gehe ich mit Nina und Franz ins Haus, Milena entschuldigt sich, sie müsse mit dem Chauffeur noch die Rückreise planen, denn am Abend würde sie mich zu einem Empfang in der deutschen Botschaft begleiten.

Das Wohnzimmer ist winzig. Auf dem Tisch mit der gestickten Festtagsdecke steht alles bereit: ein Quarkkuchen, eine Kaffeekanne, drei Teller, drei Tassen, ein Zuckernapf und ein kleiner Milchkrug.

»Setz dich, mein Bernd. Und nimm von dem Semik.«

Ich erzähle von Mutter, von meiner Schwester. Die beiden möchten wissen, was ich in Warschau mache und wie es kommt, dass ich mit einem so großen Auto mit Chauffeur und Übersetzerin reise. Ich erkläre. Sie staunen. Und Nina freut sich.

»Einen klugen Sohn habe ich da, und so fleißig. Bist du eigentlich jüdisch?«

»Nein. Protestant.«

»Das ist auch besser so. Die Juden haben es immer schwer, auch heute. Besonders bei uns.«

Wir schweigen. Sehr lange.

Ich ertrage unser Schweigen nicht, behaupte, aufbrechen zu müssen. Ich muss los. Franz geht nach draußen, zum Auto. Nina will im Garten für meine Großmutter Blumen schneiden: auch Osterglocken. Ich nutze die Gelegenheit, ein Kuvert mit Geld und einem Brief unter die Tischdecke zu schieben.

»Liebe Nina, ich danke Dir von Herzen – ich darf Dich doch duzen –, dass Du meine Mutter gerettet hast. Ohne Dich gäbe es mich nicht. Ich liebe das Leben und möchte meiner Mutter der Sohn sein, den sie sich wünscht, der ein Leben lebt, wie sie es nicht hat leben können. Ich umarme Dich und wünsche Dir Glück, Gesundheit und ein langes Leben. Juden wünschen sich immer 120 Jahre. Dein Bernd«

Nina kommt mit einem großen Strauß zurück.

»Du wirst kein Grab finden. Kein einziges. Du kannst die Blumen einzeln fallen lassen – für all die vielen Toten.«

Trotzdem suche ich das Grab meiner Großmutter. Ich weiß, dass ich es nicht finden werde. Und also auch der Wahrheit nicht näherkommen kann. Wir haben das Jahr 1988. Neun Jahre später werden Archäologen in Bełżec dreiunddreißig Massengräber entdecken. Während ich an den Baracken vorbeigehe, lasse ich eine gelbe Blume nach der anderen fallen. Ninas und meine Blumen. Nicht achtlos. Nicht wortlos. Ich bete. Ich danke G'tt. Und immer wieder wiederhole ich den einen Satz aus dem Vaterunser: »Dein Wille geschehe, wie im Himmel so auf Erden.«

Er ist mir der wichtigste. Denn der Glaube daran bedeutet, dass ich SEINE Allmacht akzeptieren muss: Sein Wille muss nicht meiner sein. ER bestimmt, was mir und allen Menschen geschieht. Gläubige Juden gingen in die Gaskammern, weil sie glaubten!, dass G'tt sie strafe. Ja, die meisten leisteten keinen Widerstand – Aufstände wie im Warschauer Getto waren die Ausnahme. Dein Wille geschehe, das bedeutet: auch das Fürchterlichste, das in menschlichem Denken Ungerechteste, annehmen. Oder, wie es in der 25. Lobpreisung, dem 25. Psalm heißt: »Lass mich, Du, Deine Wege erkennen, lehre mich Deine Pfade!«

Ich gehe in die Baracken, in denen bis zu eintausend Häftlinge hausten, ich sehe abgeschnittene Haare. Sehe Schuhe, Kleider, rieche das Gift in den Gaskammern. Ich erschrecke vor den großen blauen Flecken an den Wänden. Zyklon B. Ich fröstele vor den Öfen. Alles ist, wie es war. Keine Gedenkstätte. Das blanke Grauen. Tränen. Drei Stunden verliere ich mich an diesem Ort, der zweihundertfünfzig Hektar groß ist. Ich will weg und bleibe immer wieder stehen. Schaue zurück auf den hohen Schornstein und das Mahnmal: Unter einem kreisrunden Dach, das aussieht wie ein Pilz, ist die Asche von Tausenden exhumierter Ermordeter aufgehäuft.

»Nein, ich kann nicht zu dem Empfang heute, Milena. Sie werden das verstehen.«

Wir bleiben beide stumm. Vor dem Intercontinental in Warschau steige ich aus.

»Bis morgen: Rheingold.«

Warschau, 28. April 1988
Ausgerechnet Wagner und Majdanek und Bełżyce. Wie absurd.
Widerwärtig?

Meine Rezension der beiden ersten Abende erscheint am 2. Mai 1988 unter der Überschrift »Ein Wagnis, ein Zeichen, ein Beginn« in der *Süddeutschen Zeitung*.

Warschau, 2. Mai.
Habe ich zwei Mütter?

Meiner Mutter schreibe ich einen Brief, schildere das Treffen mit Nina und Franz und meinen Osterglockengang über das Gelände des Lagers. Auch, dass ich in der *Walküre* weinen muss, schreibe ich ihr. Als PS: Nach Auschwitz möchte ich auch noch. Aber nicht auf dieser Reise.

Warschau, 3. Mai 1988.
Hatte einen fürchterlichen Traum.
Drei Männer zerren mich aus einem Güterwagen und führen mich in eine leere Lagerhalle. Der größte von ihnen trägt das Totenkopfzeichen an seiner Schirmmütze. Er brüllt mich an: »Zieh dich aus, du Schwein!« Als ich nackt vor ihm stehe, schüttelt er sich vor Lachen: »Eine lächerliche Gestalt! Schaut euch diesen mickrigen Schwanz an! Knie nieder!« Ich tue, wie mir befohlen. Der Stein ist kalt. Einer der beiden zieht ein Rasiermesser aus seiner Hosentasche. Klick, die Stahlklinge springt aus dem Griff. Ich lese darauf in großen Buchstaben Oswald Sucher – Bitterfeld. Der Mann kommt näher. Er streicht mit der Klinge meinen Hals, den Adamsapfel. »Keine Angst, Judenjüngelchen, ich will erst einmal nur deine Haare.« Sie fallen zu Boden. Ich bin kahl, ich kann es fühlen. »Steh auf!« Sie führen mich wieder nach draußen. Niemand ist auf dem Vorplatz. Wir gehen vorbei an Kasernen, aus denen Schreie dringen von Kindern und Frauen. Ich höre nicht eine einzige Männerstimme. Ich sehe das Krematorium und die offenen Öfen, sie sind leer. Endlich erreichen wir vier ein gemauertes Haus, nicht sehr groß, weiß getüncht. Die Tür ist aus Stahl. Der Totenkopfmann öffnet. Das ist die Pforte zum Tod, denke ich. Ich sehe blaue Flecken an den Wänden, ich rieche – Desinfektionsmittel? Gift? »Erst wirst du geduscht – und dann schauen wir weiter.« Ich werde unter einen Brausekopf gestellt, der Totenkopf dreht den Hahn auf. Eiskaltes Wasser prasselt auf mich nieder. Ich friere.

Ich lege meine Hände vor mein Geschlecht. Ich warte. »*Das reicht – jetzt ist der Stinkjude sauber!*« *Sie schubsen mich durch eine andere Tür, in einen anderen Raum. Hunderte von Männern. Nackt. Frierend. Einige weinen. Die meisten sind stumm. Sie schauen einander nicht an; sie schauen zu Boden.* »*Nach der Dusche kommt das Föhnen! Wie ihr seht, haben wir keine Handtücher. Gleich wird euch richtig warm.*« *Die drei verlassen uns. Die Tür fällt ins Schloss. Ich höre, wie der Schlüssel herausgezogen wird. Wir warten. Ich möchte sprechen. Ich möchte schreien. Ich will wehschreien. Kein Ton dringt aus mir. Eine Luke über uns in der Decke öffnet sich. Heißer Nebel. Wehklagen aus Hunderten von Mündern. Ich kralle mich an den Körper eines alten Mannes. Er fällt zu Boden. Ich beuge mich zu ihm hinunter. Mir schwindet die Kraft.*
Ich erwache. Und schreie um Hilfe in meinem Hotelzimmer. Ich bin schweißgebadet. Es ist 04:13 Uhr. Ich trinke aus der Flasche Mineralwasser. Es schmeckt bitter. Es ekelt mich. Ich gehe unter die Dusche. Ich trockne mich ab. Ich lege mich ins Bett. Ich kann nicht einschlafen.
Nein, ich möchte Auschwitz nicht besuchen.

Was hatte Nina getan? Wieso hat meine Mutter überlebt? All das hätte ich Nina fragen können und habe es nicht gewagt.

Drei Wochen nach meiner Rückkehr aus Warschau flog ich nach Hause, nach Hamburg. Ich lud meine Mutter zu einem Abendessen ein – nur wir zwei. Weder mein Vater noch meine Schwester sollten dabei sein. Ich hatte in den Vier Jahreszeiten einen Tisch bestellt, im Grill, auf der Empore, am Fenster, mit Blick auf die Binnenalster. Der Nachbartisch war weit entfernt.

Ich wusste, dass meiner Mutter diese Wahl gefallen würde, weil solche Orte sie an ihre Kindheit erinnerten und sie – vielleicht, hoffentlich – stolz auf mich sein würde, dass ich es mir leisten konnte, sie hierhin auszuführen.

»Bitte erzähl mir, wie Nina dich gerettet hat.«

»Nina bewachte uns Mädchen und Frauen. Mich hatte sie, warum auch immer, ins Herz geschlossen, wir waren ja gleich jung. Eines Abends, als ich vom Feld zurück ins Lager marschieren sollte, flüsterte sie mir zu, dass ich mir am nächsten Tag, die Erlaubnis holen sollte, hinter der Hecke mein Geschäft zu verrichten. Dort würde ein Leiterwagen stehen mit zwei Pferden und einem Kutscher. Ich sollte rasch draufsteigen – und dann wäre ich frei.«

Sie macht eine lange Pause. Ich schweige.

»Und so machten wir es. Unbemerkt von den Wächtern konnte ich entkommen. Nina blieb auf dem Feld und schimpfte mächtig laut, die Frauen seien zu langsam. So wurde sie zum Zentrum der Aufmerksamkeit aller. Erst beim Abzählen bemerkte man mein Verschwinden. Das war's. Man suchte mich im Umkreis von vielen Kilometern, auf Feldern, in Bauernhäusern, in Hühnerställen und unter dem Stroh der Pferde.«

»Aber warum wollte sie dich retten? Und wohin hat sie dich gebracht?«

»Nicht weiter, Bernd. Wenn ich einmal nicht mehr sein werde, wirst du die Akten finden. Nach dem Krieg, als es um die sogenannte Wiedergutmachung ging, habe ich berichtet, berichten müssen. Auch Nina hat an Eides statt einiges erklärt.«

Da kommt der Lachs. Ohne es zu wollen, haben wir lauter koschere Gerichte bestellt. Lachs, Gemüse, Mousse au Chocolat.

»Menschen ohne Grabstein«: »Artmann, Margot Lotte, 9.1.1925, Leipzig – nach 1942 verschollen, dt. Staatsangehörige, Kontoristin, Zwangsarbeit als Näherin, Tochter von Elise A., auf der Transportliste vom 21.1.1942 gestrichen, am 10.5. nach Bełżyce deportiert.«

Verschollen? Das Buch erschien 2011, sechs Jahre nach dem Tod meiner Mutter in Hamburg und fünfundzwanzig Jahre nachdem der Suchdienst des Roten Kreuzes Margot Lotte Artmann gefunden hatte.

In einem Koffer finde ich einen Schnellhefter mit Unterlagen. Elise Artmann starb am 10. Oktober 1942. In einem anderen Dokument, einem Beschluss des Beschwerdeausschusses des Regierungspräsidenten in Darmstadt aus dem Jahr 1975 – es ging um eine Entschädigung für das Artmann'sche Grundvermögen während der NS-Zeit –, finde ich ein anderes Sterbedatum und eine andere Ortsangabe. Danach wäre meine Großmutter am 5. Oktober 1942 in Leipzig gestorben. Was hat dieses Verwirrspiel zu bedeuten? Ich weiß es nicht.

Neun Tage nach dem Tod von Elise Artmann in Bełżyce, also am 19. Oktober 1942, einem Montag, floh meine Mutter vom Kartoffelacker in Miłocin, nordwestlich von Lublin. Meine Mutter hatte sich auf dem Wagen unter dem Stroh verborgen, das wohl just für diesen Zweck geladen worden war. Die Fahrt ging zum Gut der Grafen von Skarbek. Die Skarbeks konnten ihr Geschlecht bis zum 11. Jahrhundert zurückverfolgen. Ihr Stammvater war ein Michael Skarbek gewesen. Zu Beginn des 20. Jahrhunderts besaß die Familie mehrere Güter in Polen.

Ein imposanter Gutshof. Herrenhaus, Ställe, Scheunen, Gesindehäuser. Bei ihrer Ankunft liefen ihr zwei Mägde entgegen, packten sie an den Händen und schleiften sie in Windeseile zum Hühnerstall. Dort versteckten sie die junge Frau unter dem Mist.

»Kommen wieder wir.«

Am späten Abend fuhren Nazischergen nach Miłocin und durchsuchten alle Gebäude. Sie fanden das Mädchen nicht. Weil sie sich nicht vorstellen konnten, dass eine verwöhnte Jüdin sich im Dreck verstecken könnte, suchten sie an diesem Ort nicht. Das war Mamsis Erklärung. Am Morgen befreite Nina meine Mutter zum zweiten Mal, grub sie unter Hühnermist und Stroh aus und brachte sie in das Gesindehaus, in ein

Zimmer, das sie sich von nun an mit zwei anderen jungen Frauen teilte.

Ob sie glücklich war? Sie hatte vor allem Angst. Meine Mutter wusch sich und zog die Kleider an, die Nina für sie bereitgelegt hatte. Es war nicht Ninas Rock, nicht Ninas Bluse. Die Kleider waren schön und sahen teuer aus. Dann überquerte sie, Hand in Hand, mit Nina den Hof. Ein junger Mann, offensichtlich ein Angestellter, öffnete die Tür des Herrenhauses und führte die beiden Mädchen in den ersten Stock. In einem Salon begrüßte sie ein Herr, er mochte etwa fünfzig Jahre alt sein, und eine etwas jüngere Dame. Sie war gewiss die Ehefrau. Auch die drei Söhne waren da. Meine Mutter kannte einen der Jungen, er war zweimal mit dabei gewesen, als Nina aufs Feld gefahren war. Die anderen beiden Kinder kannte sie nicht.

»Haben Sie keine Angst«, sagte der Herr. »Die Nazis haben Sie nicht gefunden, und sie werden hier nicht noch einmal suchen, hoffe ich. Aber man weiß nie. Sie sind erst einmal in Sicherheit. Das hoffen wir alle zumindest. Aber Sie dürfen das Zimmer, in dem wir Sie untergebracht haben, nur dann verlassen, wenn wir Sie holen lassen oder selber kommen. Vielleicht werden Sie sich auch viele Stunden in den Feldern verstecken müssen. Die Nazis sind hartnäckig und geben nicht schnell auf.«

Meine Mutter war erstaunt über das perfekte Deutsch des Grafen. Aber sie sagte kein Wort. Sie schwieg auch, als sie mit allen am Esstisch saß – nur Nina war nicht dabei. Sie musste zurück ins Gesindehaus.

Eidesstattliche Erklärung:
»Ich, Szafranek, Janina, geb. Tomaszewska, Tochter des Paul und Aniela aus Gnitroniczow, wohnhaft in Lublin, Kolonie Wrotkow, Swietochowski-Straße 41c, erkläre wie folgt: Ich habe Margot Artmann im Frühjahr 1942 kennengelernt. Ich fuhr immer mit meinem Vater an Markttagen nach Bełżyce, um Pflanzen zu ver-

kaufen, und dort bekam ich Kontakt mit Margot und ihrer Mutter. Da ich in der Schule Deutsch gelernt hatte, konnte ich mich mit ihnen unterhalten. Die Artmanns waren aus Leipzig ausgesiedelt worden. Die Deutschen hatten ihnen alles weggenommen, ließen ihnen nur wenige persönliche Sachen. In Bełżyce war ein Konzentrationslager für Juden eingerichtet, in welchem auch die Artmanns waren. Frau Artmann bat mich, meine Anschrift benutzen zu dürfen, um Post von den Verwandten aus Deutschland erhalten zu können. Ich habe eingewilligt und Margot manchmal getroffen, um ihr Pakete mit bescheidenen gebrauchten Sachen zu übergeben, welche aus Deutschland ankamen. *(Wer mag ihr diese Pakete geschickt haben, frage ich mich.)* Im Sommer 1942 wurde in Bełżyce ein furchtbares Judengemetzel durchgeführt. Nach vielem Fragen und Suchen erfuhr ich, dass die Artmanns mit einer Gruppe von Juden auf das Gut Milocin der Gräfin Skarbek zur Landarbeit gebracht worden waren. Sie blieben dort noch bis nach der Kartoffel- und Zuckerrübenernte. Dort verstarb infolge von Erschöpfung und Entkräftung im September 1942 Frau Artmann. Margot war auch in Todesnähe. Die Gräfin Skarbek beschaffte Margot gefälschte Papiere auf den Namen Maria Schumann und hielt sie auch dort bei sich verborgen. Margot hat oft halbe Nächte auf dem Felde verbracht und im Hühnerstall geschlafen aus Angst vor Polizeikontrollen. Während der Weihnachtszeit verbrachte Margot ca. drei Wochen im Hause meiner Eltern. Es war für uns alle sehr gefährlich, denn in der Nachbarschaft war ein Luftwaffenbeobachtungsposten stationiert.«

Kein Wort über die Flucht vom Feld. Kein Wort darüber, dass sie selbst für die Skarbeks gearbeitet hatte. Kein Wort über die Beweggründe, meine Mutter zu retten. Kein Wort über die Motive der Skarbeks, sich der Gefahr auszusetzen, von den Nazis bestraft zu werden. Janina Tomaszewska war dabei, als die Frauen und Mädchen von den deutschen KZ-Wächterinnen gedemütigt wurden. Zweimal nahm sie auf ihrem Wagen den jungen Grafen mit, dem sie von dem jungen deutschen

Judenmädchen erzählt hatte. Wie kam diese Erklärung zur Wiedergutmachungsbehörde?

Der jüngste Sohn des Grafen, der junge Mann, den meine Mutter schon kannte – er hieß Mateusz André –, war fünfundzwanzig Jahre jung. Meine Mutter war siebzehn. Mateusz sprach neben seiner Muttersprache Deutsch und Französisch. Er hatte sich in die Jüdin, von deren Schönheit Nina ihm mehr als einmal vorgeschwärmt hatte, verguckt. Davon steht auch in Janina Szafraneks zweiter »wahrheitsgemäßen Erklärung« nichts:

»Ich habe Fräulein Artmann am Ausgang des KZ Bełżyce kennengelernt, als sie dort, gemeinsam mit ihrer Mutter, arbeiten musste. Ich sprach sie an. Wir waren ungefähr in einem Alter. Frau Artmann bat mich, mit meinem Absender ein Lebenszeichen an ihre Angehörigen in Deutschland zu schreiben. Das habe ich getan. Ich habe auch versucht, Frl. Artmann heimlich etwas zu essen zuzuwerfen, was mir auch einige Male gelang. Als ich einige Monate später, von den Morden in Bełżyce hörte, erkundigte ich mich auch nach ihnen und fand nach langem Suchen Fräulein Artmann in Milocin. Das Gut, wo sie arbeitete, gehörte dem Grafen Skarbek. Frau Artmann war während einer Kartoffel- und Rübenernte, die ein Arbeitskommando in Milocin unter Aufsicht leisten musste, verstorben. Frau Skarbek hatte Margot Artmann inzwischen den Namen Maria Schumann besorgt, und unter diesem Namen lebte sie dort. Sie hatte innerhalb des Gutes verschiedene Schlafplätze. Zeitweise schlief sie auch in einem kleinen Raum neben dem Hühnerstall. Fräulein Artmann erzählte mir auch gleich bei meinem ersten Besuch, dass, wenn Gefahr durch Polizeikontrollen drohte, sie sich bis zum Abend im Felde aufzuhalten hatte, allein schon, um die Familie Skarbek nicht zu gefährden.«

Mateusz André Skarbek hatte beschlossen, die junge Frau zu retten. Da er seinen Eltern unmöglich die Wahrheit sagen konnte, erklärte er ihnen, dass es ihre christliche Pflicht sei, diesem Geschöpf zu helfen, das mutterlos und geschunden sei, bedroht, an Entkräftung und Hunger zu sterben, womöglich gar getötet werden würde. Er beschwor seine Eltern, trotz der Gefahren, denen sie sich womöglich aussetzten, zu handeln. Er gemahnte sie an ihre Vorfahren, die sich immer gegen Unrechtsherrschaften gewehrt hätten. Ein naher Verwandter, der katholische Priester Jan Skarbek, hatte die jüdische Gemeinde in der Stadt Auschwitz freundschaftlich unterstützt und den Juden zu helfen versucht, nachdem die Nazis 1939 die Große Synagoge niedergebrannt hatten.

Gleich beim ersten Mal, als Mateusz André Skarbek meine Mutter schmutzig und müde auf dem Kartoffelacker erblickt hatte, wusste er, dass er dieses Mädchen begehrte. Er konnte seinen Vater überzeugen, sich dieses Judenmädchens anzunehmen. Denn ohne die Einwilligung des Familienoberhaupts, das wusste er, wäre eine solche Entführung nicht möglich. Meine Mutter, die im Konzentrationslager zu jenen Männern, die sich ihr näherten, nie Zuneigung empfinden konnte, fasste Vertrauen zu dem jungen Mateusz. Er nahm sie sich nicht gewaltsam, sondern er warb um ihre Zuneigung. Sie war der Hölle entkommen, und eine ganze Familie kümmerte sich plötzlich um sie. Trafen sich meine Mutter und Mateusz zunächst nur heimlich im Gesindehaus, wenn alle anderen Mägde auf den Feldern oder in den Ställen waren, so wagte der Mann schon bald mehr. Meine Mutter zog zwar nicht ein bei den Skarbeks, aber sie wurde zu Abendessen eingeladen, wie sie ihrer einzigen Vertrauten, Janina, offenbarte; und sie durfte bei Mateusz übernachten. Seine Eltern sahen diese Verliebtheit nicht gern. Sie hatten ihrem Sohn sehr deutlich erklärt, dass sie diese deutsche Jüdin zwar als seine Geliebte tolerierten, aber sie niemals als seine Frau akzeptieren würden. Margot Schumann fühlte sich zum ersten Mal wieder – wie bei Arthur – wohl, wenn sie umarmt und geküsst wurde. Dass Mateusz mehr von ihr wollte als das Kuscheln, akzeptierte sie, aber genoss sie den Beischlaf? Diese körperliche Nähe – erinnerte sie dieser Akt an die Vergewaltigungen im Lager? Oder waren Mateusz' vorsichtige, zärtliche Versuche, diesem Mädchen die Freuden der sexuellen Vereinigung zu lehren, ihr Trost? Heilten sie Wunden?

Meine Mutter blieb bis zum Jahresende 1943 in Milocin. Im September verlobte sich Mateusz mit der wohlhabenden und ansehnlichen Tochter eines erfolgreichen Mediziners aus Warschau. Für meine Mutter war kein Platz mehr. Janina Szafranek erklärte am 11. Juli 1967 einem Lubliner Notar:

»Margot fuhr mit den gefälschten Papieren nach Lublin und suchte Arbeit. Sie wurde sehr krank und lag im polnischen Krankenhaus ›Bozego Jana‹, hatte offene Bein- und Fußwunden als Folge von Erfrierungen und Unterernährung in den Lagern. Ich besuchte sie, und wir schrieben einander. Nach der Krankenhausentlassung arbeitete Margot als Dienstmädchen bei einem Hitleranhänger in Lublin. Dort habe ich sie im März oder April 1944 besucht.«

Später erklärt Janina Szafranek noch:

»Als die Skarbeks aus Milocin abreisten, ist Fräulein Artmann nach Lublin gefahren und hat sich dort unter ihrem richtigen Namen beim Arbeitsamt gemeldet. Sie wurde von dort aus, weil sie keine Papiere hatte, zuerst als Waschfrau und später in einen Nazi-Haushalt vermittelt. Ich habe sie auch in Lublin gesehen. Noch im gleichen Jahr, oder Anfang 1944, war Fräulein Artmann sehr krank. Ich erinnere mich, dass sie in der polnischen Abteilung des Lubliner Krankenhauses stationär behandelt wurde. Sie hatte ein offenes Bein, offenbar eine Folge von Erfrierungen und der im KZ durchgemachten Krankheiten, so meine ich. Ich weiß auch, dass die deutsche Abteilung sie nicht aufnahm, da sie überhaupt keine Personalpapiere hatte. Bis zum März 1944 haben wir uns dann und wann gesehen. Um diese Zeit ungefähr wurde Lublin von Deutschen geräumt; und Margot Artmann gelang, wiederum mit einem falschen Pass versehen, die Reise zurück nach Deutschland.«

Was hatte meine Mutter da gewagt? Sich mit ihrem richtigen Namen bei einem Arbeitsamt zu melden war entweder naiv oder mit Absicht selbstmörderisch. Waschfrau? Hausangestellte bei einem Nazi? Was waren das für Krankheiten, die sie im KZ durchgemacht hatte? Was haben die Männer ihr angetan, denen sie – keine zwanzig Jahre jung – ausgesetzt war? Hatte sie ihren Körper für Brot, Suppe, Wasser verkauft? Keine dieser Fragen hat meine Mutter je beantwortet. Ich denke, dass sie durchkam, weil sie keine Papiere mehr hatte. In keiner der Wiedergutmachungsakten finde ich Erklärungen, nicht einmal Andeutungen. Was mir bleibt, sind Vermutungen. Die schlimmsten. Warum meine Mutter schließlich eine dritte Identität annahm, nachdem sie unter ihrem richtigen Namen bereits Arbeit gefunden hatte – ich weiß es nicht. Wer ihr den Pass mit dem zweiten falschen Namen besorgte? Wahrscheinlich die Skarbeks. Margot Artmann, alias Maria Schumann, hieß jetzt Klara Schneider. Von erspartem Geld habe sie sich eine Eisenbahnfahrkarte gekauft, gab Janina Szafranek zu Protokoll. War es erspart? War es ihr geschenkt worden? Hatte sie es sich verdient? War sie nach den Gräueln im Lager zu allem bereit? Hatte sie ihren Stolz, ihre Scham verloren? Was erwartete sie noch von ihrem Leben?

Von Warschaus Centralna zum Leipziger Hauptbahnhof, das muss im Dezember 1944 gewesen sein. Eine neunzehnstündige Fahrt. Nina hatte es nicht dem Notar anvertraut, aber mir hat sie es erzählt. Der Abschied sei für alle schmerzhaft gewesen, auch für Mateusz.

»Hat er sie geliebt?«, frage ich Nina.

»Er hat sie sehr lange sehr gemocht.«

»Hat sie ihn geliebt?«

»Nein. Sie war dankbar, dem Tod entronnen zu sein und den Grausamkeiten der Nazis.«

Mehr wollte sie nicht sagen. Sie blockte meine Fragen ab, so wie es meine Mutter tat. Die beiden Frauen haben ihre Geheimnisse für sich behalten – für immer.

Als ich von meiner Mutter wissen möchte, wie sie sich als Klara Schneider gefühlt habe, sagt sie nach kurzem Zögern.

»Frei. Zum ersten Mal seit dem 15. September 1941.«

Doch was sollte sie nun machen? Während der langen Zugfahrt fantasierte sie sich eine neue Identität. Sie könnte sich als Kindermädchen reicher Polen ausgeben. Oder als Köchin. Aber je länger sie darüber nachdachte, desto sicherer war sie sich, dass sie in Leipzig nicht lügen wollte. Der Spuk, so hatte Mateusz gesagt, würde bald schon enden.

Die Russen, die Amerikaner, die Engländer und die Franzosen werden die Welt befreien, hatte er ihr zum Abschied gesagt, sie bombardieren ja schon die deutschen Städte. Und die Russen rücken nach Westen vor.

Sie umarmten einander ein letztes Mal, nicht wie Liebende, eher wie Geschwister.

»Ich danke dir für alles. Ihr habt mir das Leben gerettet. Darüber freue ich mich, doch du wirst verstehen, dass ...«, sie zögerte, »... ich meine, dass ich mich auch schäme. Es war nicht recht von mir ... und von dir auch nicht.« Sie hatte sich diese Sätze genau überlegt, immer wieder vor dem Einschlafen lautlos gesprochen.

Margot Artmann erkannte Leipzig nicht wieder. Die Royal Air Force hatte in den Morgenstunden des 4. Dezember 1943 die Stadt bombardiert. Sie ging durch das zerstörte Zentrum und suchte das Rathaus: Es lag in Schutt und Asche. Sie wollte unbedingt irgendjemandem sagen, dass sie wieder da war; und sie wollte wiederhaben, was man ihr genommen hatte. Eine wahnwitzige Idee kam ihr in den Sinn. Sie ging zur Polizei. Dort erklärte sie einem alten Beamten, der ganz allein in der Dienststelle war, dass sie nicht Klara Schneider sei, wie es in ihrem Ausweis stand, sondern Margot Artmann, die Tochter von Kurt und Elise Artmann, denen die großen Möbelhäuser gehörten. Es war Dezember 1944 – der Krieg war noch nicht vorbei, aber sie fühlte sich furchtlos und war naiv.

»Ich will nichts von all dem, was ihr mir genommen habt, zurück, nur bitte meinen Pelzmantel. Ich habe die Hölle überlebt. Wissen Sie eigentlich, was in den KZs passiert?« Das war typisch meine Mutter.

»Um Himmels willen, hören Sie auf zu reden!«

Wieder traf meine Mutter auf einen Menschen, der ihr wohlgesinnt war. Max Liebeneiner brachte sie rasch in das Hinterzimmer der Wache, wo er ihr einen Pfefferminztee anbot. Am Abend machte er sich mit der jungen Frau auf ins Musikviertel, wo eine ehemalige Angestellte der Artmanns wohnte. Meine Mutter hatte sich an Anna Zabel erinnert, der Polizist hatte die Adresse herausgefunden. Es war gegen zwanzig Uhr. Margot Artmann drückte auf den Klingelknopf. Nichts tat sich. Dann Licht im Flur. Schlurfende Schritte. Der Schlüssel wurde im Schloss gedreht. Eine ältere Frau, nachlässig gekleidet, öffnete die Tür. Sie starrte die beiden Besucher an. Und erkannte Fräulein Artmann.

»Margot, du lebst!«

Meine Mutter blieb stumm, schließlich flüsterte sie:

»Können Sie mich für einige Tage bei sich wohnen lassen?«

Frau Zabel weigerte sich, sie aufzunehmen.

»Das musst du doch verstehen, es ist einfach zu gefährlich. Ich habe Kinder, Enkel …«

»Lebt Frau Zierold noch in Bitterfeld?«

»Die Ilse lebt, klar doch. In der Walther-Rathenau-Straße 7. Du weißt, in dem Haus war das Geschäft der Rosenthals.« Nach einer kurzen Pause fuhr sie fort: »Sie wurden auch deportiert, alle. Frau Rosenthal hat sich am Vorabend der Abreise erhängt.«

Die Juden wurden durch die Stadt getrieben – wie Vieh. Und keiner half.

»Auch ich tat nichts.«
»Jetzt könnten Sie etwas tun ...«
»Ich kann nicht. Leb wohl, Margot.«
Anna Zabel schloss die Tür.

Die Nacht verbrachte Margot Artmann bei den Liebeneiners auf dem Sofa. Am nächsten Morgen nahm sie den Bus nach Bitterfeld, sechsunddreißig Kilometer, vorbei an zerbombten Häusern, Schutt, verwahrlosten Gärten.

Meine Mutter hatte Bitterfeld nie gemocht. Selten nur hatte sie den Vater oder die Mutter hierhin begleitet, wenn sie in der Filiale nach dem Rechten schauten. Sie fand Bitterfeld öde, es stank nach Gift, denn die Schornsteine der IG-Farben-Fabrik rauchten Tag und Nacht. Die Bitterfelder hielt sie für ungebildete Spießer. Was sie jetzt auf der Fahrt durch die Stadt überraschte: Bitterfeld war weit weniger zerstört worden als Leipzig, obwohl dieses Provinznest wirtschaftliche Bedeutung genoss. Meine Mutter erinnerte sich nur an drei Menschen: an Anna Zabel, an Ilse Zierold, eine junge blonde Frau aus Delitzsch, die ihr Vater gleich nach ihrer Lehre angestellt und schon nach acht Monaten zur Geschäftsführerin des Möbelhauses Kurt Artmann in Bitterfeld befördert hatte, und an Arthur Wolf, einen eitlen Mann aus Halle, der sich übergangen gefühlt hatte, nachdem Kurt Artmann der weit jüngeren Ilse Zierold die Filiale anvertraut hatte.

Während der Busfahrt sah meine Mutter die große Halle mit den ausgestellten Möbeln vor sich, sie war damals stolz auf den Reichtum. Ihr Vater bestand darauf, dass alles komplett zu sehen war: Ganze Küchen waren aufgestellt, Wohn-, Ess-, Kinder- und Schlafzimmer komplett begehbar. Selbst ein Rauchsalon mit vier schweren Ledersesseln, einem Spieltisch, zwei verglasten Mahagonibücherschränken und einer Anrichte für Getränke und Gläser war aufgebaut worden. Er mochte Intarsienarbeiten, weswegen in die Beistelltischplatten Perlmuttsterne ins Holz eingelassen worden waren. Kurt Artmann war nicht nur bei den Schuhen ein Snob.

Margot Artmann stieg beim ehemaligen Hotel Döring aus. Das Haus stand noch, unversehrt. Aber es schien verwaist. Von hier aus war es nur ein Katzensprung in die Walther-Rathenau-Straße. Margot Artmann fragte sich, was sich eigentlich in Bitterfeld nach 1939 ereignet hatte – sie wusste nicht einmal, ob neben den Rosenthals noch andere Juden hier gelebt hatten.

In Bitterfeld hatten sechsundachtzig von hundertfünftausend Einwohnern, die 1933 im damaligen Kreis Bitterfeld lebten, jüdische Wurzeln. Zwei Firmen – Jarosch, Berufs- und Herrenbekleidung, am Markt 7, und Goldschneider, Herrenbekleidung, Burgstraße 10 –, hatten sich bereits Ende des 19. Jahrhunderts hier niedergelassen. Sie waren wie die meisten anderen jüdischen Einwohner getaufte Juden. Viele von ihnen definierten sich – wie vom Verband nationaldeutscher Juden formuliert – als »Deutsche Volksgenossen jüdischer Abstammung«. Sie sympathisierten mit diesem Verband und fühlten sich, so stand es in den Statuten, »mit Deutschland verbunden durch die deutsche Kultur, die seit Jahrhunderten in unseren Familien heimisch ist, durch die deutsche Muttersprache, durch die Liebe zum deutschen Heimatboden, durch das Wissen um unsere Zugehörigkeit zum deutschen Volke«.

Ich staune, worauf sich dieser jüdische Zusammenschluss alles eingelassen hatte, um als deutsch und eben nicht als jüdisch wahrgenommen zu werden. Diese rechtskonservative Organisation, schon 1921 von Max Naumann gegründet und 1935 verboten, gab von 1922 bis 1934 eine Zeitschrift heraus, *Der nationaldeutsche Jude*. Im Gegensatz zum Centralverein oder der Zionistischen Vereinigung avancierte der Verband nie zu einem repräsentativen Vertreter der deutschen Juden, hatte nur dreitausendfünfhundert Mitglieder und äußerte sich so extrem völkisch und antidemokratisch, so nazifreundlich, dass die anderen Verbände sich distanzierten. Selbst den Nationalsozialisten waren diese jüdischen Anbiederer zutiefst suspekt. Hier versuchten antizionistische und nationale Bildungsbürger, sich von allem Jüdischen loszusagen, wie es in der Vereinssatzung heißt: »Der Verband nationaldeutscher Juden bezweckt den Zusammenschluss aller derjenigen Deutschen jüdischen Stammes, die bei offenem Bekennen ihrer Abstammung sich mit deutschem Wesen und deutscher Kultur so unauflöslich verwachsen fühlen, dass sie nicht anders als deutsch empfinden und denken können. Er bekämpft alle Äußerungen und Betätigungen undeutschen Geistes, mögen sie von Juden oder Nichtjuden ausgehen, die das Wiedererstarken deutscher Volkskraft, deutscher Rechtlichkeit und deutschen Selbstgefühls beeinträchtigen und damit den Wiederaufstieg Deutschlands zu einer geachteten Stellung in der Welt gefährden.«

All das hat ihnen nichts genützt. Walther Rathenau, der eng mit Bitterfeld verbunden war, hatte das Glück, vor der Barbarei zu sterben. Meine Mutter wusste, warum diese Straße – durch die sie jetzt lief – nach ihm benannt worden war. Er hatte zusammen mit seinem Vater hier ein Elektrochemisches Werk gegründet. Der Standort schien ihm wegen der reichen Braunkohlevorkommen ideal. Er lebte und arbeitete bis 1899 in Bitterfeld und hatte auch danach noch die Leitung der Werke inne. Er war es, der in Bitterfeld bekannte: »Viele meiner Stammesgenossen kennen sich nur als Deutsche, nicht als Juden.«

Meine Mutter fürchtete sich vor dem Wiedersehen mit Ilse Zierold. Was sollte sie sagen? Wie würde die einstige Angestellte ihres Vaters reagieren? Und was erhoffte sie sich eigentlich von ihr? Einen Moment überlegte sie, ob sie sich ihr gegenüber immer richtig verhalten hatte oder ob sie – womöglich – auch ihr gegenüber einmal so hochnäsig aufgetreten sein könnte wie bei Herrn Schuster, dem Chauffeur. Sie ging die Straße zweimal auf und ab. Schaute, bei Hausnummer acht, kurz in die zwei Schaufenster des Messerschmieds Oswald Sucher, der – so stand es in der Auslage – alle Arten von Messern fertigte, auch chirurgische. Ausgestellt waren indes bloß Rasiermesser und die dazu passenden ledernen Etuis. Auf ihnen stand der Name des Messerschmieds und ein Werbespruch: »Kauft Rasiermesser nur beim Fachmann.«

Über der Eingangstür von Nummer sieben konnte sie noch lesen »Kaufhaus Rosenthal«, die schwarzen Buchstaben hatte die Sonne gebleicht, aber niemand hatte sich die Mühe gemacht, den jüdischen Namen zu überpinseln: Acht Mieternamen fand sie auf dem Klingelschild. Sie drückte den kleinen schwarzen Knopf neben dem Namen Ilse Zierold. Es dauerte sehr lange, bis sie Schritte hörte, die Holztreppe hinab, dann auf dem Steinboden des Flurs. Die Tür öffnete sich.

»Fräulein Artmann, Sie? Sie leben!«

Diesmal wurde sie nicht geduzt. Auch schien ihr, dass diese Frau sie eher freundlich ansah. Frau Zierold wollte sie umarmen, doch meine Mutter wich zurück.

»Verzeihen Sie ...«

Ilse Zierold streckte meiner Mutter die Hand entgegen.

»Kommen Sie herein.«

Wortlos stiegen die beiden Frauen die Treppen hinauf in den zweiten Stock. Sie gingen in die Küche, eine aus der Artmann'schen Kollektion. Sie standen einander gegenüber und blickten sich an. Vorsichtig schloss die Ältere der beiden die Jüngere in die Arme.

»Sagen Sie nichts, Fräulein Artmann. Ich werde Ihnen helfen.«

Meine Mutter bat darum, nicht erzählen zu müssen, wie es ihr ergangen war, was sie gelitten hatte und wie sie gerettet wurde.

»Und Ihre Mutter?«

»Sie ist verhungert. Andere wurden umgebracht. Das blieb ihr erspart.«

»Also stimmen die Fürchterlichkeiten, die wir nicht glauben wollten.«

»Ja.«

Nachdem sie lange geschwiegen hatten, fragte meine Mutter:

»Was ist hier geschehen, nachdem man uns fortgeschleppt hat?«

Ilse Zierold, die einen Tee zubereitet hatte, begann zu erzählen.

Das geschah, wie ich heute weiß: Arthur Wolf hatte das Geschäft übernommen – gekauft für einen Spottpreis. Frau Zierold war entlassen worden. Herbert Henze, der Nazi, der schon 1932 der Partei beigetreten war, stellte sie an, obwohl sie bei den Juden, den Artmanns, gearbeitet hatte. Er verzeihe ihr diese Jugendsünde, hatte er gesagt. Und hinzugefügt, dass sie sich jetzt völkisch verhalten solle.

Am 1. April 1933 passierte in Bitterfeld das Gleiche wie überall im Reich, Margot Artmann hatte es in Leipzig erlebt. Auch in Bitterfeld riefen die Nationalsozialisten vor dem Möbelhaus Artmann »Deutsche, kauft nicht bei Juden!«. Sie grölten, skandierten die sieben Silben. Doch der Aufruhr war kurz, die jüdischen Geschäftsinhaber glaubten an eine Besserung. Sie durften nämlich weiterhin große Werbeannoncen in den Bitterfelder Tageszeitungen schalten. Auch die Firma Artmann ließ ganzseitige Angebote publizieren. Im Juli 1935 änderte sich die Situation schlagartig und dramatisch, zwei Monate vor dem Reichsparteitag, auf dem die Nürnberger Rassegesetze bekannt gegeben wurden. In den Zeitungen erschienen nun fast täglich Hetzartikel gegen die Juden. Boten die in Bitterfeld Ansässigen keinen Stoff, wurde aus anderen Städten berichtet. Im Juli 1935 empfahlen die Bitterfelder Zeitungen allen Gemeinden der Kreise Bitterfeld und Delitzsch, dem Beispiel des bayerischen Ingolstadt zu folgen und unter den Ortseingangsschildern unmissverständlich zu erklären: »Juden sind hier unerwünscht!«

Danach publizierten die Lokalzeitungen eine Liste von Läden, die Nichtjuden, also Ariern, gehörten. Unter dem Titel »Wo kaufe ich was? Was kaufe ich wo?« gab es eine ganze Seite mit Empfehlungen und Werbesprüchen. Das Textilgeschäft von Hermann Henze warb unter dem Aufmacher:

»Entzückende Neuheiten für Knaben und Mädchen«, für »HJ, DJ und BDM-Kleidung und Ausrüstung«. Doch beim gebildeten Bürgertum der Stadt erreichte die nationalsozialistische Propaganda wenig, weshalb die Redaktionen gegen »die sogenannten besseren Damen« und deren aberwitzige Entschuldigung für Käufe bei Juden, dass es auch »anständige Juden« gäbe, wetterten. Nun schnüffelte man den Kundinnen nach und machte ihre Vorlieben publik. Zum Beispiel, dass einige reiche Christen »noch immer nicht auf den Renommierjuden verzichten« wollten und ihre Hausmädchen in die jüdischen Geschäfte schickten, »um dadurch unerkannt Stammkunde zu bleiben oder sich die telefonisch bestellten Waren mit dem Lieferwagen gern bis ins Haus bringen« zu lassen. Die Kunden, die ihr Geld zu »Volksfremden« trugen, wurden als »Volksverräter« bezeichnet. Am Samstag, dem 27. Juli 1935, zwei Tage vor dem Sommerschlussverkauf, unterstellte man den jüdischen Geschäften, sie würden ihre Preise nur deshalb so niedrig kalkulieren können, weil sie raffiniert die deutschen Volksgenossen täuschten. Zum anderen, so die Verunglimpfung, beruhten diese Angebote auf der »Ausbeutung der deutschen Angestellten«. Ende Juli erklärten das *Bitterfelder Tageblatt* und der *Bitterfelder Allgemeine Anzeiger* in drei aufeinanderfolgenden Ausgaben, Anzeigen nichtarischer Firmen nicht mehr aufzunehmen.

Im Juli 1935 zwangen die Nationalsozialisten die Rosenthals, ihr Kaufhaus einem arischen Besitzer zu übergeben. Das Rosenthal'sche Kaufhaus hatte alles im Angebot: Wäscheklammern, Schallplatten und Rasiermesser. Das missfiel vor allem Oswald Sucher, der nebenan sein Geschäft hatte und es auch noch zu DDR-Zeiten weiterführte. Er war in der NSDAP, obwohl er als ein gläubiger, praktizierender Protestant galt und sogar zum ehrenamtlichen Kirchenrat gewählt worden war. Um die Rosenthal'sche Konkurrenz auszuschalten – und die aller anderen jüdischen Unternehmer –, wurde geprüft, wie viel die jüdischen Geschäfte ihren Verkäuferinnen zahlten. Die Rosenthals zahlten allen Angestellten exakt neunzig Reichsmark, vorgesehen waren aber 92,70 Mark, die auch der Geschäftsinhaber Oswald Sucher in seinem Messerladen zahlte. Sein Kommentar erschien in der *Bitterfelder Zeitung* als Leserbrief:

»Dadurch, dass die Firma Rosenthal ihre Waren auf Kosten deutscher Volksgenossen billiger zu liefern vermag als deutsche Geschäfte, kann sie es wagen, die Preise zu unterbieten und einen Vernichtungskrieg gegen die deutschen Geschäfte zu führen, der geradezu beispiellos ist.«

Mit den anderen jüdischen Geschäften wurde ähnlich verfahren. Aber den Nationalsozialisten und ihren Zeitungsschreibern fiel noch eine weitere Möglichkeit ein, nicht nur die jüdischen Unternehmer, sondern auch die Käufer zu diskriminieren. Jüdische Geschäfte wurden zu Treffpunkten erklärt, die »zahlreiche Marxisten aus Bitterfeld und Umgebung« anzögen. Jeder, der so ein Kaufhaus, einen Textilwarenladen oder ein Möbelhaus betrat, konnte nun als Kommunist beschuldigt werden. Doch irgendwann reichte auch die Diskriminierung als Kommunist nicht mehr. Die Kommentatoren in den Bitterfelder Zeitungen verglichen die Kunden jüdischer Geschäfte mit Wasserflöhen, die nur an der Oberfläche schwömmen, sich vom Schein blenden ließen und dann im Rachen des jüdischen Raubfisches verschwänden. Die Bitterfelder Juden wurden aufgefordert, so schnell wie möglich das Land zu verlassen: »Vielleicht entpuppen sich die Fische bald als Zugvögel, die nach dem Winter in die Heimat nach Jerusalem reisen. Das wäre auch für die Wasserflöhe das Beste. Bis dahin aber wollen wir den Versuch nicht aufgeben, sie in freies Gewässer zu lenken.«

Zögerlich fragte meine Mutter Ilse Zierold, ob sie bei ihr wohnen dürfte. Sie würde versuchen zu arbeiten – unter dem falschen Namen, sodass sie ihr nicht auf der Tasche liegen müsste und ihre wahre Identität nicht publik werden konnte. So bekannt war sie nicht in Bitterfeld. Fräulein Zierold war einverstanden. Wohl auch, weil sie sich nun nicht mehr allein vor den vermutlich bald einrückenden Russen fürchten musste, den Bombardierungen, dem Ende des Krieges, den sich beide Frauen wünschten wie nichts anderes auf der Welt. Eine Jüdin im Haus könnte ihr zudem nach der Niederlage, so spekulierte Ilse Zierold durchaus egoistisch, Schutz sichern.

Zunächst einmal fuhr Margot Artmann nach Leipzig zurück, holte ihren Koffer bei Max Liebeneiner ab und zog in die Walther-Rathenau-Straße 7. Sie fand Arbeit im Hotel Döring, das nur Mittagsgerichte und Kuchen, aber keinen Kaffee anbot. Es gab nur Malzkaffee. Dort schlug sie sich durch bis zum Kriegsende.

Ende April 1945, inzwischen hatten US-amerikanische Truppen Leipzig besetzt, bekam Margot Artmann eine Anstellung bei den Befreiern als Sekretärin, ihre Englischkenntnisse kamen ihr zugute, und dass sie eine jüdische Überlebende war, qualifizierte sie zusätzlich. Auch ihren Namen trug sie wieder, was ein erster Schritt zurück zur Normalität war. Insgeheim hoffte sie sogar, die Geschäfte ihrer Eltern wieder zurückzubekommen und zu übernehmen. Und sie träumte von einer eigenen Wohnung. Zunächst bekam sie aber bloß ein möbliertes Zimmer in Leipzig. Aber es zog sie nach Bitterfeld. Sie wusste nicht, warum.

Am 27. Mai 1945, einem Sonntag, saß sie mit Ilse – schon nach der zweiten Woche gemeinsamen Lebens duzten sie einander – bei Döring. Sie feierten das Kriegsende. Es war wie ein Frühlingserwachen. An einem Nebentisch nahmen zwei junge Männer mit einer Frau Platz.

Ilse kannte sie schon: »Das sind die Sucher-Jungen. Der Hübschere mit den schwarzen Haaren ist Heinz, der andere ist sein Bruder Helmut; und das Mädchen, ich weiß nicht, wie es heißt, soll Heinz Suchers Freundin sein. Der Vater besitzt hier ein großes Mietshaus und hat, auch während des Krieges, als Messerschmied sehr gute Geschäfte gemacht. Es heißt, er habe sich mit dem Regime sehr gut gestellt – obwohl er zugleich keine Gelegenheit ausließ, seinen Protestantismus zu demonstrieren.«

Die beiden Frauen schauten hinüber. Heinz Sucher bemerkte ihre Blicke und erwiderte sie unziemlich frech, wie meine Mutter später erzählte. Eine Woche darauf reiste Ilse Zierold nach Leipzig. Als sie Margot traf, erzählte sie ihr, dass Heinz Sucher sie im Laden, bei Henze, besucht hätte und sich nach ihrer Freundin erkundigt habe.

»Er hat doch schon eine Freundin.«

»Er möchte dich aber sehen.«

»Wenn er das möchte, dann sollte er nach Leipzig kommen und mich einladen.«

Meine Mutter schämte sich, dass sie nach allem, was sie im KZ erlebte hatte, nach den Monaten mit Mateusz schon wieder an einen Mann dachte.

»Nein, lass es, Ilse.«

Wie würde es jetzt wohl weitergehen? Würde Henze sich für sein Tun rechtfertigen müssen? Und was war mit Oswald Sucher? Von Entnazifizierung war noch keine Rede. Sie begann erst im Juli 1945.

Als Margot Artmann am 30. Mai ihr Leipziger Büro verließ, stand vor dem Haus Heinz Sucher. Die Wangen der jungen, hübschen Frau röteten sich – das gefiel dem jungen Mann. Er hatte ihr ein Stück selbst gebackenen Kuchen mitgebracht. Meine Mutter staunte, woher er die Zutaten hatte. Er könne gut organisieren, sagte er. Und er sei Konditor, hätte aber bei der Prüfung den Baumkuchen versaut und wolle nun lieber ein Fuhrunternehmen gründen.

»Sie sind doch gerade mal Mitte zwanzig …«

»Gerade fünfundzwanzig geworden, geboren am 12. Februar, Wassermann.«

»Ich glaube nicht an Sternzeichen.«

»Aber ich. Also, welches sind Sie?«

»Steinbock.«
»Haben Sie auch noch so etwas wie ein Datum?«
»9. Januar.«
»Das passt, denke ich.«
Margot Artmann schwieg. Wenig später verabschiedete sie sich, log, sie habe eine Verabredung.
»Wann sehe ich Sie wieder?«
»Ich weiß nicht, Sie sollten sich um Ihre nette Freundin kümmern.«
Sie gaben einander die Hand. Weg war er, und weg war sie.

Ich finde in der Kiste mit den Dokumenten: einen DIN-A5-großen »Civilian Pass«, ausgegeben vom Allied Military Government am 16. Juni 1945 um 21 Uhr. Artmann, Margot, née Jacoby, wohnhaft in der Gohliser Straße 4 in Leipzig, wird eine Reise nach Bitterfeld und wieder zurück erlaubt, »between the hours of 6 to 21 h«, in der Zeit zwischen dem 28. Mai und dem 6. Juni 1945, »for the purpose of settling urgent matters, Mrs Artmann a jewish refugee has to settle the affairs of her diseased mother«.

Meine Großmutter war schon drei Jahre tot. Wofür brauchte meine Mutter diesen Pass? Was wollte sie in Bitterfeld? Und warum log sie so dreist? Wollte sie Heinz Sucher treffen? Arbeitete sie an der Wiederübernahme der Möbelhäuser?

München, 5. Februar 2006
Kramte wieder einmal in Mamsis Akten. Die Wirren des Krieges, so scheint mir, beginnen so recht erst nach dem Krieg. Am 28. Mai 1945 ist meine Großmutter von den Toten auferstanden. Wahrscheinlich hat meine Mutter gelogen. Aber was wollte sie erreichen? Wofür musste die diseased, die kranke, Oma Artmann herhalten?

Die beiden Verliebten sahen einander nun häufiger. Er kam oft nach Leipzig, trennte sich von Erika – sie heiratete später seinen Bruder Helmut. »Ich habe sie nicht sitzen lassen. Ich habe sie vermittelt; und Helmut hätte nie eine Frau gekriegt ohne mich«, sagte mein Vater.

Margot Artmann kündigte am 31. Oktober 1945 ihre Stellung. Am 10. November zog Margot Artmann nach Bitterfeld, mietete ein möbliertes Zimmer in der Lindenstraße und arbeitete vom 15. November 1945 bis zum 31. Januar 1946 im Büro für Handel und Gewerbe für den Kreis Bitterfeld, dem die Geschäftsstelle der Industrie- und Handelskammer Halle/Saale angeschlossen war. Warum hörte sie bei den Amerikanern auf? Und warum quittierte sie die Anstellung in Bitterfeld bereits nach zweieinhalb Monaten? In dem Zeugnis der Handelskammer lese ich:

> »Margot Artmann verlässt ihre Stellung auf eigenen Wunsch, um ihr elterliches Geschäft, das Möbelhaus Artmann, Bitterfeld, welches im Zuge der Arisierung seinerzeit zwangsweise in andere Hände überging, wieder zu übernehmen.«

Datiert auf den 15. Mai 1946. Damals war meine Mutter gerade einundzwanzig Jahre alt, also volljährig. Sie durfte das Geschäft führen, das wirklich wieder ihr gehörte. Sie war eine Geschäftsfrau geworden. Am 8. Juni 1946 heiratete Heinz Max Sucher Margot Lotte Artmann. Der Empfang nach der Kirche fand im großen Hof des Hauses in der Walther-Rathenau-Straße 8 statt.

Im März 1990 reise ich nach Bitterfeld – auf der Durchreise nach Berlin. Es stinkt nach Chemie; die Häuser sind baufällig. Mein Geburtshaus sieht so schäbig aus wie alle anderen. Ich öffne die große Eingangspforte und gehe in den gepflasterten Hinterhof. Tristesse. Die Werkstatt ist verlassen, und im Haus hängen nur vor wenigen Fenstern Gardinen. Ein älteres Ehepaar steckt seine Köpfe aus einem Fenster im zweiten Stock. Sie schauen grimmig. Der Mann brüllt:

»Was machen Sie denn hier? Wieso erlauben Sie sich, einfach so hier hereinzukommen. Das ist Privatgrund!«
»Ich bin Bernd Sucher.«
Schweigen. Die beiden Alten blicken sich an. Sie flüstern. Dann ruft die alte Frau mit den schlohweißen Haaren:
»Der Sohn vom Heinz, der aus Hamburg?«
»Ja.«
»Warte, Junge, wir kommen gleich runter und bringen auch noch die Nachbarn mit.«
Wenige Minuten später stehe ich umringt von drei älteren Frauen und drei alten Männern. Die Frauen nehmen mich in den Arm. Ihre Freude ist riesig.
»Du hast dich gar nicht verändert«, jubiliert die eine. »Wenn ich dich – und nicht der Ernst – als Erste auf dem Hof gesehen hätte, ich hätte dich sofort erkannt.«
»Ich hoffe doch, dass ich mich verändert habe – bei der Flucht war ich nicht einmal vier Jahre.«
»Klar, du bist größer geworden und erwachsen. Aber du warst schon immer so gut gelaunt und frech und immer so fröhlich.«
In den folgenden drei Jahren werde ich Bitterfeld öfter besuchen – auf meinen Reisen nach Berlin. Von 1991 bis 1994 gehörte ich der Jury des Berliner Theatertreffens an. Meine Mutter war zufrieden, dass ich es »endlich«, wie sie sagte, in den »Kreis der Besten« geschafft hatte. Doch es waren nicht die Besten, nicht alle. In diesen drei Jahren lernte ich bedeutende Kritikerkolleginnen und -kollegen kennen – und einige, die vor allem sich selbst als sehr bedeutend wahrnahmen. Ich hatte nie große Lust, nach Premieren mit ihnen zu sprechen oder gar mit ihnen essen zu gehen. In meinem Metier war ich von Anfang an ein Einsiedlerkrebs. Ich scheute meine Mitstreiter. Zum einen, weil ich nicht über Aufführungen diskutieren wollte, bevor ich geschrieben hatte. Zum anderen, weil mir kollegiales Geplänkel immer als unnütz erschien. Die Jurydiskussionen bestätigten mein Vorurteil. So viel Eitelkeit,

so viel Besserwisserei, so viel Verlogenheit wie in diesen Scharmützeln um Aufführungen, die eingeladen werden sollten oder eben nicht, habe ich nirgendwo sonst erlebt. Leider war Karena Niehoff, *SZ*-Korrespondentin in Berlin, nicht in der Jury. Wir beide hätten einen Spaß gehabt! Sie war lange Zeit die einzige deutschsprachige Kollegin, mit der ich mich gut verstand und mit der mich eine Freundschaft verband. Karena Niehoff war die einzige Schreiberin unter all den Kritikern, die mit einer ironischen Distanz auf ihre Arbeit schauen konnte. Ihre Texte mäanderten von einem gewagten Bild zum nächsten skurrilen Vergleich. Es gibt von dieser mondänen Frau, die nie ohne Hut auftauchte, eine Weihnachtsgeschichte, erschienen in der Beilage der *SZ*, die ich bei jeder Weihnachtsfeier meinen Studenten vorlese. Sie ist ein Musterbeispiel, wie man aus einer Lappalie ein literarisches Feuerwerk gestalten kann. Die Berliner Jurysitzungen waren öde und währten stundenlang. Entscheidungen wurden gefällt und wieder rückgängig gemacht. Es wurde um Regisseure und Regisseurinnen geschachert. Und immer wurde das Adjektiv »bemerkenswert« mit neuen Inhalten gefüllt.

Meine literarischen und theatralen Neigungen teilte keiner in meiner Familie. Zu Hamburger Aufführungen lud ich meine Mutter ein, meine Schwester, meinen Schwager – niemand mochte mich begleiten. Manchmal wurden mir meine literarischen und theatralen Leidenschaften zu einem Rätsel. Weder meine Großeltern noch meine Eltern musizierten. Sie lasen wenig. Sie gingen selten in die Oper oder in ein Theater. Und meine Lust an klassischer Musik verstanden sie gar nicht. Umso erstaunlicher, dass meine Mutter, vor allen anderen, dafür sorgte, dass ich Instrumente lernte, dass ich sang, dass ich las.

Mein Beruf führte mich sehr oft nach Hamburg, also nach Hause – das Deutsche Schauspielhaus und das Thalia Theater waren in den Achtziger- und Neunzigerjahren des vergangenen Jahrhunderts erste Adressen. Hier arbeiteten die besten

Regisseure – Peter Zadek, Hans Lietzau, Boy Gobert, später, unter der Intendanz von Frank Baumbauer, Christoph Marthaler. Da meine Schwester keine Lust und keine Neugier auf das Schauspiel entwickelte, ich aber ungern allein Premieren besuchte, lud ich Freunde ein. Besonders gern Tom, einen Anwalt, den ich auf einem juristischen Kongress kennengelernt hatte, den Wolfgang besuchte. Wir verstanden uns auf Anhieb. Er bekochte mich gleich bei meinem ersten Hamburg-Besuch und danach immer wieder. Wir versuchten, einander so häufig wie möglich zu sehen. Es gab keine Zärtlichkeiten zwischen uns – und doch waren wir ein wenig verliebt ineinander. Dachte ich. Dachte er es? Er hatte eine Freundin und ich einen Freund. Wir redeten nie über uns und unsere Gefühle, sondern über englische Komponisten – wir beide mochten schon damals Händel und den zu Unrecht in Deutschland verschmähten Edward Elgar; wir diskutierten über englisches Essen, das er liebte und ich eher nicht. Wir lasen James Joyces *Dubliner* – er in Hamburg und ich in München. Trafen wir uns, sprachen wir über unsere Wahrnehmungen. Wir verloren einander nicht aus den Augen, all die Jahre nicht – auch nicht nach seinem Coming-out. Also war es doch so etwas wie Verliebtheit?! Irgendwann diskutierten wir darüber – und waren uns einig, wir wären kein glückliches Paar geworden. Aber wir haben einander nicht verloren und unsere Drambuie-Abende auf dem Teppich in seiner Harvestehuder Wohnung nicht vergessen. Ich erzählte ihm bei jedem meiner Besuche auch von meiner Mutter und davon, wie streng sie war. Er riet mir, nachsichtig zu sein.

In diesen Jahren konnte ich meine Mutter mit einer weiteren Erfolgsmeldung erfreuen: Der Bundespräsident lud mich zu mehreren Veranstaltungen ein – erst in die Bonner Villa Hammerschmidt und dann – nach dem Umzug 1994 – ins Berliner Schloss Bellevue. Meine Mutter bestimmte aus der Ferne die Wahl des Anzugs und der Krawatte – »Übertreib bei den Farben nicht!« – und sorgte sich um mein Benehmen:

»Versuche, dich mal zurückzuhalten. Du bist wahrscheinlich einer der unwichtigsten Gäste. Also gib nicht an! Spiel nicht den Clown und denk immer an den Spruch meiner Mutter, wenn sie sich über Gernegroße lustig machte: ›Moische tit sich groiß.‹« Nach den bundespräsidialen Matineen und Abenden wollte sie genaue Berichte von den Lesungen und den anschließenden Empfängen. Kritisierte ich auch nur im Geringsten Künstler, Speisen oder Reden, wies sie mich zurecht. Ich solle froh sein, dass der Bundespräsident mich überhaupt empfange: »Warum eigentlich?« – »Offensichtlich schätzt er mich!« Auch darauf hatte sie eine Antwort. Wahrscheinlich schätzte mich sein persönlicher Referent.

Im September 1994 ging das Haus in Bitterfeld in meinen Besitz über, der Hof, die Geschäfte im Vorder- und die Werkstätten im Hinterhaus. Dieser Regelungen gingen viele Gespräche mit meinen Eltern und meiner Schwester voraus. Nachdem mein Vater einen Schlaganfall erlitten hatte, just am Morgen jenes Tages, an dem er nach Bitterfeld reisen wollte, um sein Elternhaus wiederzusehen und die Gräber seiner Eltern zu besuchen; nachdem meine Schwester das Anwesen so schnell und für so viel Geld wie möglich verscherbeln wollte und meine Mutter überhaupt kein Interesse zeigte, diesen Ort je wieder zu betreten, geschweige denn das Haus zu besitzen, entschloss ich mich zu einem Deal, der für mich eine Belastung besonderer Art wurde. Nachdem der Wert der Immobilie in der ersten Wiedervereinigungseuphorie viel zu hoch geschätzt worden war, teilte ich den Betrag durch drei: der eine für meine Eltern, der zweite für meine Schwester – ich zahlte sie aus, und ich bekam das Haus. Ich wollte nicht, dass mein Geburtshaus abgerissen würde – und vor allem wollte ich nicht als der böse Wessi dastehen, der alte Menschen aus ihren Wohnungen vertreibt. Ich wollte von diesen Menschen, die während der DDR-Herrschaft gelitten hatten, geschätzt und gemocht werden. Ich erfüllte ihnen alle Wünsche – wider jede Vernunft. Ich ließ Bäder und Küchen einbauen, doch wenige Jahre später zogen sie alle in Altersheime. Bis auf die Geschäfte stand das Haus nun leer.

Meine Schwester vermutete trotzdem, das Ganze wäre vor allem ein großes Geschäft für mich gewesen – in Wahrheit war es ein finanzielles Desaster. Mein Vater hielt mich für geschäftstüchtig – was ich eigentlich nie war. Meine Mutter war froh, dass Bitterfeld sie nicht belastete.

2015, ein Jahr vor dem Tod meiner Schwester, schenkte ich das Gebäude der katholischen Kirche. Ich hatte sehr lange überlegt, was ich mit diesem Haus, das mir nicht nur finanziell Sorgen bereitete, sondern mich auch emotional belastete, weil es meines Großvaters Haus war, machen könnte. Zu verkaufen war es nicht, die Menschen in den neuen Bundesländern wollten nicht in alten Mietshäusern wohnen, selbst wenn sie renoviert waren, sondern in ihren eigenen kleinen Häuschen oder im Reihenhaus. Ich kam auf die Idee, es zu verschenken. Zunächst dachte ich an eine jüdische Gemeinde – es gab sie nicht in Bitterfeld. Dann an die Protestanten – diese Möglichkeit schien mir die schlechteste. Wofür sollte ich sie beschenken? Für das erzwungene Verlassen ihrer Gemeinde? Für meines Großvaters Ignoranz und Nazifreundlichkeit? Moslems – nein. Also: die katholische Kirche. Einen Teil des Grundstücks hatte ich schon dem katholischen Kindergarten in Bitterfeld verkauft. Jetzt sollten sie den Rest bekommen: Haus, vermietete Geschäfte und das Grundstück. Das Geschenk wurde akzeptiert, trotz der hohen Kosten, die eine Umwandlung der Wohnungen in ein Altersheim bedeuten würden. Mir gefiel es, dass dieses Haus, erbaut von einem Protestanten, bewohnt von einer Jüdin, die einen Sohn in die Welt setzte, dem erst einmal verboten wurde, sein Judentum zu leben, nun in die Hände von Katholiken gelangte. Walther-Rathenau-Straße 8: das etwas andere Nathan-Modell. 2020 wird der Umbau fertig sein. Mein Geburtshaus ein Heim für altengerechtes Wohnen der Caritas!

Meine Mutter hat mir ihre protestantische Hochzeit verheimlicht. Aber sie hatte mir sehr früh erklärt, dass sie darauf verzichten musste, die Kinder, die sie hoffentlich gebären würde, jüdisch zu erziehen. Sie hatte versprochen, dass diese Nachkommen, die durch die Mutter Juden werden würden, bis zum Tod des Vaters nicht Mitglieder einer jüdischen Gemeinde werden dürften. Was für eine Vereinbarung!

Das protestantische Erbe meines Vaters sollte nicht in jüdische Hände geraten. Ich glaube, dass meine Mutter, der während ihrer Häftlingszeit so viel Leid angetan worden war, sehr darunter litt, dass sie einen Christen geheiratet hatte und dass sie die Religion, die der Grund für all die unsäglichen Demütigungen und Schmerzen, die sie zu erdulden gezwungen worden war, verraten musste. Zugleich haderte sie mit ihrem G'tt, der ihr alles genommen hatte: Stand, Reichtum, Glück. Der Misshandlungen zugelassen hatte. Sie fühlte sich als Jüdin – aber sie mied die Synagoge, den Ort des Bekenntnisses.

Oswald Sucher, der die jüdische Konkurrenz in Bitterfeld verachtet und geschädigt hatte und der als strammer und belesener Lutheraner durchaus mit dem Reformator übereinstimmte, dass die Juden ein gottverfluchtes Volk seien, musste diese Verbindung abgelehnt haben. Für ihn war die Judenverfolgung nur eine gerechte Strafe. Oswald Sucher war nicht zur Wehrmacht eingezogen worden, weil er als Hersteller chirurgischer Instrumente für das Regime von Wichtigkeit war.

Als sein Sohn Heinz ihm anvertraute, dass er Margot Artmann heiraten wolle, war er bestürzt. Er kannte die Artmanns »schon vor dem Krieg«, wie er sagte, und sie hätten die Christen immer übers Ohr gehauen. Oswald Sucher versuchte, seinem Sohn diese Frau auszureden. Er mahnte ihn, dass er Erika, der Pfarrerstochter, bereits eine Verlobung in Aussicht gestellt habe. Er drohte seinem Sohn mit Enterbung. Doch weder die Ermahnungen noch die Drohungen fruchteten. Mein Vater hatte schon als junger Mann einen starken Willen. Und wehe dem, der sich ihm in den Weg zu stellen versuchte, der hatte zwar keine Schläge, aber durchaus böse verbale

Attacken zu fürchten; und wenn er stritt, wurden seine stahlblauen Augen zu Messern. Mein Großvater gab nach. Hochzeit: ja, aber keine jüdischen Enkel! Bei Zuwiderhandlung drohte Enterbung – damals rechnete niemand damit, dass Deutschland je geteilt werden würde und dass es womöglich gar nichts zu vererben geben könnte.

Nach der Vermählung führte meine Mutter das Möbelhaus Margot Artmann und gründete – so hatte es sich mein Vater gewünscht – eine Spedition und ein Busunternehmen. Er sei nach der Eheschließung, so lese ich in einer Bestätigung, die Flucht von der DDR in die BRD betreffend, »in ein von seiner Frau betriebenes Fuhrunternehmen« eingetreten. Ein Unternehmerehepaar, strebsam und karriereorientiert.

Ich wurde am 6. Juli 1949 in Bitterfeld geboren. Ich war das zweite Kind meiner Eltern, ein Jahr zuvor hatte meine Mutter ein Mädchen geboren, das nach wenigen Tagen an Syphilis starb. Ich erfuhr davon erst, als ich zwölf Jahre alt war. Es war bei einem Arztbesuch an meinem Bett. Ich hatte hohes Fieber, und niemand wusste, warum. Da vertraute meine Mutter es flüsternd, aber für mich noch hörbar unserem Herrn Doktor Lange an. Später fragte ich mich, ob meine Mutter diese Krankheit aus dem Konzentrationslager mitgebracht hatte. Oder war es mein Vater – schließlich war er zeitlebens und gewiss auch als junger Soldat ein Hallodri und gewiss nicht vorsichtig? Ich habe weder ihn noch meine Mutter gefragt.

Es gibt Fotos von mir. Mit Mutter, mit Vater, mit Mutter und Vater, mit der Großmutter. Keines mit dem protestantischen Großvater Oswald Sucher. Später – wir lebten schon längst in Hamburg – besuchte er uns mit seiner Frau, meiner Oma, die mich verwöhnte und meine jüngere Schwester einfach links liegen ließ. Oswald Sucher las morgens vor dem Frühstück laut die Tageslosungen. Ich war mir sicher, dass die Bibel nicht nur Sentenzen zur Gerechtigkeit zu bieten hat. Mein Großvater, so schien mir damals, bevorzugte just diese Losungen zur christlichen Gerechtigkeit: »Die Gerechten aber müssen sich freuen und fröhlich sein vor Gott und von Herzen sich freuen«, Psalm 68,3; oder »Das Reich Gottes ist nicht Essen und Trinken, sondern Gerechtigkeit und Friede und Freude in dem Heiligen Geist«, Römer 14,17. Er bestand darauf, dass wir sonntags in die Kirche gingen. Er sang schön und sehr laut, sodass die anderen Kirchgänger sich umdrehten, um zu sehen, wem diese starke Bassstimme gehörte. Ich mochte den Gesang und die Gebete. Während meine Mutter mir nur »Lieber Gott, mach mich fromm, dass ich in den Himmel komm« beigebracht hatte, bestand mein Großvater darauf, dass ich das Vaterunser und das Glaubensbekenntnis auswendig aufsagen müsste. Vor dem Mittag- und Abendessen betete er, war er bei uns zu Besuch, laut »Komm, Herr Jesus, sei unser Gast und segne, was du uns bescheret hast«. Wir mussten dazu die Hände falten und am Schluss »Amen« sagen. Meine Mutter betete nicht mit uns, sondern schwieg.

Natürlich wollte ich wissen, warum sie nicht mit uns betete.

»Ich glaube nicht an Jesus«, sagte sie, als ich, ein kleiner Bub, sie fragte, während ich ihr beim Abwasch half.

»Warum nicht?«

»Ich bin Jüdin. Ich erklär dir das ein andermal.«

Ich wurde getauft, ich besuchte den Religionsunterricht, und ich erfuhr von meiner Mutter, dass Großvater nicht wollte, dass seine Enkelkinder jüdisch erzogen würden. Meine Mutter hatte meinem Vater bei der Hochzeit versichert, dass ihre Kinder christlich erzogen werden würden; dass sie, die durch die Mutter in jedem Fall Juden sein würden, diese Religion, wenn sie sie denn ausüben wollten, erst nach dem Tod des Vaters wählen dürften. Das war für mich nicht bindend, und doch hielten meine Schwester und ich uns an diese für meinen Vater höchst wichtige Vereinbarung. Erst 1995 wurde ich Mitglied der liberalen jüdischen Gemeinde »Beth Schalom« in München – mein Vater war fünf Jahre zuvor in Hamburg gestorben. Aber was hatte ich nicht alles zuvor angestellt, um eine jüdische Identität zu erlangen? Meine Mutter wusste davon, mein Vater und mein Großvater ahnten nichts. Im Religionsunterricht galt ich als aufmüpfiger Zweifler, was dazu führte, dass meine Wortmeldungen immer häufiger vom Lehrer ignoriert wurden. Beim Konfirmandenunterricht fiel ich gleichfalls auf. Ich stellte alle Wundertaten Jesu infrage. Schlimmer noch, ich behauptete, dass Jesus niemals den Status des Erlösers hätte erringen können ohne Judas' Verrat, ohne die Juden. Sie seien die eigentlichen Heilsbringer für die Christen.

Das war dem Pastor der Ansgarkirche in Hamburg-Langenhorn – er hieß Walter Körber – zu viel. Ich erhielt Konfirmanden-Einzelunterricht. Das gefiel mir. Inständig bat ich ihn, meinen Eltern nichts von dieser Sonderbehandlung zu erzählen. Natürlich wollte er Gründe dafür. Ich erzählte ihm von meiner jüdischen Mutter, von meinem Großvater, dem ehrenamtlichen Kirchenrat, und von dem Versprechen meiner Mutter. Er hörte mich an, versprach zu schweigen und erlaubte am Sonntag der Konfirmation Unglaubliches, was er wahrscheinlich in seinem Amt nie hätte erlauben dürfen. Am 22. März 1964, dem Palmsonntag, zog ich mit den anderen Konfirmanden in die Kirche ein. Mir gefiel dieser klobige, in den Jahren 1929/30 gebaute Klinkerbau nicht sonderlich – er wirkte nicht einladend. Noch heute gehe ich lieber daran vorbei als hinein. Wir waren alle festlich gekleidet – ich trug einen blauen Anzug, die Farbe, die ich seit meiner Kindheit mochte.

»Blau passt zu deinen Augen«, sagte erst meine Mutter, dann meine Großmutter und schließlich meine erste Freundin, Anna.

Wir zogen ein in den hellen, lichten Raum, vorbei an der Bank mit meiner Familie, zu der damals schon meine kleine Schwester Evelin zählte, am 12. Oktober 1954 in Hamburg geboren. Großvater und Großmutter waren angereist, sie waren in einem Alter, in dem die DDR-Mächtigen ihre Flucht nicht mehr fürchteten. Angekommen in der halbrunden Apsis, vor dem übergroßen Holzkreuz, durften wir uns an den Seiten niedersetzen. Ich hörte meinen Großvater *Eine feste Burg ist unser Gott* schmettern. Während der Predigt waren meine Gedanken bei meiner Mutter, bei den Juden und bei meinem Entschluss zu schweigen, wenn die anderen deklamierten. Der Pfarrer Körber hatte es mir erlaubt.

»Wir sprechen jetzt zusammen das Glaubensbekenntnis.«

Wir Jungen und Mädchen standen auf und stellten uns vor den Pfarrer, den Blick auf das Kreuz.

»Ich glaube an Gott, den Vater, den Allmächtigen, den Schöpfer des Himmels und der Erde.«

Dann schwieg ich. Peter links und Kilian rechts schauten kurz auf mich. Erlöst war ich erst, als der Organist das Vorspiel zu *Nun danket alle Gott mit Herzen, Mund und Händen* begann. Die Gemeinde war sehr stolz auf dieses Instrument, das Hans Henny Jahnn entworfen hatte. Damals wusste ich noch nicht, dass dieser Orgelbauer auch als ein begnadeter Literat galt, dessen Roman *Perrudja* ich wenig später zu einem meiner Lieblingsbücher erkor.

Tagebuch, Montag, 8. März 1965, Weltfrauentag – betrifft mich nicht...
Gestern Konfirmationsfeier. Von Mamsi und Paps eine Taschenuhr geschenkt bekommen. Schick und gewiss nicht billig: Additionsstoppuhr. Mein Konfirmationsspruch, den ich mir ausgesucht habe, gefällt mir und missfällt Opa. Ist ihm zu wenig christlich, denke ich. Hebräer 11, Vers 6. »Aber ohne Glauben ist's unmöglich, G'tt zu gefallen, denn wer zu G'tt kommen will, der muss glauben, dass er ist und dass er denen, die ihn suchen, ihren Lohn gibt.« Leckeres Abendessen mit Speckkuchen!

Diese Konfirmation war meine erste Verweigerung, den Glauben meines Vaters und meines Großvaters zu leben, und doch dachte ich, beide hintergangen zu haben. Ich schämte mich wegen dieses Vergehens und sprach darüber auch nicht mit meiner Mutter. Gleichwohl war ich stolz auf mich. Denn ich hatte meinen Glauben nicht verraten. Ich glaubte an einen G'tt, einen starken, allmächtigen, und hielt die Dreieinigkeit nicht bloß für schwer zu fassen, sondern für unnötig. Warum zu dreien beten, wenn der Eine mir zuhört und mich, womöglich, gar erhört? Das war mein erster Versuch, dem Judentum näherzukommen.

Den zweiten unternahm ich in Begleitung meiner Mutter, als wir Konzerte im großen Saal der Israelitischen Kultusgemeinde in Hamburg besuchten. Damals trug ich meine erste Kippa – ich hatte sie mir ausgeliehen.

Der dritte Versuch war im Jahr 1965, als Asher Ben-Natan, der erste Botschafter Israels, zu einem Antrittsbesuch nach Hamburg kam und im Audimax der Hamburger Universität eine Rede halten wollte. Ich hatte mir wenige Monate zuvor von meinem angesparten Taschengeld bei einem Juwelier auf dem Jungfernstieg eine Kette mit einem goldenen Davidstern gekauft, den ich meiner Mutter zeigte. Diese Kette wollte ich an diesem Abend stolz, für alle sichtbar auf meinem schwarzen Rollkragenpulli tragen.

»Mach das nicht«, warnte meine Mutter. »Antisemiten gibt es noch immer. Oder schon wieder.«

»Doch nicht unter Akademikern, Mamsi. Hab keine Angst, bitte.«

Asher Ben-Natan konnte seine Rede nicht halten. Linksradikale Demonstranten hinderten ihn mit ihrem antizionistischen und antisemitischen Gebrüll daran. Als ich dazwischenrief, man solle diesen Mann doch erst einmal zu Wort kommen lassen, spuckte mir ein Junge, der nicht älter war als ich, ins Gesicht: »Scheißjude!«

Der vierte Versuch, ein Studium der Judaistik, war schon ein Fehlschlag, bevor ich ihn überhaupt umzusetzen begann – ich traute mich nicht, meinen Vater zu bitten, mir ein solches Studium zu finanzieren.

Fünfter Versuch, 1971. Ich studierte inzwischen in München und wurde freier Mitarbeiter eines jüdischen Wochenanzeigers, herausgegeben von einem rührigen Journalisten, er hieß, wirklich, Moshe Lustig. Irgendwie fühlte ich mich unterfordert, denn was gab es zu berichten? Die Zeiten der G'ttesdienste, Nachrichten aus der Gemeinde. Hochzeiten, Todesfälle, Bar-Mizwas.

Sechster Versuch: meine Dissertation, Luther, die Juden, und das alles bei den Germanisten.

Ich schaue in das erste Fotoalbum, das mir die Familie Kobbe am 4. September 1949 schenkte: »Zur Taufe alles erdenklich Gute!« Getauft wurde ich am selben Tag von Pastor Murach. Das erste Bild, Juli 1949. Ich, klitzeklein, in den Armen meiner Mutter. Sie strahlt glücklich, ich schlafe, eine weiße gestrickte Zipfelmütze auf dem Kopf. Zweites Bild: Mein Vater nimmt seine Frau in den Arm – ich döse noch immer. Drittes Bild: November 1949, ich allein bäuchlings auf einem Bett, einige schwarze Haare sprießen. Bis zum Mai 1950 kein Bild mit meinen Großeltern. Dann endlich eines mit meiner Oma. Sie schaut aus dem Fenster ihres Hauses, in dem wir alle wohnten. Sie hält mich mit beiden Händen fest, ich sitze auf dem Fenstersims, Juni 1950. 1951 und 1952 immer wieder mit der Großmutter, mit den Eltern, mit anderen Kindern, beim Spielen, beim Kindergeburtstag. Nirgendwo mein Großvater! Schämte er sich für uns? 1953, kurz vor der Flucht: Ich laufe und gucke unziemlich keck in die Kamera, bin ein wenig missmutig, aber entschlossen, meinen Weg zu gehen. Es ist ein Foto, das vergrößert nun in unserem Haus hängt.

Meine Mutter stillte mich nicht. Sie hatte eine Amme angestellt, die später meine Kinderfrau wurde – bis zur Flucht. Ihr Name war Gretti. Nach ihr habe ich noch gerufen, als wir im Flüchtlingslager in Berlin angekommen waren. Als ich klein war, kümmerten sich meine Eltern um zwei Betriebe, das wiedereröffnete Möbelgeschäft und einen Fuhrbetrieb. Beide beschäftigten wieder Angestellte. Sie besaßen ein Auto, reisten viel, auch privat und immer ohne mich. Dafür leisteten sie sich für mich die mir liebste Frau, Gretti, die mir mehr als meine Mutter bedeutete. Sie ist – neben mir – der häufigste Mensch auf den Fotos. Viel später erfuhr ich, dass Gretti die Mutter des Karikaturisten Klaus Staeck war – er selbst vertraute es mir an. Wir beide seien, so lachte er, wohl die einzigen Bitterfelder, aus denen etwas geworden sei. Ansonsten verbinde man mit dieser Stadt vor allem einen dämlichen Spruch – »Sehen wir uns nicht in dieser Welt, dann sehen wir uns in Bitterfeld«, Plaste und Elaste und den sogenannten »Bitterfelder Weg«, der ein Irrweg war. Auf einer Autorenkonferenz des Mitteldeutschen Verlages im Elektrochemischen Kombinat Bitterfeld hatten die Delegierten im Frühling 1959 beschlossen, dass »die vorhandene Trennung von Kunst und Leben« aufgehoben werden müsse. Die Idee war, dass Schriftsteller und Künstler in den Fabriken arbeiten und Arbeiter zu künstlerischem Schaffen anleiten sollten. Das sollte den Beginn einer neuen programmatischen Entwicklung der sozialistischen Kulturpolitik einläuten und den Weg zu einer eigenständigen »sozialistischen Nationalkultur« weisen. Das Ziel war ebenso vermessen wie die Ideen, es zu erreichen: Künstler, vor allen Schriftsteller, sollten in die Fabriken gehen und mit den Arbeitern an künstlerischen Projekten arbeiten. Die Hoffnung: der Aufbau einer Bewegung schreibender Arbeiter. Die zweite Bitterfelder Konferenz, am 24. und 25. April 1964, formulierte eine weitergehende Aufgabe: Die Arbeiter sollten unterstützt werden bei der »Bildung des sozialistischen Bewusstseins«. Doch aus der Aufhebung von Berufs- und Laienkunst wurde nichts. Nicht zuletzt, weil prominente Autoren – Christa Wolf, Stefan Heym und Peter Hacks – Parteipropaganda befürchteten.

Von diesen Dingen ahnte ich natürlich nichts.

Dagegen erinnere ich mich, dass ich als Vierjähriger eine Lieblingsspeise hatte: die Fettbemme. Eine Scheibe Sauerteigbrot mit Schmalz und Salz. Schweineschmalz!

»Gretti, eine Fettbemme, bitte«, war wohl der erste Satz, den ich sprechen konnte.

Gretti verwöhnte mich, Gretti nahm mich in den Arm, Gretti streichelte mich, Gretti küsste mich. Meine Mutter mied körperliche Nähe, sie hatte Körperkontakt sehr lange nur als Gewaltakt erlebt. Ja, sie war im Konzentrationslager vergewaltigt worden – und nicht nur von einem Mann. Ja, Mateusz, er wird sie verwöhnt haben, doch auch er wollte vor allem ihren Körper. Und Heinz Sucher? Er wollte eine attraktive Frau. Eine, die ihm Kinder gebären sollte. Dass Margot Artmann zudem auch (wieder) wohlhabend war, gefiel ihm. So konnte er seine Unabhängigkeit ausbauen. Meine Mutter empfand diese Wahl als einen gesellschaftlichen Abstieg. Sie wusste, dass Heinz ihr intellektuell unterlegen war, aber sie liebte ihn – vor allem wegen seines Charmes und seines Schalks.

Mein Vater war, bis ins hohe Alte, ein *Womanizer*. Sehr früh schon – ich ging in die erste Klasse der Volksschule – wusste ich, dass er eine Freundin hatte, oder vielleicht mehrere nacheinander. Ich bekam mit, wenn er in der Nacht, nach einem heftigen Streit mit meiner Mutter, das Schlafzimmer und das Haus verließ. Nie habe ich mit meiner Mutter darüber sprechen können, doch ich bin sicher, dass sie sich jede Nacht vor einem möglichen sexuellen Übergriff meines Vaters fürchtete. Nein, Heinz Sucher war kein gewalttätiger Mann, aber er bestand auf seinen Rechten als Ehemann – also auf Beischlaf. Doch meiner Mutter war jegliche intensive Intimität seit dem Konzentrationslager ein Graus.

Wann hat mich meine Mutter je gestreichelt? Wenn ich mich verletzt hatte? Liebkoste sie mich, wenn ich krank war? Nein, sie kochte mir Hühnersuppe und ermahnte mich, ich solle mich nicht so anstellen, schließlich verpasste ich viel in der Schule. Womöglich würde nichts Rechtes aus mir, wenn ich ständig im Bett bliebe. Sie tröstete mich mit Worten. Doch dem Trost folgte immer eine Aufforderung. Auf »Es wird alles wieder gut, ich bin ja bei dir!« folgte »Jetzt werd' schnell gesund, das bisschen Fieber schadet nicht, und du steckst niemanden an, das ist die Hauptsache.«. Damals, ich war sechs, fiel zum ersten Mal der Satz, der mich bis heute verfolgt, wenn ich einmal länger schlafen, einmal nicht arbeiten, nicht lesen mag: »Du stiehlst dem lieben G'tt den Tag!«

Sie selber stahl ihm die Tage erst, als sie sich nach dem Tode meines Vaters entschlossen hatte, nicht mehr aufzustehen, nicht mehr zu sprechen und krank zu werden. Mit Krankheit aber konnte ich nie umgehen. Als mein erster Freund Gelbsucht hatte, stellte ich ihm das von mir gekochte Essen vor die Haustür, klingelte und rannte, so rasch ich konnte, die Treppe hinab. Auch mich selbst kann ich krank nicht ertragen. Ich werde unleidlich mit mir selber, was die Malaisen noch vergrößert. Es scheint, als habe mein Körper diesen Widerwillen erkannt; ich war mein Leben lang nur sehr selten wirklich krank – und ich erinnere mich an keinen einzigen Fehltag, wenn ich arbeiten musste.

4. Februar 2002
Liege krank im Bett, 39,4 Fieber. Halsschmerzen, Husten, Schnupfen – irgendwie alles. Wollte am Morgen aufstehen. Ging nicht. Schüttelfrost. Ging schon gestern Abend los, kein Appetit. Muss unbedingt den Vortrag über Gershwin zu Ende schreiben, die Musicalstudenten warten schon drauf. Als Kind blätterte ich immer im Konditorbuch von Paps. Wo ist das Buch eigentlich? Muss es suchen. Morgen will ich gesund sein.

»Du musst abhauen, Heinz, noch heute Morgen! Sie wollen dich verhaften.«

Helmut Sucher meinte es ernst an jenem Morgen des 3.1.1953. Er hatte erfahren, dass gegen meinen Vater ermittelt wurde. In einem Schreiben des Bundesaufnahmeausschusses vom 6. Februar 1953 lese ich, ein Notaufnahmeverfahren betreffend:

»Der Antragsteller ist von Beruf Konditor, nach seiner Eheschließung im Jahre 1946 trat er in ein von seiner Frau bereits betriebenes Fuhrunternehmen ein, das beide bis zuletzt weiterführten. Seine Ehefrau, die jüdischen Glaubens ist lt. Beleg. 1947/48, will der SED angehört haben und dann ausgeschieden sein. Zur Begründung seiner Flucht konnte er glaubhaft machen, dass den sowjetzonalen Organen seine einer Großbauernfamilie geleistete Fluchthilfe mit einem Kraftwagen seines Betriebes bekannt geworden war. Da sich auch für seine Ehefrau wegen ihres Glaubensbekenntnisses Schwierigkeiten abzeichneten, flüchtete er nach einer Warnung nach Westberlin, um den gegen ihn und seine Frau geplanten Maßnahmen zu entgehen. Der Aufnahmeausschuss konnte eine Zwangslage erkennen und billigte deshalb dem Antragsteller die Notaufnahme aus zwingenden Gründen gem. § 1 (2) des Notaufnahmegesetzes zu.«

»Margot, wir müssen weg. Heute noch. Pack meinen Smoking, dein Kupfer-Abendkleid, das Schachspiel, das wir zur Hochzeit geschenkt bekamen, den Meissen-Hund – und Bernd. Der sollte einen kleinen Rucksack tragen mit seiner Wäsche.«

»Was hast du vor, Heinz?«

»Die wollen uns ins Gefängnis bringen wegen der Fluchthilfe der Familie Müller. Aber ich habe einen Plan. Das schaffen die nicht. Margot, verlass dich auf mich. Wir nehmen den Zug nach Berlin-Ost und dann die S-Bahn in den Westen. Wenn wir kontrolliert werden, sagen wir, dass wir zu einer Hochzeit eingeladen sind, morgen. Dass wir deshalb nichts dabeihaben als zwei Geschenke, die Abendkleidung, ein bisschen Wäsche – und den Jungen.«

Am Freitag, dem 30. Januar, fährt Helmut Sucher uns nach Leipzig zum Bahnhof. Ich weine und rufe störrisch immer wieder:

»Ich will zu meiner Gretti, Gretti, Gretti!«

»Bernd, hör auf; du bist ja am Sonntag schon wieder bei ihr.«

Ich schreie weiter. Wir werden kontrolliert, das Gepäck wird untersucht.

»Ich will zu meiner Gretti, Gretti, Gretti!«

»Was will Ihr Sohn?«

»Zu seiner Kinderfrau.«

»Wir sind übermorgen wieder in Bitterfeld, bei deiner Gretti. Hör auf zu weinen«, sagt meine Mutter, erstaunlich sanft.

»Kinderfrau? Ihnen scheint es ja ziemlich gut zu gehen.«

Meine Mutter schweigt, mein Vater sagt:

»Wir haben ein Fuhrunternehmen. Ich bin SED-Mitglied.«

Wir kommen am Nachmittag am Bahnhof Zoo an und fahren in die Notaufnahme. Zwei Tage später weiß ich, dass wir nicht nach Bitterfeld zurückkehren werden. Meine Mutter hatte mich belogen, ich würde Gretti nie wiedersehen. Die Frau, die mich streichelte und küsste und mir Fettbemmen schmierte. Würde meine Mutter jetzt endlich zu meiner Gretti werden?

Ich war also nun Flüchtling. Im Album finde ich ein Foto: ich auf einer Matratze zwischen vielen anderen Menschen in einer großen Halle. Ich schaue nicht unglücklich, sondern erstaunlich froh.

Der erste Weg führte uns ins Büro der Jüdischen Gemeinde Berlin, Joachimsthaler Straße.

»Du bist doch ein erwachsener Junge. Warte bitte hier draußen auf uns, es dauert nicht lange. Dein Tunschebettel hast du ja. Wenn dich jemand fragt, auf wen du wartest, dann sag, dass deine Eltern oben in einem Büro vorsprechen, weil sie Flüchtlinge sind. Aber geh mit niemandem mit. Hast du verstanden?«

Ich nicke. Ich stehe – sehr allein – in der Sonne, es ist ein milder Februartag, reibe mit der Ecke des Kopfkissens – das ist das Tunschebettel – an meiner Nase, die deshalb immer rot und aufgescheuert aussieht, und mache mich wichtig. Denn nichts tun, das wusste ich bereits, ist ganz schlimm. Statt »Gretti! Gretti!« rufe ich ganz laut: »Wir sind Flüchtlinge! Wir sind Flüchtlinge!«

Als meine Mutter wenige Minuten später kommt und mit mir gemeinsam auf meinen Vater wartet, halte ich zwei Bananen in der Hand, die mir Passanten geschenkt hatten.

»Du hast aber nicht gebettelt, oder?«

»Nein, ich habe nur gerufen: Wir sind Flüchtlinge!«

»Gut gemacht!«, sagt meine Mutter und streicht mir über den Kopf. Diese achtlose Liebkosung musste genügen. Ich hatte etwas geleistet.

»Gibst du mir eine ab?«

Knapp zwei Wochen lebten wir in einem Notaufnahmelager in Berlin. In einer großen Halle, am Boden, auf Matratzen. Ich mochte die kratzige Wolldecke und erklärte allen, wir lebten jetzt wie Maria und Josef. Das bedeutete: Die Rollen meiner Eltern hatte ich klar festgelegt und meine auch. Ich war das Jesus-Kind. In der Nacht rief ich nach Gretti.

Meine Eltern mussten sich entscheiden, wohin sie wollten, denn in Berlin konnten sie nicht bleiben. Sie hatten die Wahl zwischen Hamburg und einem Ort in Bayern. Sie entschieden sich für die Hansestadt, weil sie planten, nach Amerika auszuwandern. Hoffend, dass sie die Verwandten meiner Mutter würden ausfindig machen. Sie fanden sie – und reisten dennoch nicht. Vor der Einwanderung mussten wir drei uns untersuchen lassen. In den USA waren nur gesunde Menschen willkommen. Meine Mutter war krank in der Seele – und sie war lungenkrank. Bei ihr wurde eine offene Lungentuberkulose diagnostiziert. Aus der Traum! Meine Mutter wird New York in ihrem Leben nicht sehen.

Wir drei blieben in Hamburg. Erst in einem Flüchtlingslager, später fanden wir eine Wohnung in Langenhorn im Norden Hamburgs. In diesem Stadtteil lebte ich bis zu meinem Wegzug nach München. Mein Vater fand eine Anstellung bei der Sozialbehörde der Stadt, wurde bald schon – er war ebenso patent wie umgänglich – verantwortlicher Verwalter von städtischen Notunterkünften.

Montag, 3. Oktober 2005

Ich bin nach Köln geflogen, um am frühen Abend im Kultursalon, einem gemeinnützigen Verein zur Förderung von Literatur und Musik, bei einer Benefizveranstaltung einen Vortrag über Virginia Woolf zu halten. Nach der Tonprobe gehe ich noch ein wenig spazieren; die Cafés in der Nähe sind geschlossen – es ist der Tag der deutschen Einheit. Mein Mobiltelefon läutet. Auf dem Display: unbekannte Nummer.

»Bernd Sucher.«

»Mamsi ist gestorben, vor knapp einer Stunde.«

Meine Schwester weint nicht. Ich glaube, sie ist erleichtert. Sie hatte sich fünf Jahre lang um meine Mutter gekümmert, hatte Pflegepersonal organisiert und angestellt und sie mindestens drei Mal in der Woche besucht. Ich flog einmal im Monat zu ihr – und ärgerte mich, dass sie sich weigerte zu sprechen, dass sie mir auch nicht zuhören wollte, wenn ich ihr von Reisen, Vorträgen, neuen Buchprojekten berichtete. Einmal wies sie mir gar die Tür.

»Du plapperst wie ein Papagei.«

»Soll ich gehen?«

»Ja.«

Eine kurze Umarmung, ein Küsschen an der Wange vorbei in die Luft. Das Taxi wartete schon. »Das war aber eine kurze Besprechung«, empfing mich bei einem meiner Besuche die Lufthansa-Stewardess vom Hinflug.

»Keine Besprechung. Ich habe meine Mutter besucht.«

Sie guckte verdutzt, fragte aber nicht weiter.

»Ich melde mich am Abend, Minka« – so nannte ich meine Schwester zeitlebens – »ich muss jetzt gleich einen Vortrag halten.«

Ich fange an zu heulen und laufe rascher als zuvor durch die fast menschenleeren Straßen, niemand sieht mich weinen. Dem Veranstalter sage ich eine halbe Stunde später, dass ich soeben die Nachricht vom Tod meiner Mutter erhalten habe.

»Mein Beileid. Dann sagen wir den Vortrag ab, dafür wird jeder Verständnis haben.«

»Meine Mutter hätte dafür keines! Ich werde den Vortrag halten, aber vielleicht an dem Essen danach nicht mehr teilnehmen.«

Meine Mutter, das wusste ich in diesem Augenblick, hätte für so eine unprofessionelle Laschheit überhaupt kein Verständnis. Ich hörte sie geradezu sagen: »Stell dich nicht so an!«

Also hielt ich den Vortrag und blieb sogar zum Essen. Ich versuchte, meinen Kummer in gutem Wein zu ertränken. Ich erklärte den Gästen, die mich lobten und auch ein wenig feierten, nur dies: »Dieser Abend wird mir in besonderer Erinnerung bleiben, das müssen Sie mir bitte glauben.«

Köln, Dienstag, 4. Oktober, 11.10 Uhr, Flughafen, Senatorlounge. Gestern ist Mamsi gestorben. Kurz bevor ich meinen Virginia-Woolf-Vortrag hielt. Dieser Tod kam nicht überraschend. Sie hat mich geformt wie niemand anderer. Sie hat mich verletzt, mich gepeinigt, mich verraten. Ich weiß nicht einmal, ob sie mich geliebt hat. Aber ich habe sie vergöttert und mich ihr zeitlebens ausgeliefert. Was und wo wäre ich ohne ihren Ehrgeiz? G'tt hat mir einen wachen Geist geschenkt; meine Mutter forderte von mir, ihn zu nutzen. Zur Not half sie nach. Sie war streng – und ungerecht. Ich werde bei der Beerdigung sprechen (müssen), auch das Kaddisch.

Vier Tage später erschien die Todesanzeige in der *Süddeutschen Zeitung*. Neben einen siebenarmigen Leuchter, der Menora, hatten wir einen Satz von Marc Aurel gesetzt: »Das Ende des menschlichen Tuns, das Erlöschen der Fähigkeit zu empfinden und zu denken – mit einem Wort: der Tod – ist kein Übel.« Ein Aurel-Gedanke, den Anton Tschechow in sein Tagebuch notiert hatte.

Am 10. Oktober trugen wir meine Mutter zu Grabe. Es war ein sonniger Tag. Nur neun Menschen waren dabei. Wie auf Vaters Sarg fünf Jahre zuvor lagen auf ihrem Sonnenblumen. Ich hielt eine Rede über das jüdische Leben meiner Mutter. Wir beteten das Totengebet. Ohne Rabbiner, ohne Pfarrer. Beide weigerten sich zu kommen. Der Rabbiner wollte auf keinen christlichen Friedhof und der Pfarrer keine Jüdin beerdigen. Ich warf die Seiten mit meinen Worten auf den Sarg und rannte über den Friedhof, Tränen rannen über meine Wangen. Als ich wieder zurückkam, standen Minka, ihr Mann Nico und Wolfgang, der seit drei Jahren schon mein Mann war, noch immer vor dem offenen Grab.

»Das hast du gut gemacht«, sagte Minka. »Bei der Beerdigung von Paps, nebenan, fiel deine Brille aus dem Sakko auf den Sarg. Jetzt haben die beiden alles, was sie brauchen: eine Rede und die passende Brille, sie zu lesen.«

16. Oktober 2005
In der Israelitischen Kultusgemeinde in Hamburg angerufen und um eine Bestätigung gebeten, dass meine Mutter, Margot Sucher, Jüdin war und Mitglied der Gemeinde. Ich brauche das Papier, um mich bei Beth Schalom, der liberalen Gemeinde in München, anzumelden. Keine jüdische Mutter – kein Jude!
Die Vogelgrippe weitet sich in Europa aus.

Mein Vater starb fünf Jahre zuvor, im August. Die Nachricht von seinem Tod erhielt ich vor der Premiere von Jan Fosses Drama *Der Name* bei den Salzburger Festspielen. Ich hatte noch Zeit, in der Franziskanerkirche das Vaterunser zu beten. Dann rannte ich ins Stadtkino, wo Thomas Ostermeiers Inszenierung gezeigt werden sollte. Auf dem Weg dorthin murmelte ich, »Stell dich nicht so an!«, zu mir selbst.

Mein Vater hatte es schwer mit seiner Frau, meiner Mutter. Zum einen lag ihr nichts an seiner körperlichen Nähe, zum anderen ließ sie ihn immer wieder deutlich spüren, dass er ihr intellektuell und gesellschaftlich unterlegen war. Der Sohn eines Scherenschleifers ohne Abitur. Ohne Bildung. Schließlich forderte sie von ihm Unmögliches. Er sollte ihr bieten, was ihre Eltern ihr geboten hatten – vor dem Abtransport. Das konnte mein Vater aber nicht, er begann in Hamburg als Angestellter bei der Sozialbehörde und verdiente nur wenig.

Ab und an besuchten wir sehr entfernte jüdische Verwandte, die im feinen Nienstedten, einem Elbvorort, wohnten. Dort lernte ich, dass Bemmen Sandwiches heißen. Statt Schmalz war Räucherlachs darauf. Der schmeckte mir auch. Meine Mutter genoss den fremden Luxus, erinnerte er sie doch an die Zeiten ihrer Jugend. Und sie wollte diesen Luxus wiederhaben. Ein unmöglicher Wunsch bei dem Einkommen meines Vaters. Aber da er seine Frau, die ihm das Leben und das Lieben nicht gerade einfach machte, sehr mochte, erfüllte er ihr den sehnlichsten Wunsch zuallererst und fuhr mit ihr und mir nach Venedig – ins Bauer Grünwald. Zwei Übernachtungen, die ihn ruinierten und für die er, wie er mir später erklärte, einen Kredit aufgenommen hatte. Nicht bei einer Bank, keine hätte ihm etwas geliehen, sondern er bat die Nienstedtener Verwandtschaft um Hilfe.

»Vielleicht hilft ihr dieser kurze Aufenthalt, dort wieder anzufangen, wo ihr Leben einst endete«, erklärte er den feinen Leuten an der Elbe.

Die Reise war schön, wenngleich meine Mutter eher betrübt denn fröhlich war. Mein Vater hatte sich geirrt: Es gab kein Zurück auf Anfang für meine Mutter. Wenn es überhaupt einen Neuanfang geben konnte, das scheint sie sich bei meiner Geburt in den Kopf gesetzt zu haben, dann sollte das ich sein: Gehe auf Los!

Los ging's mit den ersten Unterrichten. Bereits vor Schulbeginn lernte ich Lesen und Rechnen. Dann kam ich in die erste Klasse. Mein Vater kümmerte sich wenig um meine schulischen Leistungen. Er schämte sich nur, und zwar lange Zeit, dass ich bei der Einschulung der einzige Junge war, der sich statt Werken Stricken gewünscht hatte, laut und öffentlich. Meine Mutter war hingegen jeden Nachmittag für die Schönschreibübungen zur Stelle. Wir Kinder verschrieben uns alle. Aber während andere Mütter (oder Väter) die fehlerhaften Schreibversuche einfach durchstrichen – Tipp-Ex wurde erst 1959 erfunden und war mir sehr hilfreich beim Schreiben meiner Dissertation –, klebte meine Mutter gnadenlos die Seiten, auf denen sich ein Fehler fand, zusammen, sodass manche meiner Hefte nur aus zwei sandwichdicken Papierseiten bestanden, beschriebene Bemmen. Meine Schulkameraden fanden das lustig. Ich nicht. »Gib dir einfach mehr Mühe! – Pass halt auf! – Stell dich nicht so an!«

Mamsis Erziehung glich einer Dressur. Saß ich mit sehr gebeugtem Rücken vor meinem kleinen Schreibtisch, schob sie ein hölzernes Lineal von fünfzig Zentimetern Länge unter meinen Pullover. Bekam ich einen Einser, dann durfte ich mir ein Schnitzel wünschen oder ein Eis, manchmal schenkte meine Mutter mir auch fünfzig Pfennig. Bekam ich eine Drei, schämte sie sich für mich und jammerte, dass sie nicht glauben könne, so ein unbegabtes Kind in die Welt gesetzt zu haben. Ging ich neben ihr auf dem Gehweg links, lobte sie mich. Ging ich rechts: »Bernd, auf welcher Seite gehst du?«

Ich war sehr lange ein Daumenlutscher, was meine Mutter besonders ärgerte. Sie ersann fürchterliche Besserungsmethoden. Die erste Übung, mir das Daumenlutschen abzugewöhnen, war harmlos. Meine Mutter schmierte mir beide Daumen mit extrem scharfem Senf ein.

»Wehe, du leckst ihn auf. Und Flecken auf der Bettdecke

103

will ich auch nicht sehen. Also mach zwei Fäuste, und reck die Daumen in die Höhe.«

Ich leckte den Senf ab.

»War wohl nicht scharf genug?«, kommentierte meine Mutter am Morgen.

Zweiter Versuch: dieselbe Übung mit Chili-Senf. Ich leckte ihn ab – und hatte die ganze Nacht lang Höllendurst.

Dritter Versuch: eine Tortur. Mein Vater bohrte einen Haken in die Decke, oberhalb meines Bettes. Daran wurde ein dünnes Seil befestigt, dessen beide Enden dazu taugten, meine Hände zu binden und in der Höhe zu halten. Ich wehrte mich nicht. Dass ich nicht schlafen konnte, störte meine Eltern nicht. Am nächsten Morgen wurde ich losgebunden. Nach einer Woche wurde diese Folter beendet.

»Ich denke, du wirst diese Angewohnheit jetzt lassen. Wenn nicht, geht alles wieder von vorn los. Es gibt kein Pardon.«

Von nun an betete ich jeden Abend, der liebe G'tt möge mir meinen Daumen nach dem Einschlafen sofort aus dem Mund ziehen. Hat er gemacht. Meine Mutter fand mich schlafend immer so vor, wie sie es sich wünschte: die Hände auf der Bettdecke.

Als es einen Rückfall gab, der liebe G'tt also nicht aufmerksam genug war, wie ich dachte, wurden nicht etwa die Prozeduren wiederholt. Meine Mutter beschied: »Heinz, jetzt helfen nur Prügel!«

Er schlug zu, meine Mutter sah zu, und meine damals sehr kleine Schwester weinte mit mir.

2. Juli 1995.
Fürchterlicher Traum!
Mamsi im KZ. Eine Aufseherin ruft sie. Margot Artmann zum Appell. Sie tritt aus der Gruppe der Häftlinge heraus. Sie steht vor der KZ-Frau.
Du hast gestohlen! Wir wissen es, denn wir haben unter deiner Matratze einen halben Brotlaib gefunden. Du wirst drei Tage

lang nur Wasser zu trinken bekommen. Und jetzt vierzig Hiebe mit meiner Reitgerte. Leg dich in den Dreck, bäuchlings.
Meine Mutter kniet sich erst nieder, dann wirft sie sich sehr entschlossen, widerständlerisch, auf die nasse Erde. Eine Aufseherin mit wienerischem Akzent schwingt die Gerte durch die Luft. Ein gefährliches Pfeifen. Dann der erste Hieb. Der zweite. Meine Mutter schaut ein wenig hoch und sieht in den Augen der Frauen aus ihrer Baracke Freude. Sie jubeln nicht: »Geschieht dir recht«, aber ihre Blicke offenbaren Verachtung und Genugtuung. Margot schreit nicht, aber sie weint. »Heulsuse«, brüllt die Braunsteiner. »Ich befehle dir, sofort damit aufzuhören. Wenn du es schaffst, werde ich dich belohnen, wie man Hunde belohnt.«
Margot schafft es. Zwar fließen noch Tränen, aber niemand hört sie weinen. Kein Schrei, kein Wimmern.
Die Braunsteiner hält nach dem 17. Hieb inne, ruft eine Kollegin zu sich, flüstert ihr etwas ins Ohr. Sie verschwindet. Alle warten gespannt, was die Belohnung wohl sein könnte. Nach wenigen Minuten hält die Peinigerin ein Stück Brot in der Hand, legt es vor Margot auf den Boden, zwanzig Zentimeter entfernt von ihrem Kopf.
»Das kriegst du, wenn du weiterhin still bist.«
Wieder drischt sie los. 36, 37, 38, 39, 40.
»Jetzt knie dich vor das Brot!«
Margot folgt dem Befehl. Sie fixiert das Brot.
»Ihr Juden kennt ja kein Abendmahl, aber dieses Stück Brot könnte dir Hostie sein – und dir Kraft verleihen, wenn ich es denn will.«
Sie stellt sich vor die junge Jüdin, breitbeinig. Ihre Gerte auf dem Kopf der Geschundenen.
»Du weinst ja noch immer!«
Die Aufseherin bückt sich nach dem Brot, hält es vor Margot Artmanns Nase, minutenlang. Dann erhebt sie sich:
»Steh auf! Kein Brot. Du warst nicht perfekt!«
Abmarsch. Margot Artmann ist die Letzte in der Kolonne.

Daumenlutschen war in der Wahrnehmung meiner Mutter das zweitschlimmste Vergehen, das wie das Bettnässen Prügelstrafe zur Folge hatte. Prügeln musste mein Vater, meine Mutter zählte dabei laut die Schläge. Selbst kleine Fehlverhalten wurden geahndet. Lümmelte ich mich auf dem Sofa, hieß es, man schicke mich bald nach Farmsen. In diesem Hamburger Stadtteil, der zu Wandsbek gehört, einem Arbeitervorort, gab es eine geschlossene Anstalt für schwer erziehbare Kinder. Eines Tages – ich hatte eine Vier in Mathematik – fürchtete ich mich so sehr vor zu Hause, dass ich aus Angst in die Hose machte. Natürlich wurde ich geschimpft, wegen der Note und wegen der Hose. Ich packte meinen Rucksack: Unterwäsche, Pullover, Socken, Hemd, zwei Bücher und meinen Teddybären, den ich noch heute besitze. Ich zog meinen Anorak an, ging zu meiner Mutter und sagte: »Ich gehe jetzt nach Farmsen!«

»Wann du nach Farmsen musst, das bestimmen dein Vater und ich. Nicht du!«, war alles, was sie sagte

Als mein Lehrer, Herr Ohlsen, mich eines Mittags während einer Pause nach Hause begleitete – die Schule war nur zehn Minuten von unserem Haus entfernt – und meiner Mutter sagte, ich hätte Fieber, antwortete sie:

»Ich bestimme, wann mein Sohn Fieber hat. Bitte nehmen Sie ihn wieder mit. Er soll sich nicht so anstellen.«

Meine Mutter war keine Rabenmutter. Sie wollte einen starken Sohn. Alles auf Anfang und los! In ihrer Erziehungsmethode hatte Spaß nur eine kleine Chance. Ich erinnere mich, dass ich sie einmal ärgern wollte, um sie danach umso mehr zu verblüffen. Ich kam nach Hause und erzählte, in Mathematik die schlechteste Note von allen erhalten zu haben, eine Fünf. Meine Mutter tobte.

»Aus dir wird nichts, das weiß ich jetzt schon. Heute gibt's kein Mittagessen. Mach erst deine Schulaufgaben, dann sehen wir weiter.«

Nach einer Viertelstunde kam ich mit den fertigen Aufgaben und legte sie ihr vor.

»Übrigens, ich habe gar keine Fünf, sondern eine Eins«, lachte ich.

»Du hast mich belogen! Das ist schlimmer als eine Fünf. Abendessen fällt aus.«

7.8.2001
Schon wieder diesen Mathematiktraum gehabt, aber noch kurioser als die Albträume zuvor.
Mamsi ruft mich an, der Direktor des Albrecht-Thaer-Gymnasiums habe sie in die Schule gebeten. Dort habe sie erfahren, dass ich mein Mathe-Abitur noch immer nicht gemacht hätte. Ich müsse es nachholen. Dafür solle ich mich mit der Schule in Verbindung setzen. Ich melde mich also telefonisch bei dem Direktor. Er besteht darauf, dass ich nach den Sommerferien in Hamburg die Prüfung ablegen müsse. »Aber ich bin doch bereits promoviert, ich besitze den Professorentitel – das kann doch nicht sein.« – »Ist aber so, Herr Professor! Im Übrigen hat mir Ihre Mutter bestätigt, dass Sie in diesem Fach immer besonders schlecht waren und dass Sie gern die Schule schwänzten. Und zwar in zwei Fächern: Sport und Mathematik.« Er lässt nicht mit sich reden und bestellt mich für den 4. Oktober, einen Donnerstag, ein. Ich nehme einen Flieger am Tag zuvor. Cut im Traum. Ich stehe vor der Tafel und lese: $9 - 3 \div 1/3 + 1 = ?$ Ich verbringe Stunden vor dieser Gleichung. Die Schüler, die mir zusehen, lachen mich aus. Der Lehrer schickt mich auf meinen Platz. »Versuchen wir es mal damit.« Er legt mir eine DIN-A4-Seite vor.
Ich hocke vor einem Rätsel. Der Lehrer steht hinter mir. Und meine Mutter neben mir. Beide sehen auf das Blatt Papier. Endlich: die Erlösung »Ihr Sohn ist dumm, Frau Sucher!« – »Ja, leider! Was habe ich für einen Kretin in die Welt gesetzt.« Ich renne aus dem Klassenzimmer, auf die Straße, an die Elbe, auf der Kattwyck-Brücke bleibe ich stehen, setze mich an den Straßenrand, die Beine baumeln über dem Wasser. Ich löse meine Hände vom Asphalt...

Meine Schulzeit war kein Martyrium, weil ich immer den Ansprüchen meiner Mutter genügte. Das bedeutete, dass ich mich anstrengte, möglichst immer der Klassenbeste zu sein. Aber Streberkinder mag niemand. Und so vereinsamte ich. Keiner meiner Schulkameraden mochte mich, keiner kam des Nachmittags zum Spielen. Ich wurde gemieden und wollte doch dazugehören. Mir wurde klar, dass ich den Jungs und Mädchen etwas bieten musste. Erst einmal ließ ich alle abschreiben. Dann bat ich meine Mutter um Erlaubnis, einmal in der Woche Jungs einladen zu dürfen; sie bekamen Kuchen und Limo. Und ich half ihnen bei den Hausarbeiten. So kaufte ich mir ihre Zuneigung. Das ging eine Zeit lang gut, doch bald durchschauten sie mich – und wollten mehr. Nicht nur meine unmittelbaren Banknachbarn – Jürgen und Benno – wollten, dass ich ihnen bei den Diktaten und den schriftlichen Englischaufgaben half, die anderen in der Klasse verlangten es auch. Auf klitzekleinen Zettelchen notierte ich, was ihnen weiterhelfen sollte. Sie wurden von meiner Bank zu den anderen durchgereicht. Diese Masche fiel erst auf, als meine Fehler sich in allen anderen Texten wiederfanden. Die Lehrer merkten rasch, dass dies kein Zufall sein konnte. Ich bekam einen Tisch und einen Stuhl für mich allein, weit weg von den anderen. So konnte ich ihnen, beim besten Willen, nicht mehr helfen.

Ich versuchte etwas Neues, um mir die Zuneigung zu erhalten. Ich war acht Jahre, als ich begann, im Garten unseres Hauses im Sommer Kasperletheater zu spielen, selbst geschriebene Stückchen. Erst einmal mit Großmutter und Krokodil, dann mit Räuber und Polizisten, schließlich erfand ich Liebesgeschichten zwischen einer Prinzessin und dem Kasperl. Die Mädchen und Jungen kamen. Sie kamen sogar, als ich ein Eintrittsgeld von zehn Pfennigen verlangte. Meine Mutter war stolz auf mich, aber es war ihr auch peinlich, dass ich Geld nahm. Damit die Nachbarn meine Geschäftstüchtigkeit nicht kritisierten, gab es zum Spiel Kuchen und Limo.

Das missfiel mir, denn ich wollte mir ihre Freundschaft kein zweites Mal erkaufen, im Gegenteil: Sie sollten zahlen, wenn sie etwas von mir haben wollten. Geschichten zu erfinden machte mir die größte Freude. Im Herbst war Schluss damit. Im Wohnzimmer durfte ich keine Aufführungen zeigen. Und schon war es aus mit den Freundschaften.

Dieses Buhlen um Menschen, die – so dachte ich damals – undankbar nahmen, was ich ihnen zu geben bereit war, ohne mich dafür zu lieben, ärgerte mich. Ich mochte mich selber nicht leiden: Statt selbstbewusst zu zeigen, was ich konnte, erniedrigte ich mich. Damit musste Schluss sein. Ich entschied, dass ich keine Freunde bräuchte. Statt für Menschen entschied ich mich für Musikinstrumente. Meine Mutter, die vor der Deportation Klavierunterricht erhalten hatte, freute sich, als ich sie fragte, ob ich neben dem Blockflötenunterricht auch noch das Cello- und Klavierspielen lernen dürfte. Sie überredete meinen Vater zum Kauf der Instrumente – beide waren gebraucht, als ich sie bekam. Meinem Vater missfiel dieses »musische Getue«, wie er meine Ambitionen bezeichnete, aber er ließ mich gewähren.

»Meinst du nicht, Margot, dass dein Sohn lieber mehr Sport treiben sollte. Die anderen Jungs spielen Fußball, Bernd spielt Klavier. Er wird übrigens immer dicker.«

Er hatte recht. Ich hieß schon »der Mobbel«, als ich acht war – und als ich vierzehn war, galt ich als fett. Ich erinnere mich noch an den Tag, als ich mich entschloss, wieder abzunehmen – ohne Sport zu treiben. Meine Eltern gingen mit mir eine kurze Lederhose kaufen, in einem feinen Geschäft am Hamburger Neuen Wall. Als die Hose der Größe 48 zwackte und der Verkäufer vorschlug, eine 50 zu nehmen, wurde mein Vater laut:

»Das ist meine Größe! Wir nehmen die 48er. Der Junge kriegt nichts mehr zu fressen.«

Ja, mein Vater hatte »fressen« gesagt, als sei ich ein Tier.

Ich bekam die kleinere der Hosen und begann zu hungern.

»Das Hungern allein bringt nichts, sag ihm das, Margot! Er muss Sport treiben.«

Ich wollte aber keinen Sport treiben. Turnübungen fand ich fürchterlich, fürchterlich anstrengend und zu nichts nütze. Die Mannschaftsspiele gefielen mir besser – nur wollte niemand mich in seiner Mannschaft haben: weder beim Völker- noch beim Hand- und beim Fußball. Ich war immer der Letzte, der genommen werden musste. Die Niete. Die Mannschaft, der ich angehörte, hatte schon verloren, bevor der Anpfiff ertönte. Ich wurde gemieden. Und ich wollte mich rächen. Aber wie?

Ich stilisierte mich zum Superstreber, der alle hinter sich ließ. Damit nicht genug: Ich brüskierte die Dümmeren mit Arroganz. Kaum waren die Hefte mit den Noten verteilt, ging ich von Tisch zu Tisch und fragte jede und jeden nach seiner Beurteilung. Was sie auch sagten, ich konterte: »Ich habe eine Eins!«

Das ging natürlich nicht lange gut. Ich hatte mich mit dem Liebesverlust meiner Mitschüler abgefunden – und fand Gefallen daran, sie zu demütigen. Ich ahnte, dass sie sich wehren würden. Die Jungs taten sich zusammen und verprügelten mich nach Schulschluss. Als meine Mutter meinem Vater erzählte, dass ich mit blauen Flecken nach Hause gekommen sei, kommentierte er laut: »Der Junge muss sich wehren, er muss zurückschlagen. Aber du willst ja keinen Jungen, du willst ein klavierspielendes, blockflötendes Genie, das es einmal besser haben soll als wir.« Meine Mutter begann zu weinen und verließ das Wohnzimmer. Ich ging in den Garten.

Meine schulischen Leistungen blieben konstant gut. Ich wurde dünner – die 48er-Hose war bald schon zu weit. Ich bekam keine neue, weil mein Vater sich sicher war, dass ich schon bald wieder zunehmen würde: »Der wird schon wieder dick. Tut ja nichts außer Lernen, Klavierspielen und Blockflöten.«

Als ich in der fünften Klasse war, las meine Mutter im *Hamburger Abendblatt* eine kleine Notiz. Der Knabenchor von St. Nikolai, der zugleich auch der Knabenchor des Norddeutschen Rundfunks war, suchte Jungs. Meine Mutter telefonierte, und ich bekam einen Termin zum Vorsingen.

Zuvor wurde ich von meinem Vater geohrfeigt, richtig heftig. Ein nichtiger Anlass. Nach einer Sendung der »Schaubühne« – das war eine NDR-Vorabendsendung am Samstag, so etwas wie ein Stadtfeuilleton –, behauptete ich, dass ich einmal so bekannt wäre wie der Moderator, dass wildfremde Menschen mich auf der Straße grüßen würden. »Du bist größenwahnsinnig!«, polterte er. »Ich werde dir deine Überheblichkeit ausprügeln.«

An einem Mittwochnachmittag fuhr mein Vater uns – meine Mutter und mich – in seinem nagelneuen, grauen DKW Meisterklasse, der aussah wie ein überdimensionierter, gestreckter Maikäfer, in die Rothenbaumchaussee ins NDR-Funkhaus. Ich hoffte, er würde nicht mit zum Vorsingen kommen, doch er wollte wohl mein Scheitern erleben. Ich wusste, dass er den singenden Sohn noch weniger mögen würde als den Klavier oder Cello spielenden. Bevor wir drei in ein kleines Studio geführt wurden, saßen wir auf einem Flur und warteten auf den Aufruf.

»Ich würde ihn lieber zum Judounterricht oder in einem Ruderverein anmelden als für einen Chor. Sängerknabe – die werden ihn dann noch lieber verdreschen«, schimpfte mein Vater halblaut.

Im Studio begrüßte uns ein Herr Sellentin sehr freundlich und setzte sich an den Stutzflügel. Horst Sellentin, ein ausgebildeter Bariton, hatte 1960 zusammen mit Max Thurn den Knabenchor des Norddeutschen Rundfunks gegründet. Ausgemacht war, dass ich Mozarts *Komm, lieber Mai, und mache* singen würde. Nach einem kurzen Vorspiel setzte ich ein, hell und klar und laut. In meinem Kopf war nur ein Gedanke: Ich muss es schaffen. Die erste Strophe ging gut: »Komm, lieber

Mai und mache die Bäume wieder grün, und lass mir an dem Bache die kleinen Veilchen blühn! Wie möcht ich doch so gerne ein Veilchen wieder sehn, ach, lieber Mai, wie gerne, einmal spazieren gehn.«

Herr Sellentin schaut mich an und lächelte. Die zweite Strophe: »Zwar Wintertage haben wohl auch der Freuden viel: Man kann im Schnee frisch traben und treibt manch Abendspiel. Baut Häuserchen von Karten ...«

Der Text war weg. Herr Sellentin spielte weiter – ich sang nicht mehr und schaute zu meinen Eltern. Vater schüttelte den Kopf und rollte mit den Augen.

»Nicht schlimm, dass du den Text vergessen hast. Danke.«

Herr Sellentin drückte mir die Hand, verabschiedete sich von meiner Mutter und meinem Vater, erklärte ihnen, dass sich der Sender in der nächsten Woche melden werde. Schon auf dem Flur brüllte mein Vater:

»Zu blöd, sich fünf Strophen zu merken! Von wegen intelligenter Sohn.«

Mutter schwieg, ich auch.

Ich wurde genommen.

Nun übte ich also Blockflöte, Cello und Klavier und sang. Aber ich war ein unglückliches Kind, wenn ich, was ich selten tat, darüber nachdachte, dass mich niemand mochte. Ich begann wieder, am Daumen zu lutschen, dem rechten. Und ich fürchtete, würde ich dabei ertappt, die Schläge meines Vaters.

Heute erinnere ich mich, dass ich noch als Sechsjähriger in die Hose bieselte – entweder vor Aufregung oder nach einer schlechten Note, also schlechter als eine Zwei. Ich wurde nervöser, je älter ich wurde. Ich wurde verletzlicher und immer schüchterner.

»Findest du nicht, dass dein Sohn mal was anderes machen sollte als musizieren? Es fehlt nur noch, dass er tanzen möchte. Jetzt, da er nicht mehr fett ist, könntest du ihn ja noch beim Ballett unterbringen«, höhnte mein Vater mehr als einmal.

Je weniger mich mein Vater schätzte, umso mehr nahm mich meine Mutter in Schutz. Sie hatte sogar Erklärungen für mein Daumenlutschen und das Bettnässen und meine Ängste zu versagen, was sie aber nicht daran hinderte, sich Bestrafungen auszudenken, Züchtigungen, die mein Vater vornehmen musste. Ich verlor mehr und mehr den Kontakt zu meinen Mitschülern und Mitsängern. Es gab für mich nur ein Ziel: den Ansprüchen meiner Mutter zu genügen. In jeder Situation, nicht allein in der Schule. Immer fragte ich mich, ob ich meiner Mutter alles recht machte.

Meine Mutter litt an einer posttraumatischen Belastungsstörung, was nicht verwunderlich war nach den Erlebnissen in ihrer Jugend. Sie versenkte ihre demütigenden Erfahrungen und Traumata in sich, versteckte sie vor allen anderen. Als sie mich gebar, nach dem Tod des ersten Kindes, fürchtete sie ängstlich, die erlebten Schrecken nie mehr loszuwerden und sie an mich weiterzugeben. Fürchtete, der Sohn könnte sie erben: die Angst, das Versagen. Sie entwickelte einen Erziehungsstil, den ich selbst als übergriffig wahrnahm, als kontrollierend, fordernd und gewalttätig. Die emotionalen Verletzungen, die ihr im Konzentrationslager zugefügt worden waren – nicht jene auf Gut Milocin –, hinderten sie, mich zu lieben, wie Mütter ihre Kinder lieben: uneingeschränkt und bedingungslos. Da sie selber ihre Gefühle nicht verstand und nicht auszudrücken vermochte, da sie sich weigerte, über Emotionen zu sprechen, war sie mir nur bei der Karriereplanung ein Vorbild, nicht in der Bewältigung meiner Empfindungen.

Ich war ein intelligenter Junge – mit vielen Ticks und Spleens. Ein absonderlicher Knabe, der Tiere quälte, Wellensittiche von ihren Schaukeln stieß, die Guppys aus dem kleinen Aquarium in die Toilette spülte, der seiner Schwester zuriet, Zigarettenkippen zu essen, und der nur ein Spiel mit den anderen Jungs mochte: das gemeinsame Pinkeln auf der Wiese. Ich wurde ein Außenseiter und gefiel mir als solcher. Dass ich auch noch so eine seltsame jüdisch-christliche Mischung war, machte mich noch ein wenig schräger, als ich es schon dank meiner seltsamen musischen Vorlieben war.

Doch ich war weniger unglücklich, als ich es eigentlich hätte sein müssen. Ich genoss meine schulischen Triumphe. Ich liebte die Literatur, und ich las wie besessen. Nach den Kinder- und Jugendbüchern, nach Max und Moritz, Karl May, Felix Dahns *Ein Kampf um Rom* und allen Erich-Kästner-Büchern versuchte ich als Vierzehnjähriger, an Anrüchiges zu kommen, zum Beispiel an James Baldwins Roman *Giovanni's Room*, den ich auf Englisch las, Boccaccios *Dekameron*, D. H. Lawrences *Lady Chatterley*. Nabokovs *Lolita*, Thomas Manns *Tod in Venedig*, Klaus Manns *Der fromme Tanz*, Virginia Woolfs *Orlando*, André Gides *Der Immoralist* und Jean Genets *Querelle*. Und ich hatte die Musik. Immer, wenn ich traurig war, setzte ich mich ans Klavier und spielte, gern Bach, gern Händel, weniger Mozart. Hauptsache, in Moll, Hauptsache, Adagio, also oft den zweiten Satz.

Meine kindlichen Ängste wurden mit der Pubertät nicht kleiner. Die zweitgrößte Angst von allen: zu versagen und kritisiert zu werden. Die größte: nicht geliebt zu werden.

Als ich fünfzehn Jahre alt war, begann ich etwas Fürchterliches zu ahnen. Ich bemerkte, dass ich Jungen spannender fand als Mädchen. Aber das durfte nicht sein. War ich nicht schon Außenseiter genug? Jüdischer Christ, hypersensibler Streberling, unsportlicher Schöngeist, das begabte, aber einsame Kind einer traumatisierten Mutter. Hatte mein Vater womöglich recht, der mich einen verweichlichten Mädchenjungen nannte? Wieder hatte ich Angst.

Mit sechzehn Jahren begann ich ein Techtelmechtel mit Anna, einer blonden Klassenkameradin. Sie war hübsch und nicht dumm, und sie mochte mich. Eigentlich begann nicht ich, sondern sie. Wir waren beide in der Theatergruppe der Schule, und nach den Proben zu *Der Widerspenstigen Zäh-*

mung fuhren wir gemeinsam nach Hause. Sie wohnte wie ich in Langenhorn. Erst einmal sprachen wir nur über die stümperhafte Fassung, die die Lehrerin der Theaterarbeitsgemeinschaft angefertigt hatte. Die Diener hatte Fräulein Krüger, die ich als Französischlehrerin bewunderte, als Sportlehrerin aber missachtete – ich schwänzte fast jede Stunde –, alle gestrichen: kein Tranio, kein Biondello, kein Grumio und kein Curtis. Anna hatte die Rolle der Bianca bekommen, ich durfte ihren Liebhaber spielen, den netten Lucentino. Keine schlechte Ausgangslage für einen Flirt.

Anna mochte meinen Witz und meinen Charme. Während der U-Bahn-Fahrten standen wir immer neben dem Fahrerhäuschen, einer kleinen Nische mit Blick auf die Gleise. Sehr dicht beieinander. Wir lächelten einander an, aber wir berührten einander nicht. Nach einer dieser Fahrten küsste sie mich auf die Wange und sagte nur: »Ich mag dich!« Ich musste immer als Erster aussteigen, Station Langenhorn-Markt; sie fuhr bis Langenhorn-Nord. Nach dieser ersten Annäherung passierte erst einmal gar nichts. Ich traute mich nicht, aus Furcht zu versagen. Was, wenn sie mit mir schlafen wollte? Immerhin wagte ich, sie einzuladen, gemeinsam mit Doris und Ralf, beide gehörten zum Shakespeare-Ensemble. Es sollte eine Bottleparty werden – solche Feten waren damals angesagt. Ich besorgte eine Flasche Rum und einen Kasten Cola. Die drei brachten Salzstangen mit und ein seltsam fluffiges Salzgebäck, das wir Engerlinge nannten. Sie erinnerten uns an die Larven von Maikäfern. Auf leere Flaschen pfropften wir Kerzen in allen Farben, Hauptsache, sie tropften. Wir saßen auf dem Boden in meinem Zimmer, vor uns die Rum-Cola-Gläser und hielten uns an den Händen, während die Beatles *Everybody's Trying to Be My Baby* sangen. Ich war sehr stolz auf meinen Dual-Plattenspieler. Es blieb beim Händchenhalten an diesem Abend. Nicht anders war es, als wir vier uns bei Doris wiedertrafen; zu Anna und Ralf konnten wir nicht, sie wohnten sehr beengt und mussten sich ihre Zimmer mit ihren Geschwistern teilen. Meine Mutter mochte alle drei recht gern. Doch Annas Familie missfiel ihr.

»Eine Arbeiterfamilie, absolut kleinbürgerlich. Erstaunlich, dass sich Anna trotzdem ganz gut benehmen kann. Aber vielleicht sagst du ihr einmal, dass sie nicht Paps vor mir die Hand geben sollte. Und neulich, als wir zusammensaßen, stützte sie ihre Ellbogen auf den Tisch. Das gehört sich nicht.«

Annas Vater war ein bekennender Kommunist und arbeitete im Hafen. Er war Festmacher. Er half, so sagte er stolz, den »großen Pötten« beim Anlegen. Einmal schauten Anna und ich ihm zu, wie er mit seinem Festmacherboot zu einem Containerschiff fuhr, sich die dicken Taue abholte, sie zum Kai brachte und die Lasche – »wir nennen sie das Auge«, erklärte er fachmännisch – über den richtigen Poller warf.

Annas Mutter war Putzfrau. Sie lebten in ärmlichen Verhältnissen. Schon deshalb machte es mir Freude, Anna zu verwöhnen. Sie sollte mich lieben – aber ich liebte sie nicht. Ich mochte sie, und ich mochte es, von ihr gemocht zu werden. Deshalb lud ich sie ein – erst auf die Terrasse des Alsterpavillons. Danach zu einem Mittagessen in den Grill des »Vier Jahreszeiten«. Ich liebte den holzgetäfelten Art-déco-Saal, der 1926 eröffnet worden war. Ich lud sie schriftlich mit einer Postkarte ein, auf der Caspar David Friedrichs Gemälde »Das Eismeer«, das in der Hamburger Kunsthalle hängt, abgebildet war. Seit Pennälertagen kaufe ich in den Museumsshops Postkarten, die ich mit kleinen Grüßen oder als Einladungen verschicke. Ich konnte mir diesen Luxus leisten, weil ich – Mutter hatte darauf bestanden – von sechs Ferienwochen drei gearbeitet hatte: Ich verkaufte bei Thams und Garfs Gemüse und Obst, wobei es mir Spaß machte, die Kunden zu korrigieren, wenn sie nach »Goldenen Deliciuus« oder nach »Zuschini« verlangten.

»Lunch zu schreiben statt Mittagessen, das hat dir bestimmt deine Mutter eingeredet«, sagte Anna.

Ich schwieg.

Anna hatte recht. Meine Mutter mochte dieses Wort, sie mochte luxuriöse Hotels, und sie hat meine Schwester und mich sehr früh dazu erzogen, uns an solchen Orten wohlzufühlen. Bei mir war sie damit ziemlich erfolgreich, meine Schwester mochte Hotelhallen und feine Restaurants nie – sie hielt es mit meinem Vater.

1961, 17. Dezember, 3. Advent

Wir sitzen im Wintergarten, es gibt Stollen. Meine Eltern trinken Kaffee, meine Schwester bekommt Milch und ich Caro, einen Malzkaffee. Zuvor habe ich auf dem Klavier *Morgen, Kinder, wird's was geben* gespielt. Sechs Tage zu früh.

»In diesem Jahr, Bernd, gibt es das erste Weihnachtsgeschenk für dich und Minka bereits am Mittag des Heiligen Abends. Paps wird euch in die Stadt fahren und in den Wartesaal erster Klasse des Hamburger Hauptbahnhofs bringen. Dort werdet ihr zu Mittag essen, Lunch nennen es die Engländer. Ihr könnt bestellen, worauf ihr Lust habt. Dann fahrt ihr mit der U-Bahn zum Klosterstern, du wirst singen, im Kindergottesdienst, danach nehmt ihr die U-Bahn bis zur Haltestelle Ohlsdorf, und von dort geht's mit dem Taxi nach Hause. Paps wird euch fünfzig Mark geben. Das muss reichen. Wenn ihr was übrig habt, dann könnt ihr das Geld in eure Sparbüchsen stecken.«

Damals war ich zwölf Jahre alt, meine Schwester sieben. Ich mochte diese Herausforderung sehr. Mein Vater fuhr uns im DKW zum Hauptbahnhof, brachte uns in das Restaurant, sprach mit dem Oberkellner – und war weg.

»Was mögt ihr denn essen?«, fragte ein junger Mann.

»Könnten Sie mir bitte die Karte bringen?«

So hatte es mein Vater immer gemacht. Minka und ich entschieden uns für zwei Wiener Schnitzel mit Kartoffeln und Erbsengemüse.

»Bitte zwei kleine Portionen«, fügte ich hinzu. »Und zwei Fanta, bitte.«

»Warum nehmt ihr nicht den Kinderteller: Schweineschnitzel mit Pommes frites?«

»Weil ich Kinderteller nicht mag – und Schwein essen wir sowieso nicht.«

Nach dem Essen sang ich in St. Nikolai. Beim Blumenstand auf dem Bahnsteig kaufte ich für vier Mark einen Blumenstrauß. Die Menschen in der U-Bahn tuschelten: die armen Kinder! Um fünf Uhr nachmittags am Heiligen Abend allein in der Bahn, was für Eltern!

Ich zählte mit Minka die Weihnachtsbäume in den Wohnungen, an denen wir von der Station Kellinghusenstraße bis nach Ohlsdorf überirdisch vorbeifuhren. Von hier aus nahmen wir ein Taxi bis in den Uckermarkweg – auch der Fahrer war überrascht, dass wir so allein unterwegs waren. Als ich ihm von unserem aufregenden Tag erzählte, meinte er, seinen Kindern traute er so etwas nicht zu. Ich fühlte mich erwachsen und bewundert, das tat gut.

Als wir an der Haustür klingelten, traten Mutter und Vater vor die Tür. Sie trug das kupferfarbene Abendkleid, mit dem sie aus Bitterfeld geflohen war, er einen schwarzen Zweireiher.

»Frohe Weihnachten«, sagte ich und reichte den Strauß, den ich hinter meinem Rücken versteckt hatte, meiner Mutter.

»So habe ich mir meinen Sohn gewünscht!«

Sie liebt mich also doch, dachte ich.

Danach nahm ich ein Bad, was meine Schwester ärgerte, verzögerte sich doch dadurch die Bescherung. Schließlich gab ich ein kleines Weihnachtskonzert, das meine Schwester viel zu lang fand.

Seit 1961 gibt es diesen Heiligabendlunch. Wir Kinder stiegen auf: vom Speisesaal erster Klasse des Bahnhofs ins Restaurant des Reichshofs und von da ins Restaurant des Atlantic. Und als ich mein erstes Geld verdiente, lud ich meine Schwester und meine Eltern in den Vier-Jahreszeiten-Grill ein. Mein Vater, der zeitlebens seine Schwierigkeiten mit seinem spleenigen Sohn hatte, ließ sich an unseren Tisch bringen. Ich bestellte vier Gläser Champagner.

»Frohe Weihnachten!«

»Ich glaube, wir haben alles richtig gemacht mit Bernds Erziehung, Heinz«, sagte meine Mutter.

»Meinst du?«

»Nur bei mir habt ihr versagt«, lachte meine Schwester.

»Ach was, Minka. Du bist grad recht. Es müssen ja nicht alle so klug sein wie der Bernd ... und so ehrgeizig.«

Mein Vater beugte sich zu meiner Schwester und streichelte ihren Arm. Meine Mutter schwieg – und streichelte mich nicht.

Als ich nach München zog und endlich meinen Lebensmenschen gefunden hatte, nahm ich diese Tradition wieder auf: Mittagessen am 24. Dezember im Königshof. Oft auch mit Freunden oder mit meinen Schwiegereltern.

Ich konnte mich benehmen. Ich hatte Erfolg in der Schule. Und ich hatte irgendwann auch Erfolg bei Anna. Nach dem Essen im Vier-Jahreszeiten-Grill traute ich mich, mit ihr allein zu sein. Meine Eltern waren mit meiner Schwester verreist, auf die Insel Rømø, nördlich von Sylt. Ich wollte Anna bekochen, und ich wollte mit ihr schlafen. Die erste Frau in meinem Leben. Dieser Sex sollte sich nicht irgendwie ergeben, er musste sein. Ich wollte mir beweisen, dass ich auch das konnte. Es war ein Juniabend. Aus Sorge zu versagen, gab es nur eine Piccoloflasche Champagner und sonst nichts als Mineralwasser. Dazu Spargel, der schließlich als Aphrodisiakum gilt.

Anna, so vermute ich, ahnte etwas. Wir sprachen kaum. Ich nahm ihre Hand, dann zog ich sie in mein Zimmer. Wir küssten einander, dann knöpfte sie mein Hemd auf. Ich ließ es geschehen. Sie zog mir das Hemd aus und öffnete die Schnalle meines Gürtels. Dann fand sie den Knopf an meinem Hosenbund. Ich bekam Angst. Ich nahm ihre Hände und hielt sie auf ihrem Rücken fest. Sie durfte auf keinen Fall bemerken, dass ich keine Erektion hatte.

»Komm, zieh dich aus!«, sagte ich sehr bestimmt.

Sie tat, was ich forderte. Rasch huschte ich nackt unter die Bettdecke. Sie stand nackt vor mir. Noch immer wartete ich darauf, dass sich mein Schwanz aufrichtete. Nichts passierte. Sie küsste mich lang und heftig.

»Ich liebe dich schon sehr lange«, hauchte sie und sah mich mit ihren meerblauen Augen an.

»Ich dich auch«, log ich. »Es ist das erste Mal, verzeih, wenn es nicht gleich klappt.«

»Es ist auch mein erstes Mal.«

Sie nahm meinen Schwanz und küsste ihn. Sie begann ihn zu streicheln. Es tat sich was, wie immer, wenn ich es selber machte. Ich war erleichtert. Es würde möglich werden, in sie einzudringen. Sie setzte sich auf mich. Eine unmögliche Stellung, dachte ich und warf sie auf die Matratze. Sie stöhnte. Auch ich stöhnte, um Lust vorzutäuschen. Ich fühlte mein Glied in ihr. Es war keine angenehme Empfindung. Doch ich machte weiter und weiter. Annas Erregung war stark, sie biss mir in die Lippen.

»Weiter! Tiefer!«

Diese Anweisungen fand ich schlimm. War ich ein Versager? Was machte ich falsch? – Ich wusste es nicht, ich machte einfach weiter.

Auf dem Bettlaken ein Blutfleck.

»Ich hatte es dir gesagt, bis eben war ich Jungfrau.«

Anna umarmte mich und bedeckte mein Gesicht mit Küssen. Wann würde sie endlich aufhören, war mein einziger Gedanke. Ich musste dieses unwürdige, lustlose Experiment beenden.

Wir standen auf, duschten, zogen uns an und steckten das Laken in die Waschmaschine. Ich rief ein Taxi und brachte sie bis zur Straße. Ich küsste ihre Hände und sagte nur:

»Danke. Und verzeih, dass ich nicht besser war.«
Sie lächelte. Es war ein mitleidiges Lächeln.

Nach Anna gab es andere Versuche, sie endeten ähnlich kläglich. Und wie bei Anna versuchte ich auch später, mir die Zuneigung, die ich mit dem sexuellen Akt nicht gewinnen konnte, zu erkaufen. Ich überschüttete Anna mit Geschenken. Mit Luxus, den sie nicht kannte; mit Gegenständen, die sie nicht brauchte. Zuerst eine alte Kristallkaraffe, dann ein Tuch von Hermès – viel Erspartes ging dafür drauf. Doch wir haben kein zweites Mal miteinander geschlafen. Vier Monate nach dem Desaster stellte sie alle Geschenke vor unsere Haustür. Dann klingelte sie – und rannte fort. Auf einer Karte stand: »Brauch ich alles nicht, du Schlappschwanz. Und sag deiner Mutter, dass sie was falsch gemacht hat. Du hast viel im Kopf, aber du bist ein seelenloser Karrierist. Wahrscheinlich wirst du nie glücklich werden, weil du nie mit dir zufrieden sein wirst.«

Ich behielt Annas Geschenke. Auch die seidene Boxershort mit dem Paisley-Muster in Blau. In dem Brief dazu hatte sie damals geschrieben: »Passt zu deinen Augen.«

Meine Mutter war froh, dass Anna aus meinem Leben verschwunden war. Sie sei nichts für mich gewesen.

»Du brauchst ein Mädchen, das wie du Ziele hat im Leben. Und wenn sie aus einer Familie käme, die es zu etwas gebracht hat, wäre das auch gut.«

»Wozu habt ihr es denn gebracht? Häuschen in Langenhorn, SPD-Mitglied, aber dann FDP wählen!«

»Du vergisst, dass ich schon mal viel weiter war: Villa, Auto, Chauffeur, Köchin, Personal.«

Sie wandte sich ab.

»Lass uns aufhören, Mamsi. Das bringt nichts.«

11. Februar 2014

Ich verlasse das St. Pauli Theater nach einem Abend mit Peter Lohmeyer. Zusammen haben wir in der Reihe *Suchers Leidenschaften* den Dramatiker und Dichter Ödön von Horvath vorgestellt. Drei ältere Damen warten auf mich beim Bühneneingang.

»Das hast du ganz toll gemacht, Mobbel!«

»Verzeihen Sie, ich glaube, wir duzen einander nicht. Im Übrigen kenne ich Sie nicht.«

Ich überlege kurz, wieso sie meinen Spitznamen kennen.

Die drei stellen sich vor. Sie sind ehemalige Mitschülerinnen vom Thaer-Gymnasium. Gabi, Petra und Bärbel. Wir gehen in die Bar des Theaters. Ich stelle ihnen Lohmeyer vor, der verständlicherweise wenig Interesse an den Damen zeigt und sich rasch verabschiedet.

Irgendwann kommt das Gespräch auf Anna.

»Ihr wart mächtig verknallt«, sagt Bärbel.

»Zumindest sie in dich«, fügte Petra an.

Dann redeten wir über unser Abitur. Die drei waren, so sagten sie, damals froh, dass ich wenigstens im Turnen eine richtig schlechte Note hatte.

Sie ärgerten sich indes noch immer über meine Eins in Deutsch. Wie viele andere Mitschüler und Lehrer empfanden die drei meine Entscheidung, mich dem gestellten Thema für den Abituraufsatz zu verweigern, als eine Frechheit. Statt mir Gedanken über die Liebesbeziehungen in Friedrich Schillers fünfaktigem dramatischen Gedicht *Don Carlos* zu machen, entschied ich nach meinem Einleitungssatz: »Dieses eher biedere Liebestohuwabohu bei Herrn Schiller interessiert mich überhaupt nicht, spannend ist, was sich abspielt zwischen Claire, Solange und der gnädigen Frau in Jean Genets Einakter *Die Zofen*. Wer begehrt hier wen; wer demütigt wen aus Begehren?« Ich wusste: Das war eine Provokation. Aber ich wollte sie, wollte den Außenseiter, der ich war, den gewiss verdutzten Lehrern präsentieren. Die Demonstration gelang.

Meine Mutter musste zum Direktor und ihm erklären, wie der Sohn an solch ein Schmuddelbuch gelangt war. Nein, es stand nicht in unserem Bücherregal, ich hatte es ausgeliehen in der Hamburgischen Staatsbibliothek. Meine Mutter hatte meinen Antrag, dort ausleihen zu dürfen, obwohl ich noch nicht studierte, unterschrieben. Nicht ahnend, was ich für Lektürevorlieben haben würde.

Sie habe mich, so sagte sie, in Schutz genommen, »eigentlich wider Willen«. Sie verstünde durchaus, wenn ich dafür eine Fünf oder Sechs bekommen würde. »Wegen eines pennälerhaften Bubenstreichs riskierst du einen richtig miesen Notendurchschnitt – das ist extrem dumm!« Sie ärgerte sich über meine »rücksichtslose Exzentrik«, wie sie meinen aufmüpfigen Protest nannte. »Du bist ein Möchtegern und hast dir, wieder einmal, aus blöder Eitelkeit alles kaputt gemacht.« Die Lehrer tagten, mein Deutschlehrer Hoffmann und meine Französischlehrerin Fräulein Krüger setzten sich durch, wie sie mir bei der Abifeier anvertrauten. Gegen den Direktor. Ich bekam eine Eins! Meine Mutter freute sich nicht, denn diese Entscheidung sei ungerecht gegenüber allen, die sich dem Thema gestellt hätten.

Ich war also siegreich im Deutschunterricht, aber dafür war der Montagvormittag in der Turnhalle ein Albtraum. Meinen Mitschülern dagegen war es eine Gaudi der Extraklasse. Fräulein Krüger hatte mich schon am Freitag gewarnt: »Sie werden eine Fünf in Leibesübung bekommen, wenn Sie nicht eine Bodenturnübung vorführen. Der Sprung über den Kasten sichert Ihnen nur die Vorzensur: eine Fünf. Wenn Sie mehrere Kopfstände hinkriegen, dann könnte es für eine Vier langen.«

In Französisch hatte sie mir für meinen Vortrag von Rimbauds Gedicht *Le Dormeur du val* eine glatte Eins gegeben. Das Gedicht kann ich noch heute auswendig. Am Wochenende trug ich es meinem Vater vor – er war mäßig beeindruckt. Dann übten wir Handstände. »Das hast du nun davon. Du bist so was von unsportlich. Aber deine Mutter wollte es ja so. Ein Geistesmensch in einem laschen Körper.« Mein Vater übertrieb mal wieder.

Zuerst der Sprung über den Kasten. Beim ersten Mal stoße ich nur dagegen; und das Trumm fällt fast um. Beim zweiten Mal bleibe ich oben sitzen. Die Fünf ist also nicht mal sicher. Dann die Bodenturnkür. Ich bat Hans und Philipp, die für die Hilfestellung zuständig waren, darum, mich bei den Beinen zu fassen, sobald ich sie oben hätte. Zweimal, so erklärte ich ihnen, würde ich nach vorn abrollen, das letzte Mal nach hinten. Doch dieses dritte Mal fand nicht statt. Die Jungs hielten mich nicht – zu oft hatte ich sie gefragt: »Na, was habt ihr für eine Note?« Ich donnerte auf den Boden, lag ausgestreckt auf der blauen Matte. Und schnappte nach Luft. Raffte mich auf und machte immerhin noch den klassischen Abschlusshüpfer. Die ganze Klasse lachte. Der Direktor hieß sie schweigen, Fräulein Krüger eilte auf ihn zu. Die zwei diskutierten minutenlang. Dann stand im Zeugnis eine Vier. Meine Mutter war begeistert – eine schlechte Turnnote, sagte sie, sei der Beweis für Intellektualität. Goethe sei so wenig ein Sportler gewesen wie Jean-Paul Sartre.

Diese Vier im Abiturzeugnis störte mich wenig, aber über eine Zwei ärgerte ich mich richtig. Hätte ich doch auf meine Mutter gehört! Sie fand die Idee, eine Komposition von Hans Werner Henze für das Abiturvorspiel zu wählen, eine überflüssige Provokation. »Spiel die Mondscheinsonate! Das macht Eindruck. Selbst wenn du dich bei Henze nicht verspielst, klingt es, als würdest du ständig danebengreifen.«

12. Dezember 1968
Vor drei Tagen sollten wir in der Uraufführung von Hans Werner Henzes Oratorium Das Floß der Medusa *mitsingen. Das ging schief! Wir sollten die Kinder und die jungen Menschen auf dem Floß darstellen. Erst als Lebende, dann als Tote. Am Abend kam dann die Berliner Projektgruppe des »Sozialistischen Deut-*

schen Studentenbundes« in die Halle und protestierte gegen ein »bourgeoises Publikum«, eine »kapitalistische Kulturindustrie«, die die wahre revolutionäre Kunst verhindere. Die Gruppe war nicht allein. Auch die Studenten der Hamburger Musikhochschule protestierten – mit denselben Parolen. Gemeinsam brüllten die jungen Wilden »Enteignet die Kulturindustrie!«. Auf der Bühne wehte eine rote Fahne. Wir Jungs verstanden die Welt nicht mehr.

Bei meinem Musikabitur spielte ich Hans Werner Henzes Variationen für Klavier op. 13 aus dem Jahr 1949. Der Direktor kommentierte das Ganze mit den Worten: »Mozart gefällt mir besser!« Meine Vorzensur war eine Eins gewesen, nun hatte ich auf dem Abiturzeugnis die Endnote Zwei; und einen dummen Spruch vom Direktor bekam ich auch noch zu hören: »Hoffentlich treiben es zukünftige Komponisten nicht noch schlimmer!«

Die Abiturreise führte uns ins Elsass und nach Straßburg.

Kein Datum, 1968
Das Museum Unterlinden in Colmar besucht. Zum ersten Mal den Isenheimer Altar gesehen. Ein Wunderwerk: Gemälde auf zwei feststehenden und vier drehbaren Altarflügeln. Wundersam und fürchterlich. Die Darstellung der Versuchung des heiligen Antonius erregt mich. Mir gefallen diese Monster und die schonungslos dargestellte Gewalt. Folterungen, Hiebe mit Äxten und Peitschen. Malträtierte, geschundene Körper, Aussätzige. Horror.

Nach dieser Reise war klar: Ich möchte studieren, worauf ich Lust habe – ohne Rücksicht auf mögliche Berufschancen. Romanistik und Theaterwissenschaft und, wenn es irgendwie ging, auch noch Kunstgeschichte. Mein Vater war dagegen. Er wollte für mich eine Fächerkombination, die das Lehramt an Gymnasien ermöglichte, also Romanistik und Germanistik.

Meine Mutter widersprach ihm und schlug sich auf meine Seite. Ihr Sohn sei viel zu klug, um als Lehrer zu enden. Er werde, da sei sie sicher, einen künstlerischen Beruf anstreben: Regisseur, Musiker, vielleicht auch Kritiker.

Das sagte sie nicht von ungefähr, denn seit meinem zehnten Lebensjahr gehe ich ins Theater. Die erste Vorstellung, an die ich mich erinnere, war eine Aufführung von *Pinocchio* am Nikolaustag 1954 im damals noch nicht renovierten St. Pauli Theater. Ich saß allein im zweiten Rang auf einer hölzernen Bank, in der ersten Reihe. Wie mit den Weihnachtsessen erfanden meine Eltern auch für das Weihnachtsmärchen eine Tradition.

Im Jahr darauf waren mein Vater und ich im plüschigen Deutschen Schauspielhaus und 1956 im Thalia Theater. Meine Mutter blieb zu Hause, sie musste sich um meine Schwester kümmern, die im Oktober 1954 zur Welt gekommen war und monatelang gestillt wurde. Mit der Schulklasse besuchte ich in der fünften Klasse, bevor ich ins Gymnasium wechselte, zum ersten Mal eine Aufführung für Erwachsene: *Kabale und Liebe*. Ich fand Ferdinand doof, weil er seiner Luise so gar nicht vertraute. Kurz darauf machte der Musiklehrer den Versuch, uns für die Oper zu begeistern. Herr Ohlsen hatte, wenige Tage vor Weihnachten, eine gute Wahl getroffen: Puccinis *La Bohème*. Später durfte ich auf ebendieser Bühne im zweiten Akt die Partie eines der Gassenjungen singen. Seitdem halte ich diese Oper für die Kinderoper überhaupt. Warum glauben eigentlich die meisten Eltern, Engelbert Humperdincks *Hänsel und Gretel* sei der richtige Operneinstieg für ihre Kinder? Weil die Kleinen das Grimm'sche Märchen schon kennen? Weil Engel an Betten wachen?

Das Theater faszinierte mich. Ich mochte es, wenn Menschen mir etwas vorspielten. Sie konnten es besser als meine Figuren mit den Holzköpfen, die nur Hände und Köpfe bewegten und alle nur eine Stimme hatten, nämlich meine.

Wurde ich zum Geburtstag gefragt, was ich mir wünschte, so bat ich darum, ins Theater gehen zu dürfen. Oder – das gefiel mir noch besser – in die Oper. Meine Mutter war angetan von meiner Lust an Musik und Schauspiel, mein Vater verstand sie nicht und verbuchte all diese Besuche unter Stubenhockerei. Aber er mochte die Operette – und dorthin gingen wir gemeinsam. So erlebte ich *Gräfin Mariza* und *Annie get your gun*. Von beiden Aufführungen hielt ich wenig. Sie waren mir zu albern, ich fand sie »kindisch«. Zu meiner Lieblingsoper kürte ich am 5. April 1967 Strawinskys *The Rakes Progress*, gefolgt von der *Bohème*, der *Entführung aus dem Serail* und *Othello*. Wagners Musikdramen begegnete ich erst während meines Studiums.

Ich hatte inzwischen den Stimmbruch hinter mir und kehrte als Tenor in meinen Chor zurück. Dort begann ich, mit Jungen zu flirten. Nicht mit Gleichaltrigen, sondern mit Männern um die dreißig.

Er schaute mich an und lächelte. Nach einigen Schritten drehte ich mich um. Er war stehen geblieben. Ich ging weiter. Drehte mich um. Er folgte mir. Ich blieb vor einem Schaufenster stehen. Budapester Schuhe. Er stellte sich neben mich. Ein blonder Mann, größer als ich.

»Die schwarzen Loafers sind recht schön, oder? Gefallen sie dir auch?«

Ich schaute ihn an.

»Finden Sie?«

»Du kannst mich ruhig duzen. Ich hab dich ja auch geduzt.«

Wir gingen an die Alster. Er lud mich ein auf die Terrasse des Alsterpavillons.

»Was möchtest du denn trinken?«

»Einen Kaffee.«

»Hier sollte man Eiscreme-Soda nehmen, die ist toll.«

»Weiß ich. Danke.«

Beim Abschied gab mir Horst, so hieß er, seine Karte. Er

war Buchhändler, mit einem schwarzen Montblanc-Kuli schrieb er seine Privatnummer dazu

»Vielleicht hast du Lust, mich mal anzurufen? Vielleicht morgen, da bin ich bis sechzehn Uhr in der Buchhandlung?«

Ich hatte Lust. Doch ich rief ihn nicht an, jedenfalls nicht am nächsten Tag. Was würde geschehen? Bisher war ich allen Versuchungen aus dem Weg gegangen, hatte nur auf dem Schulklo mit anderen Jungs masturbiert. Am Weiher hatte ich, als Thomas, den ich sehr mochte, mich küssen wollte, ihn weggeschubst. Und mich hinterher darüber geärgert.

»Du spinnst doch.«

Aber als wir danach in der Sonne lagen, spürte ich, dass passierte, was bei Anna nicht passiert war, und legte mich, damit Thomas nichts bemerken konnte, auf den Bauch.

»Tu doch nicht so, du willst es doch auch«, sagte Thomas und strich mir über den Kopf. Ich stand auf, zog mich an und ging ohne Abschied.

Ich hatte diesen kurzen Moment von Zärtlichkeit genossen und mich zugleich meiner Gefühle geschämt.

Hamburg, 4. Juli 1963
Ich bin schwul – und trau mich nicht. Thomas wollte es mit mir treiben. Ich bin weggelaufen.

Was würde ich machen, wenn Horst mich streicheln würde? Was, wenn er mich zu küssen versuchte? Was, wenn ich mich verliebte? Zum ersten Mal sehnte ich mich nach der Nähe eines Menschen und fürchtete sie nicht. Aber was wusste ich denn schon von diesem blonden Buchhändler? Und wie sollte es weitergehen, wenn er mich begehrte und ich ihn? Du rufst ihn nicht an, ermahnte ich mich. In der nächsten Sekunde überlegte ich, wie schön es sein könnte, einmal in den Arm genommen zu werden. Nicht bewundert zu werden für irgendeine Leistung, sondern um meiner selbst willen geliebt. Nein, ich rufe ihn nicht an, nicht heute. Morgen, vielleicht.

Am Montag rief ich ihn in der Bücherstube an. Horst war direkt am Telefon.

»Hier ist Bernd. Der Eiscreme-Soda-Typ. Stör ich?«

»Nein, im Moment ist kein Kunde da. Schön, dass du dich endlich meldest.«

Ich freute mich über das kurze Wort »endlich«.

»Hast du heute Abend schon was vor?«

»Ja, ich habe Chorprobe ab neunzehn Uhr.«

»Kannst du die nicht mal schwänzen? Wo singst du denn?«

»Im NDR-Chor.«

»Also Rothenbaumchaussee. Bei mir um die Ecke. Magst du um sieben im Café Funkeck sein?«

Ich schwieg.

»Es wäre wirklich schön, dich zu sehen und zu sprechen. Musst keine Angst haben, ich beiße nicht.«

Ich schwieg.

»Also?«

»Ich werde da sein.«

»Ciao.«

»Bis heute Abend.«

Ich war pünktlich. Er saß schon an einem der wenigen Tische, von denen die meisten besetzt waren. Ich ging auf ihn zu. Er stand auf. Ich streckte ihm die Hand entgegen. Er nahm sie nicht, sondern strich mir über meine Haare, wie Thomas es getan hatte. Ich wehrte mich nicht. Wir sprachen zwei Stunden miteinander – genauso lang, wie die Chorprobe dauerte. Er empfahl mir ein Buch, den *Zauberberg* von Thomas Mann. Er wollte wissen, ob ich schon mal einen Freund gehabt habe. Ich erzählte von Thomas.

»Ich habe noch nie eine Beziehung zu einem Jungen gehabt. Und eigentlich auch keine zu einem Mädchen.«

Horst fragte nach dem »eigentlich«. Und ich erzählte ihm von meinem Desaster. Beim Abschied auf der Straße küsste er mich auf die Wange.

»Wann sehen wir uns wieder?«

»Am Donnerstag um neunzehn Uhr ist wieder Chorprobe. Ich könnte noch mal schwänzen.«

»Wie schön. Wir treffen uns wieder hier, und dann fahren wir, wenn du magst, nach Övelgönne und gehen ein bisschen spazieren.«

Wir fuhren raus an die Elbe, wir liefen sehr langsam den schmalen Fußgängerweg entlang, vorbei an den alten, niedrigen Kapitänshäusern. Die Sonne ging unter. Horst nahm meine linke Hand.

»Das geht nicht«, murmelte ich.

»Das geht schon. Außerdem kommt uns niemand entgegen, und hinter uns ist auch niemand.«

Um neun Uhr abends fuhr ich vom U-Bahnhof Hallerstraße wieder nach Hause. Einen Termin für ein nächstes Treffen gab es nicht. Nur der Ort war schon bestimmt.

Immer, wenn ich später verliebt war, schlug ich einen Abendspaziergang in Övelgönne vor – und ich war oft verliebt. Weil ich, unfähig, mich für längere Zeit an einen Menschen zu binden, jede Beziehung beendete, wenn ich zu bangen begann, die Liebe könnte mir wieder entzogen werden. Immer wenn ich mich trennte, lief ich morgens allein durch Övelgönne. Ein Weg für Verliebte und für Entliebte.

Eine Woche meldete ich mich nicht bei Horst – er konnte mich nicht erreichen, da er weder meinen Nachnamen kannte noch meine Adresse oder die Telefonnummer meiner Eltern. In der zweiten Woche nach unserem Övelgönner Spaziergang besuchte ich Horst in seiner Buchhandlung. Er war überrascht, das sah ich in seinen Augen. Er lächelte und grüßte geschäftlich höflich. Leider konnte er nicht sprechen, da er gerade einen Kunden beriet. Ich schaute mir die Bücher in den Regalen an, zog einen Band der Thomas Mann'schen Tagebücher heraus und blätterte darin.

24. Januar 1946
»*Las abends lange in Platens Tagebüchern. Verglich und fand viel Grund zu Dankbarkeit. Das Illusionäre der Liebe in der Homoerotik ungeheuer verstärkt. Alle Wirklichkeit führt das Gefühl ad absurdum. Mit dem Hauptmann im Bett zu liegen – wie wär's gewesen?«*
Ich blätterte weiter.
22. Februar 1947
»*Sehr starke sexuelle Potenz und Not neuerdings. Das endet nie.«*
16. Juli 1947
»*Anblick eines sich einölenden Jünglings, griechisches Vasenbild, Bild des Immerseins.«*
18. Oktober 1947
»*Erregte Nacht.«*
14. Dezember 1947
»*Das Kreuz des Geschlechts, Ärgernis, Leiden mit einem Einschlag von Eitelkeit.«*
1. Dezember 1949
»*Sexueller Kummer zwischenein, durch Bilder am Wege gespeister Schmerz und tiefes, leidvolles Verlangen nebst dem Wissen, dass es die Wirklichkeit nicht will.«*

Als der Kunde endlich gegangen war – er hatte Heinrich Bölls Roman *Billard um halb zehn* gekauft –, strich mir Horst übers Haar.

»Ich musste dir den Scheitel wieder gerade rücken«, lachte er.

Ich schwärmte von meiner Lektüre des *Zauberberg* und schlug ein Treffen am Donnerstag um neunzehn Uhr vor. Horst war begeistert.

»Övelgönne?«, fragte ich.

»Nein, ich koche für dich. Ich hole dich am U-Bahnhof Klosterstern ab. Magst du?«

Ich nickte.

»Und dieses Buch möchte ich kaufen.«
Horst schenkte es mir.

Die Stunden bis zum Donnerstag schlichen, in den Nächten konnte ich nicht schlafen. Die Mann-Lektüre beruhigte mich schon gar nicht.

Horst wohnte am Innocentiapark, sehr nobel in einer Vierzimmerwohnung.

»Die habe ich geerbt. Meine Eltern sind beide schon gestorben. Die Möbel gehörten ihnen.«

Mies van der Rohe, Riedvelt, Corbusier – Horst erklärte mir jeden Stuhl, jeden Sessel, jedes Sofa. Ich war begeistert. Bei meinen Eltern sah es anders aus. Nicht spießig, aber reizlos, gewöhnlich. Er hatte wirklich gekocht: Spargelrisotto.

»Es wird nur einen Gang geben, du musst ja gewiss wieder um neun gehen.«

Er küsste mich. Und diesmal nicht auf die Wange. Rasch setzten wir uns zu Tisch. Wir sprachen kaum. Wir sahen einander an. Wir lächelten. Nach dem Essen setzten wir uns auf die weiße breite Mies-van-der-Rohe-Lederbank.

Kurz nach neun nahm ich die U-Bahn nach Hause. Das ist also Liebe, dachte ich. Und versuchte mich zu erinnern, ob ich je erlebt hatte, dass meine Eltern sich küssten. Auf den Mund. Manchmal versuchte mein Vater, die Hand meiner Mutter beim Spazierengehen zu erwischen. Sie mochte dieses Händchenhalten nicht.

»Wir sind keine siebzehn mehr, Heinz!« Die Ansage war eine klare Absage.

Horst und ich sahen uns nun regelmäßig, mindestens drei Mal in der Woche. Wir gingen ins Theater und in die Oper. Meine Eltern belog ich, dass ich mit Thomas unterwegs sei. Ich schwänzte die Schule und immer wieder die Chorproben. Ich glaube, ich war damals sehr glücklich, weil ich Horst nichts beweisen musste. Er hatte es gern, wenn ich die Bücher, die er mir empfahl, auch las und wir darüber sprechen konnten.

Herbst 1967

Das Telefon klingelt. Es ist kurz vor acht Uhr am Abend. Meine Mutter meldet sich. Am anderen Ende der Leitung Herr Sellentin. Er möchte sich erkundigen, wie es mir geht.

»Gut, warum fragen Sie, er war doch heute bei der Probe, oder?«

»Nein – er war schon seit vier Wochen nicht mehr dabei.«

»Das verstehe ich nicht. Er wird gleich nach Hause kommen, und ich werde ihn fragen. Darf ich Sie morgen anrufen?«

Noch bevor ich den Schlüssel im Schloss drehen kann, öffnet meine Mutter die Haustür.

»Wo warst du?«

»In der Chorprobe – wo sonst?«

»Du lügst! Eben hat Herr Sellentin angerufen und mir versichert, dass du seit vier Wochen schwänzt.«

Ich bitte meine Mutter, mit mir in mein Zimmer zu kommen.

»Versprich mir, dass du nichts von dem, was ich dir jetzt sage, Paps erzählen wirst.«

Sie nickt. Und ich erzähle ihr von Anna und Thomas und von Horst. Während Tränen meine Wangen herunterlaufen, stammle ich immer wieder, dass ich nicht schwul sein will, es aber bin. Und dass ich mich dabei sogar glücklich fühle.

Nach vierzig Minuten verlässt meine Mutter das Zimmer. Fünf Minuten später poltert mein Vater herein. Er beschimpft mich als »Schwein«, gibt mir Ohrfeigen, wirft mich auf mein Bett und schlägt mich. Meine Mutter steht stumm daneben und lässt meinen Vater wüten. Das war Verrat.

Ich heule – denn da waren sie wieder, die Bilder, die ich verdrängt hatte, die Szenen, die ich nie erlebt haben wollte. Meine Mutter hatte mich schon häufiger verraten. Immer, wenn ich sie bat, meinem Vater nicht zu sagen, dass ich in der Nacht ins Bett gemacht hatte oder zu spät von einer Party nach Hause gekommen war oder ausnahmsweise mal eine Drei erhalten hatte, klagte sie meinem Vater ihr Leid über ihren missratenen Sohn. Und mein Vater, der mich erst lange nach meiner Promotion zu akzeptieren begann, kam in mein Zimmer, befahl mir, die Hose und die Unterhose auszuziehen, und schlug mich mit einer siebenriemigen Lederpeitsche, die jahrelang griffbereit in der Küche neben den Geschirrhandtüchern hing. Es waren immer zwanzig Hiebe. Meine Mutter stand daneben und sah zu, mitleidslos. Ich konnte schreien, winseln, weinen. Sie schwieg.

Am nächsten Tag wurde ich um fünf Uhr geweckt. Vater hatte entschieden: »Du wirst entweder von mir oder von einem Taxifahrer zur Schule gefahren und dort abgeholt. Das heißt: Ich brauche einen detaillierten Stundenplan! Du wirst keine freie Zeit haben außerhalb dieses Hauses. Reisen wird es nicht geben. Ich werde alles machen, damit du diesen Kerl nicht treffen kannst und keine anderen. Offensichtlich bist du ja ganz scharf auf solche Sauereien. Außerdem werde ich dich bei einem Psychiater anmelden.«

Er fuhr mich zum Albrecht-Thaer-Gymnasium, und ein Taxi holte mich ab. Vater fand einen Psychiater in der Universitätsklinik Eppendorf, eine Koryphäe: Hans Giese. Drei Monate lang war ich jede Woche zweimal bei ihm. Ja, ich lag auf einer Couch; ja, ich berichtete von meinen Träumen, von meinem Begehren, vom gemeinsamen Masturbieren mit anderen Jungen, von Horst. Er hörte zu, kommentierte nichts. Er war freundlich, erlaubte mir sogar, von seinem Telefon aus Horst anzurufen, um ihm zu erklären, warum ich mich nicht meldete. Und er gab mir Lektüreempfehlungen, die mich erstaunten: Zum Beispiel empfahl er mir Pier Paolo Pasolinis *Ragazzi di Vita*, das Ende Mai 1955 erschienen war.

22. Oktober 1967
Habe Pasolinis Ragazzi *gelesen. Seltsam, dass der Psychiater mir diesen unanständigen Roman empfohlen hat. Ist eher eine Verführung zum Schwulsein als eine Warnung davor. Seine*

Sprache ist ordinär. Schmutziges Milieu. Ich glaube, das meistbenutzte Wort ist: Wichser. Ich habe nicht gezählt. Es gibt den gottverdammten, den ausgelaugten, den alten Wichser, es gibt die Seelenwichser – das sind die Pfarrer. Es gibt Schwanzbläserjulen und Hurenbolzen und »affengeile Ärsche«. – Ich denke, ich erzähle den Eltern nicht, was ich lese. Ich habe das Buch versteckt. In meinem Kleiderschrank, hinter den Hemden.

Die Sitzungen endeten nach einem Jahr. Professor Gieses Therapie versprach keine Besserung, außerdem war die Behandlung meinem Vater irgendwann zu teuer. Die Psychoanalyse wurde beendet, ich fuhr wieder mit der U-Bahn zur Schule.

Ein paar Jahre später hörte ich von Professor Gieses gewaltsamem Tod. Selten habe ich meinen Vater so wütend erlebt wie am Freitag, dem 24. Juli 1970. Die Schlagzeile der *Bild*-Zeitung: »Prominenter Sexualwissenschaftler in Saint-Paul-de-Vence von seinem Freund erschlagen«. Hans Giese war schwul gewesen – und mein Vater verstand die Welt nicht mehr.

24. Juli 1970
Giese ist von seinem Freund erschlagen worden. Paps ist außer sich. Ich freue mich nicht über diesen Tod, aber über die falsche Wahl des Arztes. Ich verstehe die Buchempfehlung!

3. 8. 1970
Der Spiegel *würdigt Giese und widerspricht der* Bild-Zeitung. *Überschrift: »Umstritten ist auch sein Tod«. Klar ist so viel: Nach dem Besuch eines Jazzclubs hatte sich der Professor in seinem Urlaubsort an der Côte d'Azur mit seinem Freund, dem Schauspieler Klaus Hartmann, der 28 Jahr jung ist, also viel jünger als sein alter Lover, gestritten. Hartmann fuhr daraufhin nach Avignon, Giese ging in die Berge. Stürzte 40 Meter tief.*

Gleich nach dem Abitur 1969, das ich als Primus bestand, begann ich mit meinem Studium.

Tagebuch, 2. Februar 1969
Gestern Abiturfeier, die, als wäre man im Gefängnis gewesen, »Entlassungsfeier« heißt. Lese meine Zeugnisse. Kurios. Grundschule am Grillkamp 40. Klasse 1b: »Bernd ist ein fleißiger, für die Schule aufgeschlossener Junge. Seine Arbeitsfreude ist sehr anzuerkennen, er beteiligt sich gut am Unterricht. Seine Hausaufgaben führt er äußerst sauber und gewissenhaft aus. In den durchgenommenen Stoffen des Rechnens und Lesens ist Bernd durchaus sicher. Seine Schrift hat sich erfreulich gut entwickelt, 2.4.1957. Bernds Haltung ist sehr gut. Fleiß, Ausdauer und Gründlichkeit sind bei ihm sehr anzuerkennen. Bernds Leistungen sind sehr gut, 4.11.1961. Leibesübungen von Anfang bis Ende: 4. Nur in »Spiele« einmal eine Drei! – Habe ich ein Tor geschossen damals? – Bernd ist sehr begabt und sehr fleißig, ein sehr anerkannter und von allen geschätzter Klassensprecher, 3.3.1966. – Aus mir könnte noch was werden …

Mein Vater schlug mir eine halbjährige Verschnaufpause vor, aber meine Mutter war dagegen. Da war er wieder, der Spruch, dass ich dem lieben G'tt nicht den Tag stehlen solle. Diesmal ging es ja nicht um einen Tag, sondern um Monate. Ich fügte mich den Wünschen meines Vaters und wählte die sichere Fächerkombination: Germanistik, Romanistik und Kunstgeschichte. Damit hätte ich zur Not auch Lehrer werden können. Ich studierte und war glücklich über jedes Lob. Die Zuneigung, die mir Horst entgegenbrachte, änderte nicht im Geringsten mein Verlangen nach Bestätigung. Es reichte mir nicht, eine gute Note zu bekommen, ich wollte überall der Beste sein.

Meine Mutter bestand darauf, jeden benoteten Proseminarschein zu sehen. Es gab keine Note schlechter als Zwei. Und viele Einser. Zudem schrieb ich mich für mehr Übungen ein – machte vier Proseminare pro Semester –, damit ich mich, nach einer Zwischenprüfung, früher ins Hauptstudium einschreiben konnte. Nach dem dritten Semester hatte ich es geschafft.

Von den beginnenden Demonstrationen meiner Kommilitonen hielt ich mich fern. Ich las zwar demonstrativ während des Mittagessens in der Mensa in meiner kleinen roten Mao-Bibel, aber an den Sitzstreiks nahm ich nicht teil. Als ich aufgefordert wurde zu helfen, einen Professor vom Vorlesungspult zu drängeln und ihn vor die Tür des Hörsaals zu legen, weigerte ich mich. Zum einen wollte ich die Zeit nicht mit solchen fragwürdigen Aktionen vertun, zum anderen widerte mich die antiisraelische Attitüde der Linken an, die während des Sechstagekrieges im Juni 1967 gegen die israelische Politik demonstrierten und jeden Juden für die Besetzung des Gazastreifens mitverantwortlich machten. Nur gegen die Notstandsgesetze, die am 30. Mai 1968 von der ersten Großen Koalition ausgearbeitet und vom Deutschen Bundestag beschlossen worden waren, war ich als Pennäler auf die Straße gegangen – ich war APO. Allein, wenn ich ein sogenannter Linker war, dann eher aus theatralisch-performativen Gründen. Nicht aus ideologischen.

Als ich endlich volljährig war, beschloss ich, meine Familie und Hamburg zu verlassen. Zusammen mit Horst hatte ich entschieden, dass wir beide nach München ziehen, aber dort nicht zusammenwohnen würden. Mein Vater schrie, meine Mutter schwieg. Abgemacht war, dass sie mir mein Studium nicht finanzieren, den Umzug nicht zahlen und sich auch sonst nicht um mich kümmern würden. Ich fühlte mich wie in einer orthodoxen jüdischen Familie. Ausgestoßen! Mein Vergehen wurde bestraft.

In München fand ich einen Job bei der Telefonauskunft – dort arbeitete ich nachts. Ich wohnte in einem möblierten Zimmer in der Schleißheimer Straße, nahe der Löwenbrauerei, bei einer Bäckersfrau, die eine Wohnung mit drei Zimmern, einem Bad und einer Küche an drei Studenten vermietete. Das war keine WG im klassischen Sinn, wir kannten einander nicht und wollten uns auch nicht kennenlernen, ein Mitbewohner war Chemiker, der andere Biologe. Schräg gegenüber trafen sich im Café Philoma Prostituierte und ihre Freier. Von Horst trennte ich mich bald. Er fand meine Nachtschichten ätzend, und wir bemerkten, dass wir wenig Gemeinsamkeiten hatten – ich arbeitete und er amüsierte sich.

Das erste halbe Jahr war hart. Ich musste mich entscheiden: entweder Leberwurst oder Residenztheater. Da die Bäckersfrau es gern sah, wenn ihre Mieter in ihrem Geschäft kauften, wo alles teurer war als im Supermarkt, ließ ich mir etwas einfallen. Einmal wöchentlich kaufte ich bei Dallmayr, dem Delikatessladen in der Dienerstraße, hundert Gramm Eier- oder Fleischsalat, bat um eine größere Tasche, weil ich noch andere Besorgungen im Haus machen wollte – so sagte ich, und füllte dann die Dallmayr-Tüte mit Tengelmann-Milch und Edeka-Butter und Käse. Die Bäckersfrau fiel darauf rein. Da könne sie nicht mithalten, staunte sie.

Ich dachte immer noch, ich müsste meiner Mutter etwas beweisen, und schickte ihr die ersten Scheine der Seminare, alle mit Eins benotet. Sie schrieb erst einmal nicht zurück. Nach zwei Monaten eine kurze Nachricht: Sie freue sich, dass ich anscheinend nicht verkomme. Nach einem Vierteljahr kam ein Paket mit Lebensmitteln: Wiener Würstchen im Glas und Corned Beef in viereckigen Blechdosen. Nach fünf Monaten kam meine Mutter nach München geflogen – und lud mich zu einem Essen ein. Sie übernachtete nicht bei mir. Eigentlich wollte sie wohl nur sehen, wie ich lebte.

Nach einem Jahr entschieden sich meine Eltern dann doch, mich finanziell zu unterstützen. Ihre Hilfe reichte für Miete und Verpflegung. Das heißt: Ich musste weiterarbeiten: für die Bücher, die Theater- und Opernkarten, für kleine Vergnügungen mit den Kommilitonen.

In meinem ersten Münchner Hauptseminar, einem Kurs über Franz Grillparzers Dramen, verfasste ich einen Aufsatz über dessen *Ahnfrau*, sein Titel war eine Frage: »Frühe dramatische Bearbeitung einer später in Tagebüchern und Briefen formulierten Schicksalsvorstellung?« Ich wagte sehr neunmalklug eine steile These, dass nämlich dieses von Literaturwissenschaftlern und Theatermachern wenig geachtete Werk mindestens so gut sei wie die stärksten Shakespeare-Tragödien. Ich schickte meiner Mutter eine Kopie des Aufsatzes. Sie hielt ihn für klug und sandte ihn mir mit einigen Anmerkungen zurück. Sie hatte Grillparzers Behauptung »Die Freiheit des einen bewirkt das Schicksal des anderen« unterstrichen. Das Schicksal meiner Mutter war aus der Unfreiheit geboren. Sie wollte mich frei wissen und so stark, dass nicht andere meinen Lebensweg bestimmen würden. Deshalb ermahnte sie mich zu Hochleistungen. Meine Mutter hatte den Glauben an mich wiedergewonnen. Der *Ahnfrau*-Aufsatz wurde publiziert.

Ich ließ meiner Mutter ein Exemplar des Buches zustellen. Sie schrieb ein Dankeskärtchen:

»Nicht schlecht, der cand. phil. neben den vielen Professoren. Nur leider: eine Lüge oder Hochstapelei. Ist Dir übrigens aufgefallen, dass die anderen Essays viel länger sind als Dein Aufsätzchen? Das nächste Mal: ein bisschen fundierter, das wünscht sich Deine Mutter.« Das Postskriptum: »Denk dran: Es ist ein Aufsatz nur, kein Buch.«

In München gab ich die Romanistik auf – und studierte stattdessen Theaterwissenschaft. Nach einem Seminar über die Commedia dell'arte bei einer sehr rührigen Dozentin, sie hieß Margot Berthold und hatte eine Theatergeschichte geschrieben, sprach mich ein Kommilitone an, Ronald. Wir gingen ins

Café Hag in der Residenzstraße, das sehr lange berühmt dafür war, die besten Torten der Stadt anzubieten. Ronald war größer als ich, blond und ähnelte, so dachte ich verliebt, Ingrid Bergman. Er war auch weniger schüchtern. Zwei Tage später lud er mich zum Essen zu sich.

Wir beschlossen zusammenzubleiben.

Der Wechsel zu den Theaterwissenschaftlern war der richtige Schritt, denn ich wusste, dass ich als Gymnasiallehrer unglücklich werden würde. Meinen Eltern, mit denen ich einmal in der Woche telefonierte, erzählte ich nichts von diesem Schritt, den sie – da war ich mir sicher – missbilligen würden. Auch Ronald verheimlichte ich ihnen. Das Studium mit ihm war eine Freude. Er studierte in den Nebenfächern Zeitungswissenschaft und Kunstgeschichte. Sein Berufswunsch war nicht der schreibende Journalismus, er wollte Film und Fernsehen machen. Begabt, aber nicht sehr fleißig, jobbte er lieber neben dem Studium in Filmproduktionsfirmen als bis zu seiner Magisterprüfung in noch mehr Seminaren zu sitzen. Also schrieb ich an seinen Arbeiten mit, und wir lernten gemeinsam für die Zwischenprüfung.

Nachdem ein amerikanischer Gastprofessor, Peter Bauland, einen Essay von mir über Lessings *Hamburgische Dramaturgie* ganz »oustanding« fand und mich für ein dreijähriges Stipendium in Ann Arbor vorschlug, informierte ich meine Mutter über den Einserschein, kopierte die Beurteilung, die der Professor handschriftlich unter meinen Text geschrieben hatte, und erklärte in einem Brief, dass ich die Fächerkombination geändert hätte und bei den Theaterwissenschaftlern, wie sie sehen könnte, sehr erfolgreich sei. Ich würde gern einmal wieder nach Hause kommen.

Meine Mutter arbeitete zu dieser Zeit als Assistentin in der Entwicklungsabteilung für Aerodynamik der Lufthansa. Das bedeutete, dass sie und die Familienmitglieder für zehn Prozent des Preises fliegen konnten, allerdings immer nur *Standby*, also dann, wenn kurz vor Abflug noch Plätze frei waren.

Ich hoffte, sie würde mir solch ein Ticket anbieten. Das tat sie dann auch, nachdem sie auf einer Postkarte ihre Freude über die schönen Erfolge kundgetan hatte, allerdings mit der Einschränkung, dass ich mich mit der neuen Fächerkombination mächtig anstrengen müsste, einen »ordentlichen Beruf« zu finden. »Immerhin, das überrascht mich angenehm, bist du nicht versackt, trotz deiner sexuellen Verirrung.«

Ich flog nach Hamburg mit der Absicht, meine Mutter zu einem Abendessen einzuladen und ihr während des Essens zu gestehen, dass ich mit Ronald liiert sei, der – ebenso fleißig wie ich – mich und sich selbst vor allen Dummheiten bewahre. Am Abend saßen meine Mutter und ich im Restaurant des Hamburger Fernsehturms, am Fenster des Drehrestaurants. Von dort oben gab es viel zu sehen. Da ich wusste, dass meine Mutter gerne wegschaute, wenn ihr Gegenüber etwas sagte, was ihr missfiel, war meine Wahl sehr überlegt getroffen.

»Du wirst einen Grund haben, mich einzuladen. Wahrscheinlich wieder ein Geständnis, das mich ärgern wird, oder?«

Ich begann, ihr die Gründe für meine Fächerwahl zu erklären, und konnte sie damit überraschen, dass nicht nur Professor Bauland mir ein Stipendium angeboten hätte. Es gäbe, so sagte ich, noch einen anderen Grund zur Freude: Der Verleger Berthold Spangenberg, der die Nymphenburger Verlagshandlung leitete, in dem die Werke von Theodor Fontane und Klaus Mann publiziert wurden, hatte mir ein Volontariat angeboten, sogar mit einem Monatsgehalt.

Diese Nachricht freute meine Mutter.

»Aber, Bernd, um mir diese guten Nachrichten zu verkünden, hast du mich nicht eingeladen. Also – was ist?«

Ich erzählte ihr von Ronald. Erklärte weinend, dass sie mir bitte glauben möge, dass ich nicht anders könne. Ich liebte einfach keine Frauen. Ich rief ihr die kurze Episode mit Anna wieder ins Gedächtnis und erinnerte sie daran, dass sie dieses Mädchen auch nicht für eine erste Wahl gehalten hatte.

»Es war ein Mädchen. Immerhin!«
Wieder bat ich sie, meinem Vater nichts zu sagen. Sie versprach nicht, zu schweigen, sondern forderte: »Solange du im Studium erfolgreich bist und der Verlag mit dir zufrieden ist, werde ich Paps nichts sagen. Aber du solltest dir für dein Studium nicht zu viel Zeit lassen, auch wenn du es selbst finanzierst. Ich könnte mir sogar vorstellen, dass wir dich finanziell ein wenig mehr unterstützen, wenn du uns Freude machst – damit du aus der Schleißheimer Straße ziehen kannst. Da stinkt es so nach Hopfen – oder ist es Malz?«

7. Oktober 1973
Gestern war Jom Kippur. Und just an dem höchsten jüdischen Feiertag greifen ägyptische und syrische Truppen Israel an. Einen »Überraschungsangriff« nennen die Medien diesen Überfall. Er ist ein zutiefst unmenschlicher Akt. Hoffentlich siegen die Israelis! Ich bin gespannt, wie die deutschen Linken reagieren werden.

In der Woche darauf unterschrieb ich einen Vertrag bei der Nymphenburger Verlagshandlung als Assistent des Cheflektors, fünf Stunden täglich, neben dem Studium. Und ich suchte eine Wohnung. Als ich sie gefunden hatte, in der Nibelungenstraße in Nymphenburg – ein Einzimmerappartement mit einem kleinen Garten –, bat ich meine Eltern um einen Zuschuss. Sie gewährten ihn. Als Ronald und ich ein Jahr später zusammenziehen wollten, erklärten unsere Mütter am Telefon, dass sie in einem solchen Fall alle Geldzahlungen einstellen würden. Wir gaben auf.

Immer wieder tauchten in meinem Leben Menschen auf, die sich um mich kümmern wollten. Auch Ronald, der ein wenig jünger war als ich, meinte, mich beschützen zu müssen, glaubte, er sei viel erwachsener als ich realitätsferner Träumer. Professor Bauland dachte ähnlich, schlug vor, ich könnte in

Ann Arbor in seinem Haus wohnen, seine zwei Söhne seien in meinem Alter.

Diese Kümmerer, die weiblichen und die männlichen, waren für mich ein Ersatz. Sie gaben mir das Gefühl, um meiner selbst willen gemocht oder, sogar das, geliebt zu werden. Sie wollten wirklich nur mich! Sie gaben mir die Nähe und den Schutz, den meine Mutter mir verwehrte.

Zu diesen Kümmerern zählte auch eine Frau aus Ulm. Sie war mit einem erfolgreichen Internisten verheiratet und hatte zwei Söhne, die ein wenig jünger waren als ich. Ich lernte sie nach einer öffentlichen Diskussion bei den Theaterwissenschaftlern kennen. Ich saß auf dem Podium. Wir diskutierten diverse Inszenierungen an den Münchner Kammerspielen. Nach der Veranstaltung kam Frau R., beglückwünschte mich zu meinen Beiträgen und fragte, ob ich nicht Lust hätte, einmal selbst Regie zu führen; sie sei die Präsidentin eines Fördervereins, der ein kleines Theater in der Nähe von Ulm unterhalte, in Weißenhorn. Es werde immer im Sommer mit Sängern des Ulmer Stadttheaters bespielt. Sie würde sich freuen, wenn ich zusagen würde.

»Ich traue Ihnen das zu. Mögen Sie Jacques Offenbach?«

Ohne zu lügen, konnte ich mit einem Ja antworten, hatte ich doch während des Klavierunterrichts viele Transpositionen von Offenbach-Operetten gespielt. Als ich am Telefon meiner Mutter von diesem Angebot berichtete, war sie entrüstet: »Das machst du nicht! Du bist kein Künstler. Konzentrier dich auf dein Studium und die Arbeit im Verlag. Je älter du wirst, desto weniger zielgerichtet arbeitest du. Jede Ablenkung ist dir recht!«

Dieses Telefonat hätte ich mir sparen sollen.

Immer, wenn ich gefragt werde, warum ich mich dafür entschieden habe, Feuilletonist zu werden, also ausschließlich Kritiker, erkläre ich, dass ich während meines Studiums alle möglichen Berufe ausprobiert hätte. Zuerst das Verlagslektorat. Danach inszenierte ich in Weißenhorn, im historischen Stadttheater, das mit seinen hundertzweiundvierzig Sitzplätzen das kleinste öffentliche Theater Bayerns ist, zwei Offenbach-Einakter: *Das Mädchen von Elizondo (Pepito)* und *Pomme d'api*.

Die nächste Station war das Bayerische Fernsehen. Eine Redakteurin, Dr. Margret Zang, engagierte Ronald und mich als Redaktionsassistenten. Uns machte dieser Job Freude und ich sah eine Chance für mich und ergriff sie. Ich drehte zunächst kleine Beiträge über bayerische Museen – zum Beispiel über das Hirtenmuseum in Hersbruck, wo ich einen uralten Schäfer dazu überredete, auf einem Gartenschlauch einen Hirtenruf zu blasen – oder über Theater und deren Neuinszenierungen. Probenberichte, Interviews mit Intendanten, Regisseuren, Schauspielerinnen und Schauspielern. Die Sendereihe war der bayerischen Kultur gewidmet; sie wurde von Carolin Reiber moderiert, für die ich Texte schreiben durfte. Über Frau Zang lernte ich den Redakteur Dr. Helmut Dotterweich kennen, der mich beauftragte, eine Historikerin für die Recherchen zu einem Film über Karl V. nach Spanien zu begleiten.

Es wurde eine anstrengende fünfwöchige Reise, weil die Dame launisch war und mich überall dabeihaben wollte – kein Frühstück, kein Abendessen ohne sie! Und es wurde eine herrliche Reise, weil ich fünf Wochen im Madrilenischen Ritz übernachten durfte und Madame sehr früh zu Bett ging. Ich besuchte Bars – schleppte aber niemanden ab und ließ mich nicht abschleppen. Einmal rief ich mitten in der Nacht, kurz nach ein Uhr morgens, nachdem ich mir Erdbeeren und Champagner aufs Zimmer hatte bringen lassen, zu Hause an. Meine Mutter nahm ab.

»Mamsi? Ich sitze in meinem Zimmer im Ritz, trinke Champagner und esse Erdbeeren. Ich bin so glücklich!«

»Du bist betrunken! Was denkst du dir dabei, uns um diese Zeit zu wecken. Eine Unverschämtheit.«

Sie legte auf.

Helmut Dotterweich war es auch, der mich dem Filmemacher Klaus Kirschner für seinen großen Mozart-Film empfahl. Für ihn war ich von Herbst 1975 bis zum folgenden Sommer Regieassistent und Aufnahmeleiter in einer Person. Vor allen anderen schätzte mich der Schauspieler Karl-Maria Schley. Er spielte die Rolle von Vater Mozart. Statt zu den Drehorten zu fliegen, zog er es vor, mit mir in meiner blauen Ente, einer Deux chevaux von Citroën, zu reisen – so eine fuhr auch Professor Giese. Ich hatte sie mit dem Benzingeld, das der BR mir zahlte, finanziert. Von München nach London, nach Paris, nach Rom und Palermo. In Rom hatten wir zwei freie Tage ohne Dreh. Ich wollte, nach vielen schlechten Hotels, endlich mal wieder Luxus und schlug dem berühmten Schauspieler zwei Nächte im Hassler Medici vor, oberhalb der Spanischen Treppe.

Wir näherten uns der Stadt langsam. Kurz vor dem Zentrum schlug Schley vor, die Koffer in ein Taxi zu laden und mit diesem vorzufahren.

»Schämen Sie sich wegen der Ente?«

»Ein Luxusgefährt sieht anders aus, Junge.«

»Aber ich werde vorfahren, als wäre es ein Rolls-Royce. Und mich auch so benehmen. Habe ich von meiner Mutter gelernt. Jüdisches Großbürgertum.«

Ich hielt vor dem Eingang. Gab dem Voiturier den Schlüssel und bat ihn, nicht nur die Koffer aufs Zimmer zu bringen, sondern auch die zwei Paar Schuhe hinter den Sitzen, und das Auto in die Garage zu fahren. Herr Schley war – als wäre er auf der Flucht – in die Halle gerannt; er wollte mit mir nichts zu tun haben.

Am Abend stand mein Auto noch immer neben dem Eingang und blieb dort zweiundfünfzig Stunden lang stehen. Keiner der Voituriers wusste mit der Revolvergangschaltung umzugehen. Im Restaurant war Schley voller Anerkennung:

»Das war hanseatisch klasse.«

»Nein, das waren jüdische Chuzpe und jüdischer Charme.«

Nach der zweiten Flasche Tignanello des Marchese Antinori flüstert Herr Schley.

»Junge, die Wahl des Hotels ist toll. Endlich mal eines, wo man nicht ins Waschbecken pinkeln muss.«

Ich schickte meiner Mutter eine Ansichtskarte des Hotels.

Nach diesem Ausflug zum Fernsehen begann ich zu schreiben.

All diese Versuche, einen geeigneten, mir angenehmen Beruf zu finden, beäugte meine Mutter mit Misstrauen. Am meisten störte sie mein Missvergnügen an diesen Probeberufen. Sie meinte, ich hätte zu wenig Geduld und ich würde womöglich bald schon ohne jeden Job dastehen. »Es gibt keinen Beruf, der nur Vergnügen bereitet. Du musst Zugeständnisse machen. Niemand wird für dich einen Beruf basteln.«

Im Verlag, bei dem ich ein Jahr blieb, bereitete es mir wenig Freude, drittklassige Texte zu zweitklassigen zurechtzuredigieren, und die Begutachtung von fremdsprachigen Büchern langweilte mich. Beim Fernsehen merkte ich, dass ich lieber allein etwas umsetzte, als anderen Anweisungen zu geben. Der Ausflug ins Theater war kein Flop. Die Kritiker der *Schwäbischen Zeitung* und der *Südwestpresse* berichteten und urteilten sehr liebevoll. Aber ich war unzufrieden: Denn sowenig ich mich beim Kameramann durchsetzen konnte, sowenig gelang es mir bei den Sängerinnen und Sängern. Die Proben waren ein einziges Grauen. Ein Tenor war besonders schlimm: Er weigerte sich, am Boden hockend zu singen.

»Sie Anfänger, Sie haben ja überhaupt keine Ahnung, was man Sängern zumuten darf und was nicht. Ich singe dieses Couplet im Stehen, basta!«

Frau R. war mit diesem Abend sehr zufrieden. Ich war es nicht. Meine Mäzenin hatte zur Premiere auch meine Eltern und meine Schwester eingeladen. Sie saßen im Balkon, erste Reihe Mitte, und auf dem Platz meiner Mutter lag ein kleiner Blumenstrauß. Meinem Vater gefiel dieser Ausflug; er hatte keine Probleme damit, im Schlafzimmer des Ehepaars R. zu übernachten. Meine Mutter fand den Abend albern, die Aufmerksamkeiten der Frau übertrieben, und sie fragte mich, warum dieses seltsame Geschöpf das alles für mich mache.

Ich wusste es auch nicht. Sie hatte einen Narren an mir gefressen. In den Jahren, in denen sie mich bemutterte, ließ sie keine Möglichkeit aus, mich zu verwöhnen. Meine Mutter beobachtete diese seltsame Freundschaft zwischen einer Frau ihren Alters und mir, dem jungen Mann, sehr skeptisch. Aber jede Frau an meiner Seite war ihr lieber als ein Mann. Frau R. wusste von meiner sexuellen Orientierung, sie hatte Ronald sogar kennengelernt. Aber wann immer sie mir etwas schenkte – zum Beispiel, verkleidet als Nikolaus, einen ganzen Sack voller Leckereien, Schallplatten und Bücher –, bestand sie darauf, dass ich die Geschenke mit niemandem teilen dürfte.

Diese Frau verwöhnte mich, ohne etwas zu wollen. Mit ihr reiste ich zum legendären Monteverdi-Zyklus von Jean-Pierre Ponnelle und Nikolaus Harnoncourt nach Zürich, zur Biennale nach Venedig und in die Toskana. Ich durfte sogar die Hotels aussuchen. Um meine Mutter zu beeindrucken, bat ich Frau R., deren Verlangen nach körperlicher Nähe nie über Streicheln hinausging, um ein Zimmer im Gritti Palace mit Blick auf den Canal Grande und um eine Suite in der toskanischen Villa La Massa.

Während meine Mutter gegen diese Reisen nichts einzuwenden hatte, solange das Studium nicht darunter litt – deshalb bestand ich darauf, diese kurzen Ausflüge allein in den Semesterferien zu organisieren –, begann Ronald sich zu beschweren. Doch ich nahm seine Klagen nicht ernst, und schließlich führten meine Eskapaden mit »der verrückten Alten«, wie Ronald sie nannte, dazu, dass er die Zeit für eigene Abenteuer nutzte.

Was all diese Exkurse in die Welt der Literatur, des Fernsehens und des Theaters bewirkten, war die Sicherheit, dass ich einen Beruf ergreifen musste, der meinen Ehrgeiz ebenso befriedigte wie den meiner Mutter. Die Aufgabe, die ich finden wollte, musste zudem eine einsame sein – also keine Arbeit im Team. Sie musste mir darüber hinaus die Möglichkeit bieten, mich zu profilieren. Ich wollte bewundert und geliebt werden.

Theatermachen war also der falsche Weg. Aber vielleicht wäre es schön, über Theater zu schreiben. Vielleicht würden mich meine Leser schätzen, und ich würde Geld dafür bekommen, wofür ich jetzt Geld ausgab: Opern- und Theateraufführungen.

Ich bat um einen Termin bei Armin Eichholz, dem Chefkritiker des *Münchner Merkur*. Ich hatte nicht viel dabei: den Grillparzer-Aufsatz und einige Schauspiel- und Opernkritiken, die ich nach den Premieren nur für mich, zum Vergnügen, geschrieben hatte. Herr Eichholz hörte mir aufmerksam zu und nahm die Seiten mit meinen Texten an sich.

»Ich werde sie lesen und Ihnen mitteilen, was ich davon halte.«

Und tatsächlich meldete er sich schon bald: »Sie schreiben schön. Aber es fehlt Ihnen Esprit. Entweder, das ist mein Rat, Sie versuchen eine universitäre Laufbahn oder Sie werden Lokalredakteur.«

Das war ein Tiefschlag. Ich bedankte mich artig. Dummerweise hatte ich meine Mutter eingeweiht. Nach zwei Wochen wollte sie wissen, ob sich Herr Eichholz gemeldet habe. Ich berichtete ihr wahrheitsgemäß von seiner Antwort.

»Du kannst es also doch nicht! Willst du etwa Lokalredakteur werden. Über das Vereinsleben von Katzenzüchtern berichten?«

Ich schwieg.

»Ich hielte eine Unilaufbahn für gut«, fuhr sie fort, »da wirst du verbeamtet, und wenn du richtig gut bist, wirst du auch bekannt. Du hättest Geld, lange Ferien, und wenn du dich anstrengst, schaffst du es vielleicht auch, dir einen Ruf zu erschreiben. Aber um dorthin zu gelangen, braucht es mehr als einen dünnen Grillparzer-Aufsatz.«

Motivation war nie eine Spezialität meiner Mutter gewesen. Sie konnte fordern, hadern, schimpfen. Loben war ihre Sache so wenig wie Trösten. Sie selbst hielt sich indes für ein Motivationsgenie. Tadel, so meinte sie, sei Ansporn. Ebenso wie Gewalt. Ansporn, dorthin zu gelangen, wo sie gestoppt worden war. Wäre sie nicht deportiert worden, hätte sie Abitur gemacht, hätte Wirtschaftswissenschaften studiert, einen brillanten Mann geheiratet und wäre eine erfolgreiche Unternehmerin geworden. Dass ich in der Wirtschaft versagen würde, war ihr von Anfang an klar – dafür war ich zu weich, aber auch Geisteswissenschaftler könnten es zu Ruhm und Reichtum bringen.

Das Urteil von Armin Eichholz warf mich aus der Bahn und stürzte mich in die schlimmsten Zweifel. Die Verachtung meiner Mutter marterte mich. War ich wirklich nur mittelmäßig? Ein Versager, der sich über zwanzig Jahre selbst belogen hatte? Reichte es doch nur zum Volksschullehrer? War ich eine Niete wie Fjodor Iljitsch Kulygin, Maschas Mann in Anton Tschechows *Drei Schwestern* – und der hatte es immerhin zum Gymnasiallehrer gebracht? Mein Leben zu dieser Zeit war trist: Die Zukunftsaussichten waren trübe, der Verdienst in der BR-Redaktion blieb mäßig, die Beziehung zu Ronald wurde schwierig, aber sie war noch nicht zerrüttet, dachte ich zumindest. Und all das kurz vor der Promotion, die – damit machte ich meiner Mutter immerhin eine (kleine) Freude – sehr bald schon möglich schien. Es war der amerikanische Gastprofessor, der mir vorschlug, eine Arbeit über Martin Luthers Stellung zu den Juden zu schreiben. Ich hatte ihm, der sich bereits zu Beginn des Seminars als Sohn jüdischer Emigranten vorgestellt hatte, von meiner seltsamen christlich-jüdischen Sozialisation erzählt, von Mutters Zeit im Konzentrationslager. Wenn man die deutschen Texte des Reformators, dazu die Tischgespräche und Briefe auswertete, wäre so eine Arbeit, meinte Professor Bauland, bei den Germanisten durchaus möglich. Noch bevor ich mich auf eine

Reise nach Ann Arbor machte, fragte ich Professor Hans-Friedrich Rosenfeld, ob ich mit diesem Thema bei ihm promovieren könnte. Ich hatte ihn mir ausgesucht, weil ich davon ausging, dass jemand, der Rosenfeld heißt, Jude sein müsste und er deshalb eine Untersuchung der durchaus antijüdischen Schriften schätzen würde. Ich hatte mich geirrt.

Meine Reise nach Ann Arbor war eine Enttäuschung. Die Enge dieser Kleinstadt irritierte mich, der Aufenthalt in der Professorenfamilie war peinigend, weil sie mich wie ein Kind – ihr Kind behandelten. Letztlich aber gab ein anderer Grund den Ausschlag, das Stipendium auszuschlagen. Ich stellte mir vor, dass ich, reichte ich in Ann Arbor meine Dissertation bei den Germanisten ein, in Amerika bleiben und unglücklich werden würde. Der Lebensstil dieser (zwar gebildeten) Spießer war nicht der meine – und sollte es nicht werden.

Ich war zu dieser Zeit ein überzeugter Europäer – und bin es noch immer. Ich liebte und liebe Frankreich und Italien sehr, und ich konnte mir nicht vorstellen, Europa hinter mir zu lassen. Nach wenigen Wochen reiste ich zurück nach München. Meine Mutter kommentierte böse:

»Das hast du dir nun auch noch vermasselt! Glaub' bloß nicht, dass wir dich nach dem Studium durchfüttern. Es fing so gut an mit dir. Aber die Homosexualität und das mangelnde Durchhaltevermögen – ich sehe schwarz.«

Es war sinnlos, ihr zu widersprechen. Meine Mutter korrigierte ihre Meinung nie. Selbst dann nicht, wenn sie einsehen musste, dass sie sich geirrt hatte.

Meine Dissertation schrieb ich in vier Monaten. Ihr Titel: *Martin Luthers Stellung zu den Juden – eine Interpretation aus germanistischer Sicht.* Ich verdunkelte mein Appartement, zog Tag und Nacht die Jalousien runter, rasierte mich unregelmäßig, verließ nur selten das Haus und ernährte mich von Fertiggerichten. Dreimal in der Woche schaute Ronald vorbei, der in der Nähe seine Wohnung hatte. Wie im Fieber las ich, recherchierte, bat Freunde, mir Bücher aus der Staatsbibliothek zu besorgen. Ich tippte – und verbrauchte jede Menge Tipp-Ex-Flaschen. Wäre meine Mutter in der Nähe gewesen, sie hätte bei jedem Tippfehler die weißen Seiten aus der Maschine gerissen. Die Arbeit bereitete mir wenig Vergnügen, wenngleich ich mich immer wieder motivierte, dass die Wahrheit über diesen üblen Judenhasser endlich ans Licht gebracht werden müsste. Und zwar von mir, dem getauften Juden. War ich mir bewusst, dass ich dieses Thema nur gewählt hatte, um mich meines Jüdischseins zu vergewissern? Schrieb ich über Luther und die Juden nur, weil ich meiner Mutter gefallen wollte? Wollte ich ihr Schicksal auf diese Weise mit dem meinen verketten? In jedem Fall hatte ich meinen früheren Plan, einen Professor der neueren deutschen Literatur zu finden, dem mein Thema – »Die Homosexualität in den Romanen von Hans-Henny Jahnn« – gefiele, fallen gelassen. Meine Mutter hätte es nicht akzeptiert.

Ab und an ging ich in die Sprechstunde meines Doktorvaters. Er wollte wenig wissen und war mir zu keinem Zeitpunkt eine Hilfe, aber er störte mich auch nicht. Die Dissertation wurde angenommen, ich bestand die mündlichen Prüfungen. Die sehr gute Note freute meine Mutter:

»Jetzt brauchst du aber einen wirklichen guten Verlag.«

»Den hab ich schon.«

Das Leo Baeck Institute in New York war bereit, meine Arbeit zu drucken. Ich hatte dort im Jahr zuvor recherchiert. In der Bibliothek gab es all die antisemitischen Schmähschriften, in denen Autoren sich auf Luther bezogen, um die Vernichtung der Juden zu rechtfertigen. Die deutschen Bibliotheken hatten sie offensichtlich gleich nach 1945 aussortiert.

Ich unterrichtete Professor Rosenfeld per Brief von meinem Plan. Er antwortete mir telefonisch:

»Lieber Herr Sucher, ich gebe meine Publikationseinwilligung nicht. Wenn die Zeiten wieder so werden, wie sie mal waren, dann würde mir Ihr Buch, veröffentlicht in einem jüdischen Verlag, Schwierigkeiten bereiten.«

Ohne zu zögern, antwortete ich:

»In einem solchen Fall schade ich Ihnen als Schüler auch: Ich bin Jude!«

Er schwieg.

»Das ist nun nicht mehr zu ändern. Guten Abend.«

Zum ersten Mal hatte ich gesagt: Ich bin Jude! Gezeigt hatte ich es einmal: mit meinem Davidstern im Audimax. Heute weiß ich, dass ich sein wollte, was ich war und bin. Als Jude geboren, als Christ erzogen. Unglücklich über diesen Verrat, den meine Mutter sich hatte aufzwingen lassen; unglücklich darüber, dass ich nicht fortführte, was meine jüdischen Urgroßeltern und Großeltern begonnen hatten. Ich wollte den Aufstieg einer assimilierten, emanzipierten, aufgeklärten und großbürgerlichen jüdischen Familie fortsetzen. Doch dafür fehlten mir alle Voraussetzungen: Ich war (noch) Mitglied der lutherischen Kirchengemeinde, ich war nur mäßig erfolgreich, und ich war alles andere als wohlhabend. Ein getaufter Jud' und ein Mann ohne Einfluss.

Ich fand einen Verlag in Holland, spezialisiert auf Publikationen zur Reformation. Ich musste keinen Druckkostenzuschuss zahlen, sondern bekam sogar ein Honorar von zweitausend Mark. Es war ein Reprint meines Schreibmaschinentextes, gebunden in grünes Leinen, mit Goldschrift.

»B. de Graaf Nieuwkoop? Kein Verlag, mit dem du angeben kannst. Aber immerhin wollte jemand deine Arbeit. Du hast doch hoffentlich nicht dafür gezahlt!«

»Nein, ich habe sogar ein Honorar erhalten.«

Ich weiß nicht, ob meine Mutter meine Dissertation, die 1977 erschien, je gelesen hat. Sie hat kein kritisches und kein lobendes Wort darüber verloren. Nicht sie wollte den Doktortitel ihres Sohnes feiern. Es war mein Vater, der sich ein Fest wünschte. Er war stolz auf mich. Dachte er noch daran, wie er mich verprügelt hatte?

»Spatz«, so nannte er mich, wenn er nicht sauer auf mich war, »ist der erste Akademiker in der Familie Sucher, das muss gefeiert werden.«

Er spendierte mir den Druck einer Einladungskarte:

Margot und Heinz Sucher bitten in den Gasthof Aying, um Bernds Promotion zu feiern.

Den Gasthof, dessen Restaurant damals mit einem Michelinstern ausgezeichnet war, hatte ich vorgeschlagen. Mein Vater war einverstanden, denn die Spezialität war Schinken im Brotteig. Meiner Mutter gefiel der Stern. Also ein Festessen, absolut unkoscher!

Dummerweise hatte ich als Adresse nur die Zornedinger Str. 2 angegeben und nicht den Ort Aying. Diesen Straßennamen gibt es auch in München. Als um neun Uhr immer noch vier Freunde fehlten, die aus Hamburg und Bremen anreisen wollten, war klar: Sie suchten mich in München. Kurz vor zehn waren sie da – zu dieser Zeit hatten die anderen schon einen Schwips. Der Schinken im Brotteig wurde in unsere Stube hereingetragen – und fiel vom Brett. Notdürftig zusammengeflickt kam er eine Viertelstunde später wieder auf den Tisch. Es war ein amüsantes, ausgelassenes Fest. Allein meine Mutter war nicht fröhlich. Ich hatte sie so gesetzt, wie sie es sich gewünscht hatte: weit weg von Ronald.

Vor dem Dessert – Vanilleeis mit heißen Himbeeren, auch so ein Vater-Wunsch – setzte ich mich zu ihr.

»Hast du schlechte Laune? Gefällt dir etwas nicht?«

»Die Rede von Paps war schlecht. Und du hättest antworten müssen. Wenn du wüsstest, was für Tischreden mein Vater hielt! Aber egal – es ist ja bald vorbei.«

Da irrte sie sich. Zwar ließ meine Mutter sich sofort in ihr Münchner Hotel bringen. Aber viele Gäste, darunter auch mein Vater, fuhren noch zu einem von Ronalds Freunden. Er wohnte in Schwabing, wo weitergefeiert wurde. Nur, mein Vater war plötzlich mit einer Dame verschwunden, die ich bei den Dreharbeiten zu Klaus Kirschners Mozartfilm kennengelernt hatte. Die beiden tauchten an diesem Abend nicht mehr auf. Ob mein Vater im Hotel übernachtet hat, weiß ich nicht.

Nun war ich Dr. phil., aber ich hatte immer noch keinen Beruf mit regelmäßigen Einkünften. Ich war freier Mitarbeiter des Bayerischen Fernsehens, nicht mehr. Dass ich in dem Würzburger Verlag, in dem Ronald inzwischen angestellt war, ein Bändchen über *Theater in Franken* geschrieben hatte, fand meine Mutter läppisch. Sie hatte recht. Noch heute schäme ich mich, wenn Studenten dieses Bilderbuch mit Bildunterschriften finden. Außerdem brachte die Publikation wenig Geld, kein Renommee und Mutters vernichtendes Urteil: »Wie lächerlich willst du dich eigentlich noch machen: ein mieser Verlag, ein Bilderbuch über Provinztheater. Träum ruhig weiter von der Karriere als Großkritiker. Ich hoffe nur, du erwachst bald, um zu sehen, wie wenig du bisher eigentlich geleistet hast.«

Meine Lage war mies, in jeder Beziehung, zumal die räumliche Trennung mein Verhältnis zu Ronald sehr belastete. Ich musste etwas unternehmen. Ich entsann mich meiner Ulmer Bekannten und bat sie um Hilfe.

Sie sprach beim Chefredakteur der *Schwäbischen Zeitung* in Leutkirch vor und empfahl mich als einen jungen Mann, der im Sommer promoviert wurde und das Zeug zum Kritiker besitze. Sie kenne Texte von mir, habe mich in Diskussionen erlebt und wisse, dass ich genau der Richtige für die Kulturredaktion in Ulm sei.

Wenig später stellte ich mich beim Feuilletonchef und dem Chefredakteur Chrysostomus Zodel vor. Meine wenigen Texte hatten ihnen gefallen, allerdings sprach einiges gegen mich: »Sie haben überhaupt keine Erfahrung im Zeitungmachen. Sie haben nie Menschen geführt – die Ulmer Redaktion hat drei Redakteure, deren Chef Sie sein würden«, erklärte

Zodel. »Sie werden verstehen, dass wir Sie nur mit einer sechsmonatigen Probezeit anstellen.«

Ich verstand seine Vorbehalte und willigte ein. So wurde ich 1978 im März Feuilletonchef der Lokalredaktion in Ulm. In meiner Abteilung arbeiteten noch zwei Redakteurinnen, denen ich vorgesetzt war.

Meine Mutter kommentierte meine neue Station wie immer: »Wie fürchterlich, schwäbische Provinz! Wenn du nicht in drei Jahren woanders bist, war's das. Ich sehe schwarz. Wahrscheinlich wirst du's dir da bequem machen. Was hatte ich nicht alles mit dir vor.«

Bequem war da gar nichts. Ich hatte keinerlei Erfahrungen im Zeitungmachen, war also auf den guten Willen der beiden Damen angewiesen. Wieder einmal erkaufte ich mir Zuneigung und Hilfe. Gleich am dritten Tag lud ich sie in den Ulmer Ratskeller ein. Während des Essens erklärte ich ihnen, dass ich wüsste, wie sehr ich von ihnen abhängig sei; ich bat sie, mir zu helfen und mir ihre Wünsche für unsere Zusammenarbeit mitzuteilen. Ich hatte erfahren, dass Frau K. gern über Lesungen berichtete und Reportagen mochte, Frau G. liebte das Ballett und führte gern Interviews. Und ich wollte am liebsten eines: Theater- und Opernkritiken schreiben.

Die Aufgabenteilung funktionierte. Um mich sofort zu positionieren, führte ich – nach dem Vorbild der *Süddeutschen Zeitung* – die Nachtkritik ein, also eine kurze Notiz gleich nach der Aufführung. Das gefiel Chefredakteur Zodel, und mir machte dieses rasche Urteilen Spaß. Ich rannte vom Theater, das keine fünfhundert Meter vom Verlagsgebäude entfernt war, in die Druckerei und diktierte dem Setzer meine Zeilen. Es war eine reine Freude! Nur der Kritiker der auflagenstärkeren Konkurrenzzeitung war nicht sehr angetan. Er musste, wollte er nicht abgehängt werden, nachziehen. Er suchte das Gespräch mit mir und argumentierte, diese zusätzliche Arbeit würde von den Lesern nicht sonderlich geschätzt, und schlug vor, dieses großstädtische Geklotze sein zu lassen. Doch ich wollte weitermachen.

Im Juni 1979 rief ich den Feuilletonchef des Mantelblatts in Leutkirch an und fragte, ob er sich vorstellen könnte, in diesem Jahr auf seine Berichterstattung aus Bayreuth zu verzichten und mich dorthin fahren zu lassen. Herr L. verwies auf seine Erfahrung, auf sein Musikstudium – das er früh abgebrochen hatte – und auf seine Chefposition und kriegte am Ende noch die Kurve:

»Gut, fahren Sie, ich werde am 26. Juli in der Redaktion sein und könnte, falls nötig, die schlimmsten Fehler verhindern.«

Ich schwieg einen Moment, dann bedankte ich mich, buchte am nächsten Tag ein Zimmer in Pflaums Posthotel in Pegnitz, das war damals für die Festspiele die erste Adresse. Zuvor lud ich die gesamte Ulmer Redaktion in meine Wohnung ein: ein Sechszimmerappartement im obersten Stockwerk eines Hochhauses in Neu-Ulm, mit Balkon und Blick auf das Münster. Die Wände waren schwarz gelackt. Die Kollegen staunten nicht schlecht über mich, den exaltierten Angeber. Mir machte diese Präsentation Vergnügen. Sie mochten insgeheim lästern, ich wusste, dass sie mich bewunderten, denn schon nach den ersten Kritiken engagierte mich der Südwestfunk, Studio Ulm, für Rezensionen und Kommentare. Sie hatten mitbekommen, dass ich nach Bayreuth würde fahren dürfen; und die Telefonistin, die einen Anruf von Wolfgang Ignée, dem Feuilletonchef der *Stuttgarter Zeitung*, zu mir durchgestellt hatte, erzählte herum, dass ich wohl nicht lange bleiben würde, weil die Stuttgarter sich für »diesen überspannten Exzentriker« interessierten. Ignée wollte mich tatsächlich kennenlernen. Wir verschoben unser Treffen auf September – nach den Festspielen in Bayreuth und Salzburg, nach den Ferien.

Von dem Anruf aus Stuttgart sagte ich meiner Mutter nichts, aber meinen Bayreuth-Besuch kündigte ich ihr an.

»Auch das noch, der schwäbische Provinzkritiker, fährt zu Wagner, dem Antisemiten! Was willst du mir eigentlich damit beweisen? Oder willst du dich für irgendetwas rächen?«

»Ich will beweisen, dass ich es kann. Es ist meine zweite Wagner-Oper überhaupt, und dann gleich als Kritiker.«

»Kritiker einer Provinzzeitung, die man nicht einmal am Hamburger Hauptbahnhof kaufen kann, dort gibt's sogar die *Südwestpresse*. Viel Vergnügen bei den Vernichtungspauken.«

Sie legte auf.

Ich reiste missmutig nach Pegnitz. Auf der Fahrt dachte ich nur an meine Mutter. Was sollte ich denn noch alles schaffen? Auto, große Wohnung, Putzfrau, guter Job. Aber: keine Frau, keine erste Adresse, Neu-Ulm, kein Haus, kein Chauffeur, keine ernst zu nehmende Buchpublikation, kein gesellschaftliches Standing und nicht wirklich bekannt. Sie vermittelte immer den Eindruck, sie sei weiter gekommen, aber eigentlich stimmte das nicht. Sie hatte sich den Wohlstand, das Renommee ja nicht erarbeitet, beides war ihr in die Wiege gelegt worden.

Ich bezog mein Zimmer im Pflaums und fuhr um fünfzehn Uhr los. Punkt sechzehn Uhr begann die Premiere von *Lohengrin*, ganz ohne Vernichtungspauken, die donnern im *Parsifal*. Kurz nach zehn war die Vorstellung aus. Ich war enttäuscht von Götz Friedrichs Inszenierung, von Peter Hofmann und Karan Armstrong, Lohengrin und Elsa. Schade, dass ich mit einem Verriss meine Bayreuth-Karriere würde beginnen müssen. Im Hotel sagte man mir, ich möge bitte noch einen Herrn Zodel von der *Schwäbischen Zeitung* anrufen, der Concierge gab mir einen Zettel. Das war nicht die Redaktionsnummer, sondern eine private.

»Chrysotomus Zodel.«

»Guten Abend. Ich sollte Sie anrufen.«

»Ja, danke. Wie hat Ihnen die Aufführung gefallen?«

»Ich fand sie, ehrlich gesagt, eher mittelmäßig.«

Zu weit wollte ich mich jetzt noch nicht vorwagen.

»Ich habe die Übertragung im Radio gehört – und fand alle sehr gut, vor allem den Hofmann, und die Kritiker-Diskussionsrunde hinterher bestätigte mein Urteil. Es ist ja Ihre erste Bayreuth-Erfahrung, überlegen Sie gut, was Sie schreiben. Gute Nacht.«

»Gute Nacht.«

Ich schlief sehr schlecht. In meinem Hirn ein Gedankengespinst: Was, wenn ich die Aufführung gegen meine Wahrnehmung lobte? Was, wenn ich sie tadelte? Würde meine Festanstellung abhängig sein von meiner Meinung zu diesem *Lohengrin*? Was wäre mit der Probezeit?

Um sechs Uhr dreißig wurde ich geweckt, um sieben Uhr begann ich zu schreiben – diese Zeit blieb fortan nach allen Premieren die für mich unumstößliche, selbst dann, wenn ich wusste, dass der Text eher kurz ausfallen und ich nicht sechs Stunden brauchen würde.

Um neun Uhr klingelte mein Telefon. Herr Zodel:

»Haben Sie sich's überlegt?«

»Ja, ich bleibe dabei. Absolut mittelmäßig, das Niveau des Ulmer Stadttheaters.«

»Nun gut. Sehr anspruchsvoll. Viel Spaß beim Schreiben. Bitte diktieren Sie Ihren Text um zwölf Uhr dem Stenografen.«

»Mach ich. Einen schönen Tag.«

Doch eine Falle? Was würde ich tun, wenn ich die Probezeit nicht überstand? Was war jetzt wichtiger: meine Meinung oder die des Chefredakteurs oder die der Kritiker in der Radiorunde, an der allerdings keiner der Großkritiker teilgenommen hatte, auch nicht Joachim Kaiser von der *Süddeutschen Zeitung*?

Um zwölf Uhr diktierte ich einen Verriss. Am Abend *Der fliegende Holländer*, Regie: Harry Kupfer. Abendessen bei Pflaums.

Am 27. Juli, ein Freitagabend, ausgerechnet am Schabbat-Beginn, dann *Parsifal*, das Werk, das als das antisemitischste

Wagners gilt – darin donnern die Vernichtungspauken, von denen meine Mutter gesprochen hatte. Sie kannte Hartmut Zelinskys Thesen aus einem Artikel der *Zeit*, in dem sie gelesen hatte, wie Cosima Wagner geschwärmt habe, dass die Pauken die Vernichtung brächten. Der Erlöser sollte von seiner jüdischen Identität befreit werden. Der erste und der dritte Aufzug sind Gottesdienste – mit Abendmahl. Dass es Wagner um eine christliche Heilsbotschaft ging, ist klar. Ganz schlimm: Überzeugte Wagnerianer klatschen nicht nach dem ersten Gralsgetöse. Entsetzlich weihevoll. Der Gral ist die Monstranz und der wahre Tor Parsifal der Erlöser, ein Christus ohne jüdische Mutter! Nicht meine Lieblingsoper.

Um 8:05 Uhr am nächsten Morgen stellte der Concierge ein Gespräch durch.

»Chrysostomus Zodel. Guten Morgen! Ich möchte Ihnen zu Ihrer brillanten Lohengrin-Kritik gratulieren. Joachim Kaiser fand den Abend auch misslungen.«

27. Juli 1979
Joachim Kaiser fand Bayreuth auch medioker! – Nie opportunistisch die eigene Meinung unterdrücken, verraten, verkaufen. Hoffentlich schaffe ich das immer.

Als ich Joachim Kaiser ein Jahr später diese Geschichte erzählte, lachte er laut auf, hüpfte ein wenig in die Höhe, wie er es öfter tat, wenn ihn etwas belustigte.

»Wenn ich diesen konventionellen und musikalisch schlimmen *Lohengrin* gut gefunden hätte, wären wir einander wahrscheinlich nie begegnet.«

Im Herbst 1979 erschien der Jahresrückblick der Bayreuther Festspiele, ein Hochglanzmagazin. Darin Zitate aus den *Lohengrin*-Kritiken, alphabetisch geordnet nach den Erscheinungsorten der Publikationen: Zwischen Köln und London stand Leutkirch.

Freudig unterrichtete ich meine Mutter von diesem Erfolg – in dieser Publikation war die *Schwäbische Zeitung* noch nie zuvor vertreten gewesen.

»Das ist recht schön Bernd, aber das lesen nun wirklich nicht viele Menschen. Kennst du die Auflage dieses Magazins?«

»Nein.«

»Dann überleg, was du daraus machen kannst.«

Ich wollte wieder nach Bayreuth, wollte wieder zitiert werden.

»Nein, nächstes Jahr fahre ich«, sagte der mir vorgesetzte Feuilletonchef in Leutkirch.

»Siegfried Jerusalem wird den Parsifal singen. Tut mir leid. Wollen Sie nach Bregenz?«

»Ich glaube nicht. Eine *Entführung aus dem Serail*, von Hans-Peter Lehmann inszeniert, verspricht nicht viel.«

»Sie sind zu hochmütig, Herr Sucher. Erinnern Sie sich an die Leserbriefe gleich zu Beginn Ihrer Arbeit für uns, da wollten Sie viele wieder nach München zurückschicken, weil Sie die falschen Maßstäbe benutzten.«

Ich wusste, meine Mutter hatte recht: Ich musste hier weg. Das Treffen mit Wolfgang Ignée fand Anfang September im Restaurant des Stuttgarter Hotels am Schlossgarten statt. Der Feuilletonchef der *Stuttgarter Zeitung* bot mir eine freie Mitarbeit an, Kritiken und Kulturberichte aus Ulm und Umgebung. Gerhard Stadelmaier, der Theaterkritiker, sei informiert – und es könnte schon im Oktober losgehen. Ich erklärte ihm, dass mein Vertrag so eine Mitarbeit für ein anderes Printmedium nicht erlaube. Wir einigten uns darauf, dass ich unter einem Pseudonym schreiben würde und dass das Honorar an ihn, Ignée, überwiesen würde, der es danach mir zukommen lassen könnte.

Ich wählte das Pseudonym: Curt Artmann. Zurück in der Familie. Diese Wahl, da war ich sicher, würde meiner Mutter gefallen. Ich irrte. Meiner Mutter gefiel zwar das Angebot der *Stuttgarter Zeitung*, aber das Versteckspiel unter falschem Namen sah sie als karrierehindernd.

»Daraus kannst du was machen, wenn du geschickt und fleißig bist. Zu dumm, dass du einen anderen Namen benutzen musst. So weiß keiner, dass Artmann Sucher ist.«

Mir machte diese Camouflage viel Freude. Denn alle Journalisten in Ulm rätselten nun, wer dieser Artmann sein könnte. Es gab selbst in der Presseabteilung des Theaters keinen, der diesen Mann kannte. Er hatte – da waren sich alle einig, und ich stimmte in diesen Chor ein – nie Pressekarten beantragt, ein Unbekannter, kein Mann, der in Ulm lebte.

Im Dezember wünschte sich Herr Ignée eine große Reportage über das Kulturleben in Ulm: das Stadttheater, die Privattheater, das Museum, die Galerien. Nun konnte ich endlich meinen ganzen Frust rauslassen. Ich mochte die Stadt nicht, und das Kulturangebot hielt ich für extrem spießig und fad. Da meine Beziehung zu Ronald immer brüchiger wurde, weil wir einander keineswegs jedes Wochenende sahen, wie wir es uns vorgenommen hatten, und weil wir beide durchaus Affären hatten – über die wir aber nicht sprachen –, machte ich für diese Fehlentwicklung alle Ulmer Bildungsbürger mitverantwortlich. Das war weder fair noch journalistisch integer.

Egal, der Artikel machte Furore. Die *Südwestpresse* druckte ihn nach, mit meiner und Ignées Genehmigung, die *Neu-Ulmer Zeitung* zog nach. Die Betroffenen – der Intendant, der Orchestervorstand, der Museumsdirektor, die Galeristen, die Chefs der Privattheater – gaben Interviews, und alle fragten, wer dieser Ulmer Schmutzfink war, womöglich ein Nestbeschmutzer. Meine Kollegen drängten mich ebenfalls zu einem Nachdruck. Meine Weigerung begründete ich mit dem geringen Informationswert dieses Pamphlets.

Zwei Wochen nach dem Erscheinen des Artikels in der *Stuttgarter Zeitung* meldete sich, wieder einmal, Chrysostomus Zodel.

»Herr Sucher, eine klare Frage mit der Bitte um eine ebensolche Antwort: Sind Sie Curt Artmann.«

»Ja.«

Es folgte eine lange Diskussion über Ethik und Moral im Journalismus, und dann kam das Schlusswort von ihm: »Machen Sie das nie wieder! Ich würde Sie fristlos kündigen. Ich könnte es heute schon.«

Ich gab meine Mitarbeit bei der *Stuttgarter Zeitung* am selben Tag auf. Bei der *Schwäbischen Zeitung* kündigte ich am Mittwoch, dem 17. Januar 1980, erst einmal telefonisch. Zodel wollte wissen, ob ich nur kündige, weil ich nicht nach Bayreuth fahren dürfe: »Darüber könnten wir noch mal reden.«

»Nein, ich kündige, weil ich am 1. April bei der *Süddeutschen Zeitung* anfangen werde.«

»Ich gratuliere Ihnen. Mir war klar, dass Sie nicht lange bleiben würden. Auf diesem Posten brauchen wir einen VW und keinen Porsche.«

Der Silvestermorgen 1979 war ein Schicksalstag für mich und meine Mutter.

Sie wurde während meiner ganzen Ulmer Zeit nicht müde, mir zu bedeuten, dass ich so schnell wie möglich dieses Provinznest verlassen müsste, wollte ich nicht als unbedeutender Kritiker sterben. Meine Einwände, dass ich womöglich noch zu jung sei zum Sterben, schmetterte sie ab. Keiner wisse, wann der Sensenmann käme. Mein Versuch, sie zu trösten, dass ich so missraten nicht sei, schließlich gäbe es Menschen, die sich freuten, so einen sicheren Job zu haben, wehrte sie ebenfalls vehement ab.

»Ich freue mich jedenfalls nicht! Sicherheit ist schön – Erfolg ist besser! Dich kennt doch bis jetzt niemand.«

Anfang Dezember hatte ich in der *Süddeutschen Zeitung* eine Anzeige gesehen. Die Feuilletonredaktion suchte einen Redakteur oder eine Redakteurin. Diese Chance durfte ich mir nicht entgehen lassen. Ich kopierte die Texte, die ich für meine besten hielt, und schrieb einen Bewerbungsbrief. Da ich die Position eines Redaktionsleiters, wenn auch bei einem Regionalblatt, aufgeben wollte, um ein einfacher Redakteur zu werden, wenn auch bei einem Weltblatt, formulierte ich: »Ich weiß, dass ich eine Zeit lang auf meine Selbstständigkeit verzichten muss.«

An 31. Dezember 1979 fand ich gegen elf Uhr morgens einen Brief in meinem Neu-Ulmer Postkasten. Absender: Süddeutscher Verlag. Eine Absage, Matrizendruck. Ein Text für alle Verlierer, allein der Name war handschriftlich vorangestellt.

Ich setzte mich an meine Schreibmaschine:

»Sehr geehrte Damen und Herren!
Heute erhielt ich von Ihnen eine Absage auf meine Bewerbung als Feuilletonredakteur. Ich gehe davon aus, dass Sie mein Anschreiben und meine Texte nicht aufmerksam genug gelesen haben, denn sonst hätten Sie mich zu einer Vorstellung eingeladen.
Mit sehr freundlichen Grüßen, Ihr C. Bernd Sucher«

Ronald, der nach Ulm gekommen war, um mit mir das neue Jahr zu beginnen, hielt mich für übergeschnappt. Ich aber war sicher, dass irgendjemand vorsortiert haben musste, denn auf so eine Anzeige würden sich viele gemeldet haben. Am Abend erzählten wir allen Freunden von meinem wahnwitzigen Brief. Alle lachten. Die einen hielten mich für verwegen. Andere für bescheuert. Niemand glaubte daran, dass ich eine Antwort erhalten würde. Eine Freundin meinte, das sei jüdische Chuzpe.

Diese Bemerkung gefiel mir. Meiner Mutter hatte ich von der Bewerbung nichts gesagt, verschwieg also auch die Absage. Am 7. Januar 1980, zwei Tage vor dem fünfundfünfzigsten Geburtstag meiner Mutter, erhalte ich einen Anruf in der *Schwäbischen Zeitung*, am Apparat Joachim Kaiser.

»Ich möchte Sie kennenlernen. So etwas wie Ihren zweiten Brief haben wir noch nie erlebt. Können Sie am 10. Januar nach München kommen, gegen sechzehn Uhr, können Sie das trotz des Redaktionsdienstes einrichten? Es ist ein Donnerstag.«

»Ja, das schaffe ich. Danke. Haben Ihnen meine Texte gefallen?«

»Sonst hätte ich wohl nicht angerufen. Ich freue mich, Sie kennenzulernen.«

Und weg war er aus der Leitung.

Sollte ich meine Mutter anrufen? Aber was, wenn ich nicht genommen würde? Besser, erst einmal schweigen? Ich informierte sie. Meine Mutter musste mir nie Fallen stellen. Ich stellte sie mir selber auf, um gefangen zu werden. War ich ein Masochist? Vielleicht. Sicher war, dass sie mir paradoxerweise zur wichtigsten Vertrauten in beruflichen Dingen geworden war. Doch sie bekam, immerhin das, eine Lügenvariante präsentiert: Ich erzählte ihr, dass schon das erste Schreiben mir die Einladung beschert hatte. Sie antwortete, sie sei gespannt. Wenn diese Anstellung etwas würde, dann könnte endlich so etwas wie eine Karriere für mich beginnen.

Ich widersprach ihr nicht.

Meine Kollegen wussten nicht, warum ich die Redaktion am 10. Januar um 13:30 Uhr verließ. Ich fuhr mit dem Zug nach München. Vom Hauptbahnhof lief ich zu Fuß in die Sendlinger Straße. Ich meldete mich in der Schalterhalle an und fuhr mit dem Lift in den dritten Stock. Sekretariat.

»Guten Tag! Ich bin Bernd Sucher.«

»Guten Tag! Wir haben Sie erwartet. Nehmen Sie doch Platz. Herr Doktor Roeseler wird Sie gleich in sein Zimmer bitten.«

Kurz darauf kam Joachim Kaiser durch die Tür. Wir begrüßten einander, und er nahm mich gleich mit zu Albrecht Roeseler. Ein groß gewachsener Herr von ausgesuchter Höflichkeit gab mir die Hand. Er lächelte, seine Stimme tief und weich. Es war ein Gespräch zu dritt. Dann, nach einer Stunde, wurden die Redakteure hinzugerufen. Peter Buchka, der Filmkritiker, Gottfried Knapp, zuständig für Architektur, Lazslo Glozer, der Starschreiber in der bildenden Kunst, Elisabeth Bauschmid, die Blattmacherin. Die erste Frage in großer Runde: Wen lesen Sie am liebsten in unserer Zeitung?

Eine gemeine Prüfung.

»Ich habe nicht den einen Lieblingsschreiber oder die Lieblingsautorin. Ich mag Texte, bei denen ich etwas lerne. Also Joachim Kaisers Konzertrezensionen, Peter Buchkas Aufsätze und auch die sehr schwierigen Essays von Laszlo Glozer, die mich richtig fordern.«

Das Gespräch dauerte zwei Stunden. Manchmal klinkte ich mich aus, weil ich nichts kommentieren wollte, wovon ich zu wenig verstand. Lieber nichts sagen als etwas Dummes, dachte ich, stell dir keine Falle!

Dann fragte mich Elisabeth Bauschmid: »Sie schreiben gern, nehme ich einmal an.«

»O ja.«

»Wir brauchen aber keinen Autor, keinen Theaterkritiker, sondern einen Redakteur, der redigiert und die Zeitung macht.«

»Dann schreibe ich eben nicht. Ich bin gern Redakteur. Wie Sie wissen, machen wir zu dritt in Ulm jeden Tag eine Feuilletonseite.«

Joachim Kaiser mischte sich ein:

»Das ist doch Unsinn, einen Menschen, der schreiben kann und schreiben will, daran zu hindern.«

Ich freute mich, dass Frau Bauschmid vorerst gestoppt war.

»Erst einmal komme ich ja gar nicht zum Schreiben. Ich muss doch zuerst das Machen lernen. Vielleicht später einmal. Oder ich schreibe für andere, für *Theater heute* zum Beispiel.«

Wieder stärkte mich Joachim Kaiser:

»Warum sollten Sie für andere schreiben, wenn die *Süddeutsche* Sie nimmt.«

Nach drei Stunden wurde ich aufgefordert, das Zimmer zu verlassen und im Sekretariat zu warten. Nach zwanzig Minuten verließ Albrecht Roeseler die Räume des Feuilletons. Als er zurückkam, sagte er mir, dass seine Kollegen und er es sich vorstellen könnten, mit mir zu arbeiten. Aber diese Entscheidung hinge auch von der Chefredaktion ab. Ihr gehörten damals fünf gleichberechtigte Herren an. Die wichtigsten: Hugo Deiring, Dieter Schröder, Ulrich Kempski.

Wir fuhren mit dem Paternoster abwärts, in den ersten Stock. Ich schaute auf die Uhr im Sekretariat: 19:34 Uhr.

Wieder Fragen. Zur Arbeit in Ulm. Zu meinen Vorlieben. Zu den Texten.

»Wir würden Sie gern in den Kreis der SZ-Autoren aufnehmen, aber als Redakteur verdienen Sie bei uns natürlich weniger als in Ulm, wo Sie das Tarifgehalt eines leitenden Redakteurs beziehen«, begann Hugo Deiring sehr leise.

Er war in diesem Kreis zuständig für die Finanzen. Nur nichts Falsches sagen, schoss es mir durch den Kopf. Ich war doch schon fast am Ziel. Andererseits würde das Leben in München teurer als in Ulm sein. Und: Sie wollten mich. Probier's!

»Ich würde ungern weniger verdienen als in Ulm, zumal das Leben in München teurer werden wird, die Mieten, die Lebenshaltungskosten.«

»Da hat Herr Sucher recht«, meldete sich Ulrich Kempski zu Wort. Ein drahtiger, braun gebrannter Mann. Seine Stimme übertönte alle.

Hugo Deiring schickte mich vor die Tür; ich möge im Flur warten, dort stünde auch ein Sessel. Ulrich Kempski rief mir hinterher, dass er gleich zu mir komme. Es vergingen keine fünf Minuten, und er war da.

»Ich habe mein Votum abgegeben. Ich möchte, dass Sie kommen und Ihr Ulmer Gehalt weiter beziehen.«

Wir gingen in sein Büro. An der Wand hingen die Presseausweise, die im Weißen Haus, im Élysée und in der Downing

Street für ihn ausgestellt worden waren. Ulrich Kempskis Konterfei hundertfach. Er bot mir einen Sherry an.

»Jetzt können Sie ja trinken; es ist alles vorbei.«

Er erklärte mir, dass eine Anstellung nur bei einem einstimmigen Votum der fünf möglich sei.

Er fuhr wieder hinauf in den dritten Stock, dann kam er zu mir zurück:

»Nur Hugo Deiring hat noch Bedenken wegen Ihres Gehalts. Ich lasse Sie noch mal allein. Noch einen Sherry?«

Ich verneinte. Sieben qualvolle Minuten. Was mache ich, wenn ich's nicht werde? Soll ich rauffahren und sagen, dass ich mit jedem Gehalt einverstanden bin? Wie wird meine Mutter reagieren, wenn die *SZ* mich nicht nimmt? Wird sie mich einen Versager nennen? Ein Leben in Ulm? Alternativen? Die *FAZ*? Lieber G'tt, bitte hilf mir. Ein Vaterunser. Ein Baruch ata adonai.

»Es ist geschafft, Sie sind's!« Ulrich Kempski reichte mir seine Rechte. »Ich gratuliere Ihnen.« Paternosterfahrt. Aufwärts!

Oben gratulierten Sie mir alle, auch Albrecht Roeseler, auch Joachim Kaiser:

»Jetzt können wir es Ihnen sagen: Ihr zweiter Brief hat uns imponiert. Was für eine Chuzpe! – Bitte kündigen Sie morgen schon mal telefonisch, damit Sie am 1. April anfangen können.«

»Kann ich das bitte schriftlich haben?«

»Alle in diesem Raum sind Zeugen, dass ich Sie anstellen werde«, sagte Hugo Deiring. »Das müsste Ihnen eigentlich genügen.«

»Ich bitte Sie nur um einen kleinen Schrieb.«

»Die Sekretärinnen sind schon weg.«

»Sie können mir, wenn Sie mögen, die wenigen Sätze diktieren.«

»Warum wollen Sie dieses Schriftstück eigentlich?«

»Ohne diesen Schrieb wache ich morgen in Ulm auf und denke, ich habe das alles nur geträumt.«

Joachim Kaiser lachte laut auf. Später würde ich sein Lachen immer sofort erkennen, egal wie viele andere Menschen im Theater lachten.

Hugo Deiring setzte sich an die Maschine und tippte die Einstellungsworte. Ich verabschiedete mich von allen. Albrecht Roeseler begleitete mich noch bis zur U-Bahn-Haltestelle Marienplatz. Wir liefen die wenigen Meter nebeneinander. Ich bemerkte, dass ich auf der rechten Seite ging und wechselte sie rasch.

Roeseler fuhr die Rolltreppe hinab. Ich rannte durch die Theatinerstraße. Ich weinte, schluchzte. Ich wollte zur Telefonzelle am Odeonsplatz. Es war Viertel nach neun. Ich wählte die Nummer meiner Eltern in Hamburg 5321616.

»Du weinst, Bernd. Also wird's nichts mit der *Süddeutschen*. Schade.«

»Nein!«, rufe ich.

»Ich bedaure, dass du's nicht geschafft hast. Aber vielleicht bietet sich ja noch einmal eine Chance. Vielleicht die *Stuttgarter*?«

»Sie haben mich genommen ... Ich fange am 1. April an!«

»Mit demselben Gehalt? Oder mehr?«

Wie konnte sie das jetzt fragen?

»Dasselbe.«

Im Bahnhofsrestaurant treffe ich vier Freunde, die ich dorthin bestellt hatte. Wir trinken Henkell trocken. Champagner gibt's nicht. Glückstaumel.

Am 11. Januar erwache ich in meinem schwarzen Ulmer Schlafzimmer. Am Boden neben dem Bett der Deiring-Zettel:

»Hiermit bestätige ich, dass Dr. Bernd Sucher am 1. April 1980 in die Feuilleton-Redaktion der *Süddeutschen Zeitung* eintreten wird.«

Er hatte das C. weggelassen; ich hätte doch selber tippen sollen.

Meine Mutter gratulierte noch einmal in einem Brief, warnte, dass ich nicht übermütig werden und mich nicht auf den Lorbeeren ausruhen sollte, die ich mir noch gar nicht verdient hätte.

»Du hast jetzt eine große Hürde genommen. Aber die größeren Herausforderungen stehen Dir noch bevor. Du musst Dir einen Namen erschreiben. Du musst für alle ein Begriff werden; das wirst Du nur durch harte Arbeit erreichen. Dein Ehrgeiz darf nicht nachlassen. Ich wünsche mir so sehr, dass es Dir gut geht! Schön wäre es, wenn Du es zu einem eigenen Haus brächtest. Und ich fände es wunderbar, wenn du mich einmal nach Venedig einladen würdest. Ins Gritti und in Wien ins Imperial.«

Wir haben diese Reisen nicht gemacht. Mein Vater ließ seine Frau nie allein fort. Nach dem Tod meines Vaters, als solche Ausflüge möglich gewesen wären, wurde meine Mutter sterbenskrank. Doch ich machte schöne Essen in München möglich. Ich schenkte ihr den Luxus, den sie begehrte: Seidentücher von Hermès, teure Parfums, eine Uhr von Cartier. Sie war stolz auf mich, ihren Sohn. Was sie nicht davon abhielt, mich weiter zu tadeln. Meine Besuche der Bayreuther Festspiele missfielen ihr weiterhin. Sie als verfolgte Jüdin empfand sie als Demütigung. Urlaubsreisen von drei Wochen hielt sie für übertrieben; sie redete mir ein, dass in meiner Abwesenheit in der Redaktion Ränke gegen mich geschmiedet würden. Sie ermahnte mich, mich nicht zu sicher zu fühlen in meinem Beruf. Sie stachelte meinen Ehrgeiz weiter an. Wollte wissen, wie man in den P.E.N.-Club kommt und in die Jury des Berliner Theatertreffens. Bei meinen Besuchen in Hamburg mied ich mein Elternhaus und wohnte ausnahmslos in Hotels, weil ich Diskussionen über mögliche neue Karriereziele entgehen wollte.

Ich begann mich zu fragen, was meine Mutter mit mir gemacht hätte, wenn ich als Kind böse, faul, schmutzig, eifersüchtig und unleidlich gewesen wäre. Wann war ich eigentlich Kind, oder anders formuliert: War ich nicht immer ein kleiner Erwachsener? Missachtet und geschlagen. Hatte ich je ein gesundes Selbstwertgefühl besessen? Hatte ich je meine eigenen Gefühle gelebt oder nicht immer die Gefühle vorgetäuscht, die meine Mutter an mir wahrnehmen wollte? Was meine Mutter als sehr junge Frau nicht hatte bekommen können, wollte sie nun bei mir finden. Sie hatte es geschafft, dass ich völlig auf sie fixiert war. Wenn ich jemanden bewunderte, dann meine Mutter, die sich während und nach den Grauen im Konzentrationslager nicht aufgegeben hatte. Irgendwann, aber das war später – nach der Lektüre von Alice Millers Buch *Das Drama des begabten Kindes und die Suche nach dem wahren Selbst* – begriff ich, was mit mir los war. Geschenkt hatte es mir eine verheiratete junge Gymnasiallehrerin in Ulm, die mich als Kritiker bewunderte und als Mann begehrte. Das Miller-Buch, das sie mir Anfang 1979 schenkte, las ich erst 1981 in München.

Der Abschied von Ulm fiel mir sehr leicht. Ich gab ein Essen im Goldenen Bock – und sparte an nichts. Die Redakteure amüsierten sich. Eine Kollegin schenkte mir ein Schildchen: Save Water – Drink Champagne. Der Feuilletonchef aus Leutkirch war angereist und hielt eine Rede, in der er meinen raschen Weggang bedauerte und mir wünschte, dass ich dort, in München, hoffentlich genauso geschätzt würde wie hier.

»Einfach wird das nicht für Sie! Aber ich versichere Ihnen, Sie können jederzeit zurückkommen. Wir nehmen Sie wieder wie den verlorenen Sohn.«

Hatte meine Mutter ihm ihre Bedenken zugetragen? Wusste er, dass ich in vielen Momenten weit weniger selbstsicher war, als ich mich gab? Dass Kritik mich krank machte und in die größten Selbstzweifel trieb? Der Abend endete schwarzgelackt. Es gab Champagner aus dem Supermarkt. Die letzten Gäste gingen weit nach Mitternacht.

Bei der Appartementsuche in München half mir die *Süddeutsche* – den Umzug zahlte der Verlag. Letzteres gefiel meiner Mutter. Es überraschte mich nicht, dass sie bei der Wahl der Wohnung mitreden wollte. Ich müsse für die Kollegen gleich zu Beginn klarstellen, dass ich nicht mit dem Erstbesten zufrieden sei. Es kämen, ihrer Meinung nach, nur die Stadtteile Nymphenburg, Bogenhausen und Lehel infrage, Grünwald und Harlaching seien zu weit draußen, wären aber durchaus eine Option. Ich wandte ein, dass ich meinen Verdienst zwar gut ausgehandelt hätte, aber mein Gehalt nicht für ein Luxusappartement ausreiche. Den Einwand ließ sie nicht gelten. Am Telefon wollte sie nicht streiten. Sie schrieb einen Brief.

Lieber Bernd,
so sehr ich mich darüber freue, dass Du nun endlich eine Anstellung hast, die Dir ein gutes Auskommen ermöglicht und die nicht so kleinbürgerlich-bieder ist wie die in Ulm, so sehr wundert es mich, dass Du glaubst, schon am Ziel zu sein. Deine Furcht vor einer teuren Wohnung kann ich nicht nachvollziehen. Diese Redaktionsstelle darf nur ein Standbein sein. Du darfst keineswegs damit zufrieden sein. Versuche so rasch wie möglich, Dir einen Namen zu erschreiben, damit andere auf Dich aufmerksam werden: der Rundfunk, das Fernsehen, Verlage. Du hast Dir in Deinem Vertrag hoffentlich zusichern lassen, auch woanders veröffentlichen zu dürfen. Bücher solltest Du unbedingt schreiben. Und zwar nicht so einen Schund wie Theater in Franken. *Zudem könntest Du Diskussionen moderieren. Das sind die Möglichkeiten des Zuverdienstes. Denk immer daran, dass wir Dir eine glänzende Ausbildung haben zukommen lassen. Es kann sein, dass wir manchmal etwas streng waren, aber wir dachten bei all unserem Tun nur daran, Dich zu Höchstleistungen anzuspornen. Also enttäusche mich jetzt nicht, da Du zum*

*ersten Mal in Deinem Leben wirklich etwas erreicht hast.
Noch kann ich auf Dich nicht wirklich stolz sein. Menschen mit einem Dr.-phil.-Titel gibt es zuhauf; Feuilletonisten auch – und vielleicht wären die FAZ und Die Zeit ohnehin die besseren Adressen gewesen. Aber sei's drum: Die Süddeutsche ist nicht schlecht. Ich will mich nicht beklagen. Ich fürchte allerdings, wenn ich nicht aufpasse, richtest Du Dich auf dem Posten gemütlich ein – und willst nichts mehr. Also überleg Dir gut, wie Du Karriere machen könntest. Diese Stelle ist ein erster Schritt, es darf nicht der letzte sein.
In Sorge, Deine (durchaus stolze) Mutter*

Ich überlegte, Sie anzurufen. Fand dann aber einen Brief angemessen.

*Liebe Mamsi!
Dein Brief verwundert mich, empört mich; und ich möchte ihn nicht unbeantwortet lassen.
Wieder einmal, wie in den vergangenen dreißig Jahren, die ich lebe, bist Du unzufrieden mit mir. Seit ich denken kann, nörgelst Du an mir herum. Schlimmer: Du hast mich gemaßregelt. Du hast mich verletzt. Du hast mich verraten – der ärgste Verrat war, als Du meinem Vater erzähltest, was ich Dich zu verheimlichen bat: meine Homosexualität. Du hast ihn gebeten, mich zu schlagen – wie Du es oft zuvor gemacht hast in meiner Kindheit. Du schautest zu, wenn er mit der siebenriemigen Lederpeitsche auf meinen nackten Hintern drosch. Du wichst meinen Tränenblicken nicht aus, bliebst bis zum letzten Schlag. Du hast mein Leben lang nur gefordert und mir nicht geschenkt, was einem Kind wichtig ist: Nähe. Du hast mich nie in den Arm genommen; Du hast mich nie getröstet, Du hast mich nie gestreichelt – und ich erinnere mich nicht, je von Dir geküsst worden zu sein. Du wolltest*

einen Sohn nach Deinen Vorstellungen; und diese Vorstellungen waren allein geprägt von Deiner Jugend vor der Deportation. Ich sollte Dein Leben mit dem meinen wieder auf Los zurückführen. Ich soll da anfangen, wo Du gestoppt wurdest.

Wie viele Qualen und Demütigungen hast Du mir zugefügt. Sie begannen mit der Drohung, mich in die Erziehungsanstalt nach Farmsen zu bringen. Später klebtest Du die Seiten des Schönschreibheftes zusammen, bis nur noch zwei dicke Seiten darin übrig blieben. Natürlich lachten mich die Schulkameraden aus. Du holtest Dir Hilfe bei meinem Vater, wenn es darum ging, mich zu züchtigen: fürs Bettnässen, fürs Daumenlutschen, für schlechte Noten – und schlecht war bereits eine Drei –, und für zu spätes Nachhausekommen von Partys. Selbst bei der Abiturfeier musste ich um Mitternacht zu Hause sein – und ich war pünktlich, fürchtete ich doch die Beschimpfungen meines Vaters.

Ich entschuldigte – für mich – Dein Verhalten mit den Qualen, die Du in Bełżyce hast erleiden müssen. Ich versuchte zu verstehen, dass es Dein Ehrgeiz war, den meinen zu entfachen. Dir soll es einmal besser gehen, bedeutete für Dich, ich sollte schaffen, was Deine Eltern geschafft hatten: ein Leben in Wohlstand.

Keinen meiner Erfolge hast Du gewürdigt. Nicht das frühe und außerordentliche Abitur, nicht meine musikalischen Auftritte, nicht mein Studium, meine ersten Publikationen, das USA-Stipendium, die Dissertation, die ersten Jobs. Immer genügte ich nicht Deinen Vorstellungen von einem Sohn, mit dem eine Mutter punkten kann. Dass Du nun auch die Anstellung bei der Süddeutschen Zeitung *nur als eine Zwischenstation zu einem anderen Karriereziel siehst, ist nicht bloß vermessen, sondern eine dreiste Überschätzung Deiner eigenen Leistungen. Und eine Demütigung. Wenn ich von Verrat schreibe, so meine*

ich auch den an Deiner Religion, für die Du ins Konzentrationslager kamst und die Du eher verheimlichst als stolz demonstrierst. Wie hätte ich mich gefreut, wenn Du mir mehr vom Judentum erklärt hättest, mit mir in die Synagoge gegangen wärest. Wolltest Du meinem Vater gefallen? Hattest Du Angst? Hattest Du dem protestantischen Schwiegervater versprochen, die Kinder von der mosaischen Religion fernzuhalten?
Ich weiß, dass ich ohne Deine Ermahnungen – die schlimmste: Du stiehlst dem lieben G'tt den Tag! – wahrscheinlich weniger fleißig gewesen wäre; dass ich vieles nicht gelernt hätte. Allein, wenn ich für mich und Dich eine Gewinn-und-Verlust-Rechnung aufmache, so hast Du gewonnen, und ich habe verloren. So einfach ist das. Was mich tröstet, sind die Musik und die Hoffnung, dass ich im Laufe meines Lebens die Liebe finden werde, die Du mir verweigertest.
Wenn ich diesen Brief schlösse mit »Ich umarme Dich«, würdest Du Dich selbst dieser geschriebenen Herzlichkeit, die eine körperliche Interaktion erforderte – wenn ich es so nennen darf –, entziehen. Ich grüße Dich, nein: nicht von Herzen, das ist seit Jahren schon verletzt durch Deine Worte, Taten und meines Vaters Gewalt,
Liebe Grüße, Bernd

Ich war so feige wie Franz Kafka, der in seinem Brief an den Vater eine Abrechnung versuchte und den Text dann in der Schublade seines Schreibtisches versteckte. Ich schickte den Brief nicht ab. Vierzehn Tage später, meine Mutter wartete auf Antwort, rief sie an und fragte, ob ich eine Wohnung gefunden hätte und wo und ob ich verstünde, dass sie von mir noch mehr erwarte. Ich antwortete nur auf die erste Frage: Die Wohnung sei im Lehel, nahe der Maximilianstraße, drei Zimmer, eine große Küche und ein kleiner Balkon.

Noch während ich mit ihr sprach, schoss mir durch den

Kopf, dass meine Eltern mit ihrer Wohnung nun wirklich nicht angeben konnten. Für Hamburger war Langenhorn der völlig falsche Stadtteil; in Hamburg 62 wohnten keine feinen Leute, sie hatten ihre Häuser und Appartements in Hamburg 13, an der Alster, oder in Blankenese. Der Uckermarkweg machte auch nichts her, eine kleine Straße mit Reihenhäusern, und eines gehörte uns: fünf Räume auf zwei Stockwerken, ein kleiner Garten. Mein Vater hatte an das sogenannte Wohnzimmer einen Wintergarten anbauen lassen, unser Esszimmer. Auf den Fensterbänken Kakteen, schrecklich. Meine Mutter liebte diese Stacheldinger. Ich schüttete, wenn ich allein dort saß, Kaffee in die Töpfe. Doch die grünen Dinger überlebten alle meine Angriffe.

Im Garten, so groß (oder klein) wie ein überdimensioniertes Bettlaken, stand eine Schaukel. Direkt daneben Obstbäume. Eine klitzekleine Terrasse und ein winziges Gewächshaus, in dem mein Vater Wein anzubauen versuchte. Einmal ließ er den Traubensaft gar gären – Wein wurde daraus keiner.

Kleinbürgerlich – das alles. Mutters Sermon, dass sie nach der Flucht in die Bundesrepublik bei null haben anfangen müssen, akzeptierte ich ebenso wie ihre ständig wiederholte Bemerkung, sie sei in einer großbürgerlichen Villa aufgewachsen – mit Personal, das auf den Glockenklang ins Speisezimmer und in den Salon geeilt sei. Als sie mich Monate später in München besuchen kam, mäkelte sie, der Treppenaufgang sei schmutzig, mein Bad mickrig. Allein die Küche gefiel ihr, weil sie groß war. In keiner meiner Wohnungen haben meine Eltern je übernachtet.

In der Redaktion wurde ich am 1. April 1980 herzlich empfangen. »Ein Aprilscherz«, stellte mich Hugo Deiring in der großen Konferenz vor und erzählte die Geschichte vom Schrieb, den er nächtens hatte tippen müssen.

Ein Zimmer für drei Redakteure: Peter Buchka, Elisabeth

Bauschmid und mich. Ich bekam einen Schreibtisch am Fenster, mit Blick auf die Sendlinger Straße und auf die Kollegin, die mich nicht schreiben lassen wollte. Es dauerte nicht wirklich lange, bis ich die erste Kritik vorlegen durfte. Es war eine Aufführung von Goethes *Stella*. Wolfgang Werth, dem Literaturredakteur, gefiel sie.

Ich weiß noch, wie ich am Sonntagabend, am 27. April 1980, in der Halle des Hauptbahnhofes auf die druckfrische Montagsausgabe der *Süddeutschen Zeitung* wartete. Ich hielt meine erste *SZ*-Kritik in den Händen und war glücklich. Dieser Text war zugleich gedacht als mein Abschiedsbrief. Er signalisierte meine Trennung von Ronald. Ich habe meine Texte nie archiviert. Doch den klebte ich in mein Tagebuch.

München, 28. April 1980, 01:32 Uhr
Mein erster SZ-*Artikel ist erschienen: Fernando sollte seinen Seesack schultern.*
Rolf Stahl inszenierte im Münchner Marstall Goethes Stella. *–*
Ich freue mich – und bin ein wenig trunken, vielleicht vor Glück, bestimmt vom Wein.

Meine Mutter verstand den Subtext natürlich nicht. Bemerkte nur, dass die Redaktion mir für mein Debüt offensichtlich keine große Produktion im Residenztheater oder in den Kammerspielen zugetraut habe, ein unbekanntes Stück, an einem drittklassigen Ort, das dürfe ich. Das sei kein Start!

Elisabeth Bauschmid gefiel mein erster Text gleichfalls. Das hatte ich nicht erwartet. Sie war es übrigens, wie ich später erfuhr, die meine Bewerbung aussortiert hatte. Die Kritiken hatte sie gar nicht gelesen, sie störte ein Satz in meinem Anschreiben, jener, der meinen tariflichen Abstieg erklären sollte: »Ich weiß, dass ich eine Zeit lang auf meine Selbstständigkeit verzichten muss.« Das Unwort war »Zeit lang«. Sie wollte keinen neuen Chef einstellen, sondern einen schlichten und fleißigen Jungredakteur. Später erzählte sie mir, dass Albrecht Roeseler allen, die nach dem neuen Kollegen fragten, geantwortet habe, der Herr Sucher sei gebildet und von einer ausgesuchten Höflichkeit.

Ich glaube wirklich, dass meine kleinen Erfolge in meinem Leben, die meine Mutter immer bestritt, letztlich weniger auf meiner Bildung beruhten als auf meiner Höflichkeit und meinem Charme, den mir mein Vater vererbt hat.

Meine Mutter hatte mich gedrillt. Ging ich rechts von ihr, fragte sie, ob das die richtige Seite sei. Stand ich nicht auf, wenn die Dame oder der Herr neben mir bei einem Essen aufstand, signalisierte ihr Blick: Sofort aufstehen. Vergaß ich ein Bitte, ein Danke, schon hieß es, ich habe die wichtigsten Worte vergessen. Schon als Kind galt ich als besonders gut erzogen. Dieser Ruf eilte mir also auch in der *Süddeutschen* voraus. Bald schon machten sich einige Kollegen lustig. Der Sucher stehe sogar dann auf, wenn er mit einer Dame telefoniere. Sehr viel später, nach einem Aufsatz über den Typ Parvenü, in dem ich behauptete, dass diese Art von Aufsteigern in den Achtzigerjahren des vergangenen Jahrhunderts nicht mehr existierte, machte Margit Ketterle vom dtv-Verlag den Vorschlag, ich möge ein Buch über Höflichkeit schreiben. Es erschien in der ersten Auflage 1996 unter dem Titel *Hummer, Handkuss, Höflichkeit*, in späteren Auflagen unter *Handy, Handkuss, Höflichkeit*. Es ging mir nicht um Etikette, sondern ich hielt Rücksicht und Respekt für die wichtigsten Voraussetzungen für gutes Benehmen.

Dieses Buch gefiel meiner Mutter. Aber natürlich hatte ich auch hier einen Fehler gemacht. Zum einen hatte sie erwartet, dass ich es ihr widmete – und nicht eine so seltsame, nicht zu dechiffrierende Glücksformel vorangestellt würde. Zum anderen gab es im Buch zu viele Hinweise auf schwule und lesbische Lebensweisen. »Wahrscheinlich hast du noch viel mehr so Abseitiges dringehabt, das der Verlag dir dann rausgestrichen hat.«

Schon im Juni 1981 wurde ich zur ersten großen *SZ*-Fete

eingeladen. Albrecht Roeseler erklärte mir, dass ich meine Freundin mitbringen dürfte.
»Ich habe keine Freundin. Ich habe einen Freund.«
»Dann bringen Sie ihn mit.«
Derselbe Dialog Jahrzehnte später. Der Präsident des renommierten Münchener Herrenclubs erklärt mir, dass zu den Abendveranstaltungen durchaus Damen gern gesehen wären.
»Sie können Ihre Ehefrau gern mitbringen.«
»Ich habe keine Ehefrau, ich habe einen Ehemann.«
Pause.
»Auch schön.«

20. 6. 2015
Schwulsein ist (in Deutschland!) wirklich kein Problem mehr. Selbst Graf zu Castell-Rüdenhausen vom Münchener Herrenclub zickt nicht rum. Was für ein Fortschritt! Aber nur im westlichen Europa. Vorgestern meldete sich das Luxushotel aus Dubai und fragte nach, ob wir, die beiden Herren, wirklich in einem Doppelzimmer übernachten wollten. Wir bejahten diese Frage, fügten aber, feige, hinzu: Two beds! Not a kingsize one.

Albrecht Roeseler war ein diskreter Herr, aber das mit dem Sucher-Freund plauderte er doch aus. Als Erster erfuhr Joachim Kaiser davon, der einmal, nachmittags, während er über meine Schulter auf meinen Text schaute, bemerkte, sein bester Freund, Ivan Nagel, sei auch schwul, er wurde sogar verurteilt.

Mein zweites Coming-out, ein berufliches. Ich hätte auch schweigen oder lügen können. Aber ich wollte Klarheit. Denn in Ulm hatten die Kollegen immer wieder gerätselt, ob ich schwul war oder nicht. Ich lud Ronald nicht zu dem Fest ein. Mein erster *SZ*-Text war eine Aufforderung an ihn gewesen, zu gehen. Er hatte mich jahrelang betrogen. Und er begriff die Anspielung. Die Trennung war dennoch schmerzlich. Ich fuhr ein letztes Mal nach Herrsching an den Ammersee, wo

Ronalds Wohnung war. Ich musste aus dem Appartement holen, was mir gehörte.

Noch jemand reagierte auf diesen ersten *SZ*-Auftritt: Helmut Dotterweich. Er schrieb auf eine Postkarte mit einer Goya-Zeichnung: »Lieber Bernd Sucher! Ich wusste es, wer sich im Ritz in Madrid benehmen kann, der macht sich auch in dieser Zeitung gut. Ich gratuliere!«

Ich bin ein Mensch, der nicht allein sein kann. Nicht einmal einen Abend lang. Das bedeutet, dass ich eine Beziehung erst beendete, wenn ich mir sicher war, dass eine andere bereits begonnen hatte. Mich bestimmt nicht Bindungsangst, sondern Verlassenheitsfurcht. Ich hangelte mich von meiner Mutter, von der ich mich nie wirklich zu lösen vermochte, über Horst zu Ronald und von ihm zu Wolfgang. Zwischendurch gab es andere Menschen, die mir – manchmal nur für einen Abend, manchmal für Monate – halfen, das Alleinsein zu ertragen. Zufallsbekanntschaften, Menschen, »die der Fluss verschlang«, wie eine Freundin von ihren verflossenen Lieben gern sagte.

Stiehl dem lieben G'tt nicht den Tag, bedeutet für mich, dass ich es bis heute nicht gelernt habe, nichts zu tun. Chillen, rumhängen kann ich nicht. Und ich brauche, um arbeiten zu können, die Gewissheit, dass es einen Menschen an meiner Seite gibt. Meine Mutter, die die erste und einzige Person in meinem Leben sein wollte, störte diese Flucht zu anderen Menschen, sie nannte mich einen hemmungslosen Menschenfischer. Wahrscheinlich war sie auf jeden eifersüchtig, der mir nahe war. Dass sich in meiner Sehnsucht eine narzisstische Störung kundtat, deren Auslöser sie selbst war, verstand sie nicht. Mir mangelt es nicht an Empathie, aber zuweilen überschätze ich meine Fähigkeiten, und mein Verlangen nach Anerkennung ist immens. Ich will bewundert, will geliebt werden. Meine Mutter, die offensichtlich ähnliche Probleme hatte, besaß, auch dies ist ein Zeichen dieser Krankheit, wenig Einfühlsamkeit und keine emotionale Wärme, die sie an andere, nicht einmal an ihre Kinder, hätte weitergeben können. Sie wollte anderen nicht mit ihrer Person imponieren – darum redete sie nicht darüber, was sie alles durchgemacht und überstanden hatte –, sie wollte mit mir imponieren! Meine Mutter verbarg ihren übermäßigen Geltungsdrang und setzte stattdessen mich in Szene, wollte mit mir prahlen. Dafür nahm sie in Kauf, dass sie mich emotional missbrauchte. Sie wollte ihren eigenen Selbstwert, der während der Verfolgung, und gewiss auch in ihrer Ehe, vernichtet worden war, auf meine Kosten wieder stabilisieren, besser noch: erhöhen. Ihr Ego wieder aufzurichten war nur durch meine Abhängigkeit möglich. So wurde ihre Störung die meine.

Es stimmt, ich fische Menschen. Begegne ich bei einem Essen, einem Fest oder auf Reisen Frauen oder Männern, die mir gefallen, dann will ich sie gewinnen. Für mich! Und will sie halten. Werden sie meiner überdrüssig, ziehe ich mich enttäuscht zurück. Meine Ansprüche sind groß, oft zu groß.

Auf Ronald folgte Wolfgang, wir hatten uns bei einem von Ronald vorgeschlagenen Treffen kennengelernt. Meine Mutter reagierte erleichtert auf die Nachricht, dass Ronald aus meinem Leben verschwinden würde. Sie hielt ihn für mäßig begabt, für erfolglos und sprach mit ihm so wenig wie möglich. Unterhielt sie sich mit ihm, so schaute sie überallhin, nur nicht ihm in die Augen.

»Jetzt bist du also allein«, freute sie sich während eines Telefonats. »Das ist gut. So lenkt dich niemand von der Arbeit ab.«

»Nein, ich bin nicht allein. Ich habe wieder einen Freund.«

Stille. Dann sagte sie: »Nicht schon wieder! Du wechselst die Freunde ja so oft wie die Unterwäsche. Kannst du denn nicht mal allein sein. Einsamkeit und Isolation stabilisieren den Charakter. Der Mensch wird unabhängiger, wenn er auf sich selbst gestellt ist.«

Ich widersprach und zitierte sogar aus der Bibel: »Und

Jahwe sprach: Es ist nicht gut für den Menschen, dass er allein sei; ich will ihm einen Beistand schaffen, wie er für ihn passt.«
»Sei nicht albern! Und außerdem soll der Beistand weiblich sein.«

7. Mai 1980
Aus Ronalds Wohnung alles geholt, was mir noch gehört: Bücher, ein paar Klamotten, Schallplatten. Wir haben beide geweint. Es gibt kein Zurück! – Ich wage viel mit der neuen Beziehung. Doch ich bin mir sicher, dass ich glücklich werde. Erstaunlich, wie wenig Affären ich hatte.

Wolfgang, der nach seinem zweiten Staatsexamen seine erste Stelle in München angenommen hatte, und ich, wir zögerten nur sehr kurz, zusammenzuziehen. Schon bald mieteten wir gemeinsam eine größere Wohnung in dem Haus, in dem ich wohnte. Seitdem ist jedes meiner Bücher nur ihm gewidmet – was wenige nur wissen. Für A von N. Ich heiße nicht Norbert und Wolfgang nicht Alois.

Meine Arbeit machte mir Spaß! Ich bestellte ein *SZ*-Abonnement für meine Mutter in Hamburg, das sie schon nach zwei Monaten nicht mehr wollte.

Lieber Bernd!
Ich möchte, dass Du das SZ-Abonnement kündigst –
wahrscheinlich kriegst Du es als Redakteur zu einem Vorzugspreis, das Geschenk war also nicht übergroß. Die Zeitung ist zu dick. Sie ist zu münchnerisch. Heribert Prantls Predigten regen mich immer auf. Ballett interessiert mich überhaupt nicht; Laszlo Glozers Texte verstehe ich nicht; und jeden Deiner Texte muss ich nun wirklich nicht lesen. Die einzigen Kritiken, die mir gefallen, sind die von Joachim Kaiser. Genial! Was für ein kluger Kopf! Was für Formulierungen! Ich bemerke durchaus, dass Du sehr fleißig bist – in jeder Woche zwei Artikel, das ist beacht-

*lich. Aber, offen gestanden, gelingen Dir die wenigsten brillant. Vieles, verzeih, wenn ich dies schreibe, ist seicht – Dein Wort dafür ist »geistesschlicht«. Kein Leser wird bemerken, dass Du einmal Germanistik studiert hast. Im Übrigen solltest Du so schnell wie möglich die lokalen Theater links liegen lassen, Kleinkunst ist übrigens das Letzte, was ich von Dir lesen möchte. Ich wünsche mir, dass Du mehr reist – nach Berlin, Wien (Burgtheater!), Zürich, Hamburg (Schauspielhaus und Thalia). Du kannst, wenn Du magst, auch zu Hause übernachten, nichts haben wir an Deinem Zimmer verändert. Den Sportteil liest Paps gern – aber dafür brauchen wir die Zeitung nicht. Wenn Du einmal glaubst, dass ein Text es aufnehmen kann mit denen von Joachim Kaiser, so kannst Du ihn mir ja schicken.
Liebe Grüße aus Hamburg, Deine Mutter*

Seit meiner Flucht nach dem Horst-Giese-Debakel habe ich nur ein einziges Mal im Uckermarkweg übernachtet. Ich mied diesen Ort. Zum einen, weil er mich an Hiebe, Flüche und Tränen erinnerte. Zum anderen, weil meine Mutter gewiss meine Texte noch hätte gegenlesen wollen, bevor ich sie dem Stenografen in München diktierte. Zudem war ich mir sicher, dass sie mir morgens keinen Kaffee kochen würde und dass sie mir nicht erlauben würde, Händels Opern während des Schreibens zu hören.

*München, 8. Juni 1982
Schon wieder Krieg in Israel. Israelische Truppen marschierten vorgestern in den Süden Libanons. Warum? – Rachefeldzug wegen des Anschlags auf den israelischen Botschafter in London, Schlomo Argov. Ausgerechnet heute kam der erste antisemitische Leserbrief in die Redaktion. Anonym. »Braucht die SZ wirklich einen unbegabten jüdischen Wichtigtuer im Feuilleton? Einen eitlen Egozentriker, wie einst Alfred Kerr einer*

war?« – *Eitler Egozentriker, Mamsis Worte! Woher weiß der Mann, oder die Frau, dass ich eine jüdische Mutter habe? Zeigte den Brief Albrecht Roeseler.* »Werfen Sie ihn weg!«

»Haben Sie Lust, unser Theater auf der Gastspielreise nach Russland zu begleiten?« Günther Beelitz, Intendant des Düsseldorfer Schauspielhauses, lud mich ein, mit ihm und seinem Ensemble nach Moskau und Leningrad zu reisen. Ich war begeistert! Die Freude meiner Mutter hingegen war klein, sie fürchtete wieder einmal einen Machtverlust in der Redaktion während der zwanzig Tage; außerdem schien ihr dieser Ausflug eher ein Urlaub, der weder Renommee brächte noch neue Aufträge. Sie irrte sich! Am 12. Juni 1984 erschien als Aufmacher mein Russland-Resümee: »Hindernisse, kaum Begegnungen«.

Während dieser kleinen Tournee führten mich zwei Treffen auf bis zu diesem Zeitpunkt ungeahnte Lebenswege. Ein unangenehmes und ein angenehmes. Auf der nächtlichen Zugfahrt im Schnellzug, dem »Roten Pfeil«, von Moskau nach Petersburg, diskutierte ich mit Henning Rischbieter, dem Gründer und Chefredakteur der Zeitschrift *Theater heute*. Ich erzählte von meiner jüdischen Mutter, von Bełżyce und meiner Familie. Woraufhin er schimpfte, es sei nur recht gewesen, die kapitalistischen Juden zu morden. Weit schlimmer sei es, wie viele Kommunisten getötet worden waren. Je betrunkener er wurde, desto aggressiver wurde er, der sich stolz als Arbeiterkind ausgab. Ich verließ das Schlafwagenabteil und legte mich wie ein Hund in den Gang. Noch in dieser Nacht beschloss ich, nicht weiter für die Zeitschrift zu arbeiten, obwohl ich die Mitarbeit genoss und sie mich dem Ziel meiner Mutter, bekannt zu werden, hätte näherbringen können.

Die zweite Begegnung war folgenreicher – und angenehm. Wir waren bei einem russischen Ehepaar eingeladen: Er wurde uns als ein bekannter Krimiautor vorgestellt, sie arbeitete als Professorin der Romanistik an der Lomonossow-Universität in Moskau: Sergej und Katja Ustinov. In ihrer Wohnung trafen sich deutsche und russische Schauspieler. Ich übersetzte vom Deutschen ins Französische, sie vom Russischen ins Französische, ich wiederum ins Deutsche, sie ins Russische. Es wurde ein langer Abend, eine Diskussion ohne Ergebnis. Im Zentrum die Frage, was Regisseure sich erlauben dürften und was nicht. Russen mochten (und mögen noch immer) Naturalismus, Realismus und Historismus. Deutsche dachten schon damals an das Performative und an ein Theater der gespielten Diskurse. Stanislawski – das innere Erleben der Rolle ist die wichtigste Aufgabe des Schauspielers? Meyerholds Zuspitzung mit seiner Biomechanik, nach der alle Bewegungen und Haltungen der Schauspieler eine »automatische« Folge des inneren Erlebens sind? Brechts episches Theater mit seiner Verfremdung? Debatten über Methoden. Ermüdend. Schön: Katja und ich, wir fanden einander sympathisch. Beim Abschied war klar: Wir würden einander wiedersehen.

Das war mein erster Russlandrausch, an den mich noch heute ein Kauf erinnert. Am Tag vor der Abreise besuchte ich zusammen mit Günther Beelitz die Witwe des Malers, Grafikers und Bildhauers Wadim Abramowitsch Sidur. Ich erstand eine erotische Zeichnung. Günther Beelitz kannte die lebenslustige und im Gespräch durchaus amüsante Dame und machte mich bekannt; er selbst hatte Sidur, der in Deutschland viele Bronzefiguren geschaffen hatte – auch den »Mahner«, aufgestellt im Düsseldorfer Hofgarten –, noch erlebt. Mein Blatt zeigt einen nackten Mann von hinten, vor ihm steht eine Frau, die erfreut, überrascht, bewundernd sein Geschlecht fixiert.

Mein zweiter Russlandrausch folgte. Mir gelang es, Albrecht Roeseler davon zu überzeugen, dass es der Zeitung gut anstünde, wenn ich das russische Theaterleben für unsere Zeitung beobachten würde. Wir einigten uns, dass die Zeitung die Flüge bezahlen würde, alles andere müsste ich übernehmen. Ich ließ mich auf diesen Deal ein und mietete eine möblierte Wohnung für hundert US-Dollar im Monat, nahe der U-Bahn-Station Aeroport, also in Zentrumsnähe und in einem Viertel, in dem die Literaten wohnten, darunter auch Jewgeni Alexandrowitsch Jewtuschenko.

Natürlich war diese Entscheidung meschugge. Mein übereilter Entschluss war ein Kurzschluss. Ich war trunken von diesen russischen Menschen, die mich mit ihrer Zuneigung überschütteten. Unbewusst ersehnte ich mir wohl etwas Neues in meinem Leben, etwas Fremdes, Gefahrvolles.

Albrecht Roeseler und ich einigten uns auf einen Zweimonatsrhythmus. Katja war es in der Zwischenzeit gelungen, mich als Dozent an das Gitis-Institut zu vermitteln, eine Theaterhochschule, in der auch Kulturkritik unterrichtet wurde. Mir wurde eine Gastprofessur angetragen. Ich hielt meine Vorlesungen und Seminare in englischer Sprache. Sieben junge Frauen und ein junger Mann interessierten sich für diese Schreibübungen und für deutsche Theatergeschichte. Meiner Mutter gefiel diese Berufung, sie hatte jedoch einzuwenden, dass niemand in Deutschland diesen Aufstieg wahrnehmen würde. Dass ich so viel wie nichts verdiente, verschwieg ich vorsichtshalber.

Ich begann, Russischunterricht zu nehmen, in Moskau und München. Mein Wortschatz reichte bald, um auf dem Markt einzukaufen und um Konversation zu machen. Drei Jahre lang, von 1989 bis 1992, schrieb ich Reportagen und Kritiken aus Moskau. Diese Texte sind auch Dokumente eines kulturellen Wandels. Das russische Theater begann sich in dieser Zeit von Pathos und Sentimentalität zu lösen. Vom Stil der einst führenden Theatermacher und -direktoren des 19. und 20. Jahrhunderts; vom Stanislawski-System, vom Meyerhold-Theater. Und ein Regiestar begann zu leuchten: Roman Wiktjuk, der im Moskauer Satire-Theater Furore machte. Für seine Inszenierungen standen die Moskauer Schlange, und die Touristen zahlten in Dollar. Er bot, was die Russen jahrzehntelang hatten entbehren müssen: das Schauspiel als Revue, als Show, als Disco. Ob Genets *Zofen* oder Nabokovs *Lolita* – alle Vorlagen dienten diesem Meister der Selbstvermarktung als Vorwand für erotische Sensationen. Er konnte sich die opulenten Entertainmentexzesse leisten, weil die Kredo-Bank ihn großzügig unterstützte, jährlich spendierte sie dem Haus und dem Intendanten eine Million Rubel.

Wie in München lud ich auch nach Moskau in das kleine Appartement in einem Plattenbau ein, das während der Chruschtschow-Ära errichtet worden war. Auf dem Flachdach wuchsen kleine Birken, durch die Türritzen pfiff der Wind, was nicht schlimm war, weil die Zentralheizung bullerte und nicht zu regulieren war, weshalb ich auch bei minus zwanzig Grad bei offenem Fenster schlief. Und die Matratze des Bettes war so dünn, dass ich die Holzlatten spürte.

Die Freundschaft zu Katja bescherte mir die erste Übersetzung eines meiner Bücher in eine Fremdsprache: 1995 erschien *Das Theater der achtziger und neunziger Jahre,* zuvor bei Fischer herausgebracht, in Moskau auf Russisch, finanziert von den Ustinovs, die durch den Handel mit Immobilien wohlhabend geworden waren. Sie kauften heruntergekommene Altbauwohnungen, und die Verkäufer erhielten dafür Neubauwohnungen in der Peripherie. Die Ustinovs renovierten die alten Räume und veräußerten sie an Menschen aus Deutschland, der Schweiz und Frankreich. Moskau veränderte sich rasant – und die Menschen veränderten sich gleichfalls. Aus den sympathischen und hilfsbereiten kommunistischen Intellektuellen wurden knallharte Kapitalisten, die sich in ihren Bädern vergoldete Wasserhähne montieren ließen.

Zu Hause in München wollte ich am liebsten alle mit meiner Russlandliebe anstecken. Ich unterließ nichts, um meine Freunde nach Moskau zu locken, sogar um mit ihnen auf dem Roten Platz Silvester zu feiern. Im Juli 1989 lud ich zu meinem Geburtstag ein, ich hatte dafür Tischwäsche aus München eingeflogen; die russischen Schauspieler, die ich inzwischen kennengelernt hatte, schenkten mir Porzellangeschirr. Vor dem Abendessen gab es eine Stadtführung und ein Bad in der braunen Moskwa. Es gab Kaviar satt, Kartoffeln und Crème fraîche, auf Russisch slivochnoye maslo, und russischen Champagner. Später fuhr ich zum Skilanglauf nach Tscheljabinsk, östlich des Urals.

Meine Russlandbegeisterung war mindestens so groß wie die Rainer Maria Rilkes. Dass sie sogar bis Sibirien reichte, verdanke ich wiederum einer Frau, einer Dame: Madame Jelena Pop. Sie war in eine russische Adelsfamilie hineingeboren worden, hatte einen rumänischen Wissenschaftler geheiratet und war nach dessen Tod nach Deutschland emigriert. In München verliebte sie sich in einen arbeitslosen russischen Regisseur, der sich gern betrank. Madame Pop bemerkte, dass ich diesen Herrn nicht sonderlich schätzte, und hielt dagegen: »Monsieur Sucher, das verstehen Sie nicht. Er mag ein unkultivierter Mensch sein, aber er spricht das beste Russisch überhaupt!« Diesen Mann hatte sie an das Theater in Tscheljabinsk vermitteln können. Diese Stadt stand (und steht immer noch) für atomare Verseuchung der allergrößten Dimension. Madame Pop beschwor mich, diese von ihrem Freund inszenierte Aufführung anzusehen. Da sie ahnte, dass die Zeitung eine solche Reise nie finanzieren würde, drängte sie das Theater, mich einzuladen – Flug und Übernachtung in einer Suite des Hotels Malachit. Der Feuilletonchef akzeptierte diese Reise, Kollegen gaben mir zum Abschied fette Würste mit – und freuten sich, durchaus in schadenfreudiger Erwartung, dass ich endlich mal etwas wagte, eine exotischere Reise machte als immer nur nach Zürich, Wien und Paris.

23. Februar 1992

Es ist 32 Grad unter null, Madame Pop steht mit drei langstieligen Rosen am Flughafen von Tscheljabinsk. Ich bin froh, endlich angekommen zu sein. Diese Reise war wirklich abenteuerlich. Auf dem Moskauer Flughafen hatte mich ein Ehepaar abgeholt, das weder Deutsch noch Englisch sprechen konnte. Die beiden fuhren mich in eine Wohnung, zeigten mir ein Schlafzimmer und ein Bad. Sie machten Zeichen, dass ich mich hinlegen möge, ausruhen. Sie selbst verschwanden in der Küche. Um sieben Uhr abends wurde ich geweckt. Es gab ein großes Abendessen, zehn Leute waren gekommen. Einer der anwesenden Sänger sprach Englisch. Er erklärte mir, dass ich am nächsten Tag telefonisch um fünf Uhr geweckt werden würde, um zum Flughafen Domodedowo gebracht zu werden. Jetzt aber würde erst einmal gegessen und gesungen. Am nächsten Morgen dann der Anruf, ein Mann, eine zweistündige Fahrt. Einchecken am Flughafen. Gang über ein vereistes Vorfeld, vorbei an einer ausgebrannten Antonow. In meiner Maschine: Passagiere mit Hühnern vor dem Notausgang. Die Stewardessen liefen mit zerbeulten Teekesseln durch die Reihen, Tschai.

Baruch atah adonai – toda. Danke, dass ich heil angekommen bin.

Tscheljabinsk, Hotel Malachit, 24. Februar 1992
Meine Suite besteht aus einem Wohnraum, ich könnte ihn auch Salon nennen, einem Schlafzimmer und einem sehr großen Bad. Nicht gemütlich, aber sauber. Kein Blick. Die Theaterleute bemühen sich, mir das Leben so angenehm wie möglich zu machen. Gestern ein großes Abendessen beim Intendanten, dem Direktor; er heißt Naum Orlow. Seine Frau war mit am Tisch, Madame Pop, Wassilij Setschin und der Feuilletonchef einer Tscheljabinsker Zeitung mit seiner Frau. Ein üppiges Mahl – mit Kaviar. Um zu zeigen, wie wohlhabend er ist, füttert der Direktor seine drei (!) Königspudel mit Mars-Riegeln ... Tagsüber zeigte mir Walodja, der künstlerische Betriebsdirektor des Theaters, die Stadt und die Umgebung. Welch eine Landschaft! Zugefrorene Seen. Verschneite Birken- und Kiefernwälder, Holzhäuschen mit geschnitzten Giebeln und verschnörkelten

Fensterläden. Die russische Schweiz, so nennen die Bewohner des Urals ihr Land. Sie haben recht.
Dass dieses Land verseucht ist, ich kann's nicht glauben. Man sieht das Gift nicht, man riecht es nicht. Bis zum 1. Februar war Tscheljabinsk eine geschlossene Stadt, also eine für Nichtrussen verbotene Stadt. In der Umgebung liegen die Zentren der Atomindustrie der ehemaligen UdSSR. Walodja erzählt mir, dass sich 1957 hier eine Explosion in einem Stahltank ereignete. 80 000 Tonnen radioaktiver Müll waren darinnen. 15 000 Quadratkilometer Land wurden verseucht. In den Flüssen und Seen, in die man schon zuvor verstrahlte Abfälle geleitet hatte, überlebte kein Fisch. Weil es nicht eben gesund ist, hier zu arbeiten, bekommen auch die Schauspieler und Regisseure höhere Gehälter als in Moskau oder St. Petersburg. Deshalb nennen die Einwohner ihre durchaus hässliche und verseuchte Stadt die Schokoladenstadt.

Die vier Aufführungen, die ich mir ansehen durfte, waren konventionelle Inszenierungen, aber was für Schauspieler! Einer, Alexander Mesenzew, faszinierte mich so sehr, dass ich, zurückgekehrt nach München, August Everding bat, das russische Ensemble nach München einzuladen. Er zögerte nicht lange, warnte aber: »Wehe, der Mesenzew ist nicht so gut, wie Sie ihn beschrieben haben.« Ich las nochmals meinen Bericht, der am 6. März 1992 erschienen war:

»**Alexander Mesenzew ist der Minimalkünstler der Stanislawski-Methode. Er kann winseln wie ein Kind, greinen wie ein Greis, er kann im Pianissimo philosophieren und seinen Schmerz brüllen – und dies alles mit der selbstverständlichsten Natürlichkeit, ohne jede eitle Übertreibung. Ich verstand kein Wort – und begriff doch alles. Mesenzew, ein Traumtänzer. Seine pantomimische Kraft gleicht der des jungen Barrault; seine Körperbeherrschung verblüfft immer wieder aufs Neue. Er dominiert die Aufführungen. Wenn er nicht auf der Bühne ist, glaubt man sich in der deutschen**

Provinz, ist er da, sucht man nach Vergleichen: am Burgtheater, an den Münchner Kammerspielen, an der Berliner Schaubühne... und findet keine.«

Ein Jahr später, Ende Mai, fand das Gastspiel in München tatsächlich statt. Die »Hahn Produktion« hatte das Theater eingeladen zu einer kleinen Gastspielreise: Hannover und München. Ein sentimentales Wiedersehen – und eine Enttäuschung. Vielleicht hatte ich übertrieben: Vielleicht braucht es Temperaturen unter dreißig Grad, um Gutes als Großartiges wahrzunehmen. Doch meine deutschen Kritikerkollegen waren einfühlsam und milde. Wolfgang Höbel schrieb in der *Süddeutschen Zeitung* (27.5.1993) nach der Aufführung von Nikolaj Erdmanns Komödientravestie *Der Selbstmörder*, Mesenzew zeige »die wundersame Verwandlung des trüben Selbstmörders als Sinnbild der aktuellen russischen Tragödie«, die naturgemäß eher eine Komödie sei: »Sein Semjonowitsch ist ein schmaler, bebrillter Grübler, dessen zart verbitterte Gesichtszüge nur mühsam das panische Grauen verbergen, das diesen Mann angesichts der Vergeblichkeit aller irdischen Mühsal ergreift.« Die Kollegin von der *Münchner Abendzeitung* (25.5.1993) war gleichfalls angetan. Allein meine Mutter zweifelte daran, dass meine Vorstöße bei August Everding und Jochen Hahn, dieses Theater unbedingt einzuladen, sinnvoll gewesen waren.

»Sie werden hier nicht bestehen können. Nur weil du nun auch noch ein Impresario sein willst, lockst du Menschen von hinter dem Ural in eine Welt, die ihnen fremd sein muss. Was willst du ihnen beweisen, dass du ein Gutmensch bist?«

Ja, ich wollte diesen Künstlern helfen, besorgte beim Roten Kreuz eine Beinprothese für den Mann einer Schauspielerin und vergab an Alexander Mesenzew, den ich längst Sascha nannte, einen mit zwanzigtausend Mark dotierten Preis. Roberto Ciulli hatte mich gebeten, einen internationalen Schauspieler oder eine Schauspielerin für den Gordana-

Kosanović-Schauspielerpreis vorzuschlagen, der vom Förderverein des Theaters an der Ruhr vergeben wird. Der vierte Preisträger war Alexander Mesenzew, dem der Preis im September 1994 während eines Gastspiels des Mülheimer Theaters in Moskau verliehen wurde. Er kaufte sich von dem Geld ein kleines Appartement in Moskau. Ja, meine Mutter hatte recht, ich wollte Gutes tun.

Aber sie traf den wunden Punkt: »Du bist freigebig und hilfsbereit, nur wenn du Menschen magst. Ich habe nie von dir gehört, dass du Hochwasser- oder Erdbebenopfer unterstützt hast. Auch deine Spendenbereitschaft ist egozentrisch!«

Die Erfahrungen im Gitis-Institut, die von mir initiierten Kurse und die von meinen russischen Kollegen vorgeschlagenen Vorlesungen kamen mir bei der Gründung des Studiengangs »Theater-, Film- und Fernsehkritik« an der Theaterakademie August Everding in Kooperation mit der Hochschule für Fernsehen und Film (HFF) zugute. Ich versuchte sogar eine Kooperation mit den Moskauern. Wir reisten zu ihnen, und sie besuchten uns. In beiden Fällen bezahlten wir die Reisen, obwohl ursprünglich vorgesehen war, dass die Einladungen nur die Finanzierung der Hotels und der Eintrittskarten beinhalten sollten. Nach drei Jahren gab ich auf. Die Russen schickten aus irgendeinem Grund ausschließlich weibliche Studenten und jeweils zwei Professorinnen, sie alle sprachen keine Fremdsprache. Das bedeutete, dass kein geringer Teil des Studiengangbudgets für Übersetzer ausgegeben wurde. Zudem hatte ich bei unseren Besuchen den Eindruck, dass die Professorinnen das von Gitis für diesen deutsch-russischen Austausch zur Verfügung gestellte Geld für sich beanspruchten. Kurz: Wir wohnten in schäbigen Studentenheimen und hatten in keiner Aufführung feste Sitzplätze. Wir wurden durch die Bühneneingänge in die Zuschauerräume geschleust und mussten uns auf Plätze setzen, die frei geblieben waren. Als ich meiner Mutter von diesen aberwitzigen Bedingungen berichtete, kritisierte sie nicht etwa das Verhalten der Russen, sondern meines.

»Warum sollten die Russen auch froh sein, von einem Deutschen unterrichtet zu werden, womöglich kritisiert und gemaßregelt. Ich verstehe völlig, dass sie dich ausnutzen. Die Einzigen, die mir leidtun, sind deine Studenten. Am deutschen Wesen soll die Welt genesen – das ist doch widerlich.«

Dieselbe Philippika musste ich mir nach einem Workshop mit Kritikern aus China, Hongkong, Singapur, Bali und Südkorea anhören, der vom Goethe-Institut in Hongkong und dem Hongkong Arts Festival finanziert und organisiert wurde. Eine junge Kollegin aus Schanghai weigert sich schon am dritten Tag, mit mir zu arbeiten. »I feel myself patronised by this German critic«, klagte sie dem Institutsleiter, »Mister Sucher is arrogant and pretentious.«

»Warum machst du diesen Firlefanz überhaupt? Um bei Schanghai Tang Seidenschals zu kaufen und Dim Sum zu essen? Beruflich bringen dich diese Unterrichte doch überhaupt nicht weiter.«

So misstrauisch meine Mutter diese Workshops beäugte, so misstrauisch schaute sie auch auf meine ersten Buchveröffentlichungen. Gab es schlechte Rezensionen für mich, war sie immer aufseiten der Kritiker. Ich hätte sorgfältiger arbeiten müssen, gründlicher recherchieren – und überhaupt: Manche Formulierungen seien schnöselig.

»Und du könnest ruhig mehr Fremdworte benutzen. Du kommst manchmal sehr geistesschlicht daher.«

Sie hatte nichts begriffen – und ich war wütend. Aber ihre Attacken überraschten mich nicht.

Dennoch entschloss sich meine Mutter, zur Buchpräsentation meiner ersten großen Publikation *Theaterzauberer – Schauspieler. 40 Porträts* 1988 nach München zu kommen. Doris Schade und Marianne Hoppe lasen zwei Kapitel. Wildfremde Menschen gratulierten Margot Sucher zu ihrem begabten Sohn. Sie antwortete dankend, aber einschränkend:

»Es war für meinen Mann und mich nicht immer einfach mit ihm, das können Sie mir glauben. Aber jetzt, so scheint mir, ist er hoffentlich auf dem richtigen Weg.« Elisabeth Bauschmid machte einen Knicks vor mir und drohte: »Heute bewundere ich Sie, cbs, aber morgen in der Redaktion ist wieder Alltag!« Ulrich Matthes, damals Schauspieler in München, umarmte mich – später las er mit mir in der *Leidenschaften*-Reihe in Weimar und München. Wir fuhren nach der Präsentation gemeinsam mit einem Taxi zur Bar von Charles Schumann, damals in der Maximilianstraße. Der Fahrer wollte wissen, was da bei Piper los war. Stolz verkündete ich, dass ein Buch von mir präsentiert worden sei. Er wollte meinen Namen wissen. »Sie sind das, der Kritiker der *Süddeutschen*! Ich lese Sie wirklich gern!« Ulrich Matthes grinste unverschämt und sagte: »Den Fahrer haben Sie bestellt und bestochen, Bernd, oder?«

Den Titel »Theaterzauberer« hatte Wolfgang erfunden – damals gab es dieses Wort, das Feuilletonisten inzwischen inflationär benutzen, noch nicht. Zu dumm, dass man Begriffe nicht schützen kann!

Das Buch kam so zustande: Ich hatte den Verleger Klaus Piper aufgesucht und ihm den Vorschlag gemacht, vierzig Schauspielerporträts zu schreiben und – gleich beim ersten Treffen – angekündigt, bei einem Erfolg, an dem ich nicht zweifelte, einen zweiten Band mit Porträts von Regisseuren nachzuliefern. Der Verleger konnte sich einen ersten Band vorstellen – »und dann sehen wir weiter!«. Beim Abschied meinte er, so viel Selbstvertrauen habe er selten erlebt. Es war verwegener Mut. Ich wollte mich als ein Theaterkritiker etablieren, der nicht zufrieden war mit den kleinen täglichen Erfolgen.

Meine Mutter war also Ende der Achtziger-, Anfang der Neunzigerjahre durchaus zufrieden mit mir. Und nachdem sie Wolfgang kennengelernt hatte – sie sah ihn im Gespräch sogar an –, war diese Liaison kein Thema mehr für sie. Mein Vater sprach von uns beiden bis zu seinem Tod nur als Team.

Eigentlich hätte das Verhältnis zu meiner Mutter sich entspannen können. Doch es blieb belastet.

Ihr missfielen meine Urlaubsreisen, die ihr zum einen zu lang erschienen, zum anderen hätte sie sich gewünscht, dass ich sie besser zur Weiterbildung nutzte. Stattdessen machte ich mit Wolfgang Radtouren von Lyon ans Mittelmeer, durch die Champagne, durch Burgund. Für sie waren diese körperlich durchaus anstrengenden Exkursionen sportliche Vorwände für Sauf- und Fressgelage. Sie konnte im Alter große Mittag- und Abendessen nicht mehr leiden, aß wenig und trank keinen Alkohol – abgesehen von einigen Gläsern Eierlikör zu Ostern.

Da sie an meinen beruflichen Erfolgen nicht wirklich zweifeln konnte, fand sie ein anderes Terrain des Angriffs: meine Freude am Luxus. Dabei hatte sie mir einst stolz berichtet, dass ihre Mutter bei Reisen mit dem Auto den Chauffeur in Hotels geschickt hatte, um Zimmer zu reservieren. Immer mit dem Hinweis: »Der Preis spielt keine Rolle!« Es begann sie zu stören, dass ich sie womöglich übertrumpfen würde.

»Bist du verrückt geworden! Ich dachte immer, Wolfgang sei vernünftiger als du. Hab mich geirrt. Ihr habt zu viel Geld! Und schmeißt es zum Fenster raus. Und dann auch noch ein Hund. Wie heißt denn der Köter?«

»Es ist kein Köter, sondern ein Cockerspaniel. Er heißt Balzac.«

»Was für ein überspannter Name! Aber gut, dass er nicht nach dem homosexuellen Oscar Wilde benannt ist.«

Dass wir unseren Welsh Spring Cocker, den wir seit 2017 besitzen, genauso nannten, erfuhr sie nicht mehr.

München, 5.10.1998
Habe Mamsi kurz angerufen, um ihr mitzuteilen, dass ich für elf Tage nicht zu erreichen sei, weil ich mit Wolfgang eine Weltreise machte – in zehn Tagen einmal ostwärts drum herum. First class. Von München nach Zürich nach Hongkong nach

Melbourne nach Sidney nach San Francisco nach New York nach Zürich nach München. Sie schimpft: Geldverschwendung, Umweltverschmutzung, Kerosin – als ob sie jemals zuvor daran gedacht hätte! »Wen hast du übers Ohr gehauen? Oder finanziert die Reise wieder irgendeine alte Tussi?« Ich habe eingehängt.

Es gab einen Grund für die Reise: Wolfgang durfte einen Kongress in Melbourne besuchen und sollte dort auch sprechen. Ich entschloss mich mitzureisen. Ich fand die Idee, in zehn Tagen first class die Welt zu umrunden, klasse.

Bevor das Abenteuer losging, informierte ich meine Beraterin in der Bank, dass ich zwei Monate, mindestens, mein Konto überziehen würde. Martina E. betreute mich seit meiner Studentenzeit und berät mich noch heute. Wenige Monate später legte ich zum ersten Mal in meinem Leben Geld an. Frau E. war begeistert.

»Wissen Sie, dass ich einen Brief von Ihnen besitze. Ich habe ihn aufgehoben, weil er so verrückt-witzig war.«

Ich erinnerte mich nicht. Frau E. hatte mich einst angeschrieben und mir mitgeteilt, dass mein Konto mit über viertausend Mark im Minus war, und fragte an, wie und wann ich dieses Minus auszugleichen gedächte, denn mit den monatlichen Einkünften würde dies schwerlich möglich sein. Mein Antwortschreiben, das nun im Besitz von Frau E. war (und wahrscheinlich noch immer ist), gab auf die Frage keine Antwort. Ich teilte nur höflich mit:

»Bitte sorgen Sie sich nicht um mein Konto – ich tue es auch nicht.
Mit sehr freundlichen Grüßen, Ihr C. Bernd Sucher«

Danach schrieb ich meiner Mutter und bat um einen Kredit in Höhe von fünftausend Mark, den ich in zwanzig Raten zurückzahlen würde. Natürlich bat ich sie mal wieder, meinem Vater nichts davon zu sagen. Vergebens, sie beriet sich mit ihm. Zwei Tage später rief er mich an – eine Seltenheit. Wir schrieben einander keine Briefe, wir telefonierten auch nicht miteinander. Die Kommunikation lief ausschließlich über meine Mutter. Er sagte mir, dass meine Mutter entsetzt sei über mein hochstaplerisches Leben, doch er werde das Geld zu den von mir genannten Konditionen überweisen. Aber dieser Kredit sei der erste und der letzte. Da ich auch danach öfter mehr ausgab, als ich einnahm, verabredete ich mit Frau E., dass ich sie immer informieren würde, wenn es brenzlig werden könnte, und ihr auch immer erklären würde, wann und von wem das nächste Geld zu erwarten wäre. Mit Vorträgen verdiente ich schon sehr früh dazu, mit Aufsätzen in der *Neuen Musikzeitung*, der *nmz*, und Kurzkritiken für das Radio. Auch die Buchverkäufe halfen mir. Bei den Auftragsarbeiten für die *nmz* beherzigte ich Joachim Kaisers Rat, der meine Kollegen und mich immer wieder daran erinnerte, dass Künstler weit mehr verdienten als Kritiker.

»Lassen Sie sich nicht mit Brosamen abspeisen!«

Dieser professionelle Tipp war goldrichtig. Ich habe mich danach nie mit beschämend geringen Honoraren zufriedengegeben. Ich erlaubte mir aber zuweilen, auf ein Honorar zu verzichten. Viel später, bei der Erarbeitung meines *Leidenschaften*-Vortrags über Frank Wedekind, gefiel mir deshalb dessen Vorschlag sehr, dass man die Kritik nur verbessern könnte, indem man das Los der schreibenden Zunft verbesserte: Kritiker neideten erfolgreichen Dramatikern, Regisseuren, Bühnenbildnern, Schauspielern und Intendanten nicht bloß den Erfolg, sondern vor allem das überanständige Salär. Kritiker, so vermutete Wedekind, seien zuerst einmal neidisch. Darum gäbe es gegen »die Verrohung der Kritik« keine andere Abhilfe als eine bessere Bezahlung: »In dem ganzen Riesengetriebe des Theaters, in dem überall nur Persönlichkeitswerte mit Liebhaberpreisen honoriert werden, ist der

Kritiker der einzige Mensch, der als Tagelöhner oder Akkordarbeiter behandelt und abgespeist wird.«

Warum ich von dem Plan, diese Weltreise zu unternehmen, meiner Mutter erzählte? Ich glaube, ich wollte sie ärgern. Wollte ihr zeigen, wie weit ich es gebracht hatte. Ich ahnte, dass sie sich nun entscheiden müsste. Wollte sie stolz sein auf den Sohn im Superluxus, dem selbst verdienten? Oder ärgerte es sie insgeheim?

Meine Mutter war wütend. In meinem Alter habe sie gedarbt; in ihrer Jugend sei sie fast verhungert. Sie war so erregt, dass sie mir gar ein finanzielles Fiasko wünschte: »Bild dir nur nicht ein, dass ich, oder dein Vater und ich, dich jemals wieder unterstützen, wenn es dir mal dreckig geht! Dein Vater hat es dir vor Jahren schon gesagt, als er dir einen Kredit gewährte, den du sehr langsam zurückgezahlt hast. Dein Großvater Artmann war auch verschwenderisch, aber der konnte es sich leisten. Deine Großmutter hat nie gespart. Du aber bist zu arm und viel zu unbedeutend, um dir einen ähnlichen Lebensstil zu leisten.«

Immer, wenn ich in den Jahren danach von Dreisternerestaurants und Luxushotels schwärmte, reagierte sie schroff. Nie vergaß sie bei ihrer Schelte und bei ihren Beschimpfungen den Hinweis auf den Hunger im KZ, auf die Rüben, die sie heimlich während der Ernte anknabberte, auf die wenigen Bissen, die ihr die Polin manchmal zugesteckt hatte. Sie verdarb mir alle Freude an den Reisen, die ich vor oder hinter mir hatte, an den Speisen, die ich schon längst verdaut hatte.

Dennoch spielte ich dieses Spiel weiter, und sie reagierte wie ein Pawlowscher Hund. Ich sagte: Drei Sterne – sie schimpfte. Ich sagte: First-Class-Flug – sie verwünschte mich. Das Spiel funktionierte aber auch umgekehrt. Erzählte ich ihr, dass die Redaktion sparen müsse und ich nur noch in einfachen Hotels übernachten dürfe, schalt sie mich einen Schwächling, der es sich bieten lasse, in einer Vertreterkaschemme untergebracht zu werden.

»Herr Roeseler und Herr Kaiser scheinen dich und deine Arbeit nicht sonderlich zu schätzen. Entweder du etablierst dich wie der Kaiser, der mit seinen Vorträgen Säle füllt, der bewundert wird wie ein Guru, oder du wirst bald abgelöst, entlassen.«

Mit den immer wieder vorgebrachten Hinweisen auf den genialischen Kaiser traf sie mich. Ja, es stimmt, ich wollte bewundert und geliebt werden wie er. Das erste Mal gelang es mir durch eine Lüge, Joachim Kaiser einen Toptermin abzuluchsen. Im Sommer 1981, genau ein Jahr und zwei Monate nach meinem Start in München, inszenierte der genialische Patrice Chéreau im Théâtre de Villeurbanne Henrik Ibsens *Peer Gynt* an zwei Abenden. Da wollte, da musste ich hin. Ich füllte einen Reiseantrag nach Lyon aus und bat Albrecht Roeseler um seine Unterschrift. Ob ich Joachim Kaiser informiert hätte, wollte er wissen. Ich bejahte. Wenig später rief mich der Feuilletonchef in sein Zimmer – dort saß Kaiser.

»Junger Mann, Sie haben mich belogen. Tun Sie das nie wieder! Sie haben nicht mit Joachim Kaiser gesprochen.«

Ich merkte, wie mir die Schamesröte ins Gesicht schlich. Ich bat um Entschuldigung. Worauf Kaiser jubilierte:

»Fliegen Sie hin. Ich kann kein Französisch. Schön, dass wir jetzt einen Theaterkritiker haben, der auch Frankreich abdecken kann.«

Langsam wurde ich als ein Experte für das französische Theater gehandelt. Anke Röder, renommierte Dramaturgin und Lehrbeauftragte an der Universität München, lud mich ein, bei den Theaterwissenschaftlern Seminare zum zeitgenössischen französischen Theater zu geben. Meine Mutter wunderte sich und fragte, ob ich nun so ein Nischenexperte sei. Eigentlich müsste man mich doch für das deutschsprachige Theater an die Uni holen.

»Wahrscheinlich ist auf dich nur Verlass, wenn keiner nachprüfen kann, ob dein Urteil angemessen ist.«

Kein Wunder, dass sie mich auslachte, als ich von einer Reise nach Bangkok berichtete, wo ich die Goethe'sche *Iphigenie* sehen würde. So etwas würde Joachim Kaiser nie machen.

»Wahrscheinlich landest du irgendwann mal im Reiseteil, da reicht weniger Grips, und auf den Stil achten diese Leser auch weniger.«

Kaiser war also das Vorbild meiner Mutter – und auch meines. Ich wollte werden wie er: als Kulturguru geliebt! Ich musste noch etwas zulegen, das war mir klar; gekoppelte Adjektive in Kaiser-Manier genügten nicht. Aber ich wollte wie Kaiser auf die Bühne. Als ich meiner Mutter davon erzählte, reagierte sie, wie es nicht anders zu erwarten war.

»Das schaffst du nie! Wie willst du das anstellen? Worüber willst du denn sprechen? Über russisches Theater oder französisches? Vergiss es einfach. Du kannst froh sein, dass dich die Redaktion noch wertschätzt.«

Das war der Moment, in dem wieder eine Kümmerin in mein Leben trat. Eine Dame, die in dem Mozartfilm von Klaus Kirschner eine kleine Rolle spielen durfte und die bei meiner Promotionsfeier dabei war. Ich hatte sie in den Jahren danach aus den Augen verloren. Sie erwischte mich in der Redaktion, und wir verabredeten uns. Sie war von einem Freund gefragt worden, ob sie nicht jemanden kenne, der im Münchner Gasteig, dem größten Kulturzentrum der Stadt, Literaturvorträge halten könne, »im Stil von Joachim Kaiser«. Sie hatte meinen Namen genannt, und der Vorsitzende des Kulturkreises Gasteig hatte sie gebeten, sich mit mir in Verbindung zu setzen.

Ich traf Nadja Sayn-Wittgenstein in einem kleinen italienischen Restaurant, nahe der Maximilianstraße. Zunächst brachten wir einander auf den neuesten Stand, was unsere Beziehungen anging. Nadja erzählte, dass sie wieder einen Lebenspartner hatte, einen bildenden Künstler, der vor allem von Kunst-am-Bau-Projekten lebte. Und ich erzählte ihr von

Wolfgang. Dann erklärte sie mir, was der Kulturkreis Gasteig sich wünschte.

»Sie denken an ein Literaturformat so in der Kaiser-Art. Also nicht Vorlesung, nicht Volkshochschule. Amüsant und klug. Und da dachte ich an dich. Die Herren schätzen dich als Kritiker und fänden es auch spannend, einen etwas jüngeren Mann zu engagieren. Denn sie möchten auch ein junges Publikum ansprechen. Das Problem: Dir müsste etwas einfallen, die Autoren, die du vorstellst, nicht allein zu präsentieren.«

Ich überlegte nicht lange. Statt mich ans Klavier zu setzen, wie Joachim Kaiser das tat, oder Platten oder CDs vorzuspielen, schlug ich vor, jeweils zwei Schauspieler zu engagieren, die die Originalzitate lesen könnten, die ich dann kommentieren würde. Nachdem ich sowohl meine neue Kümmerin als auch den Chef des Gasteig-Kulturkreises überzeugt hatte, suchte ich das Gespräch mit Margit Ketterle, die ich beim dtv-Verlag kennengelernt hatte. Kurz: Schon 2001 erschien im Claassen Verlag der erste Band von *Suchers Leidenschaften*. Den Titel für die Vortragsreihe hatte wieder Wolfgang erfunden.

Meine Mutter hielt dieses Projekt für eine Totgeburt. »Du auf einer Bühne? Das ist doch ein Witz! Da nützt dir kein Hermès-Gürtel und kein Maßanzug. Denk noch mal drüber nach. Ich will nicht, dass du dich blamierst und mich mit dazu. Eine Mutter muss die schlimmsten Verfehlungen ihres Sohnes verhindern.«

Auch Wolfgang gab zu bedenken, dass es durchaus möglich sein könnte, dass das Cuvilliéstheater, wo die Serie beginnen sollte, eher spärlich besucht sein würde. Er sah auch schon die Folgen so eines Flops: Gerhard Stadelmaier von der *FAZ*, mein Kritikerkollege und -konkurrent, würde jubeln: Selbstüberschätzung. Starkes Ego und schwacher Intellekt, so oder ähnlich. Diese Möglichkeit machte mir tatsächlich Angst. Der Kollege in Frankfurt ließ keine Gelegenheit aus, mir zu schaden. Wir hatten viele publizistische Scharmützel. Eines unserer Duelle endete mit einer Gegendarstellung, weil seine Behauptung, ich hätte mich als Intendant des Bayerischen Staatsschauspiels beworben, eine Lüge war. Wahr war, dass der Minister mich gefragt hatte, ob das ein Ziel von mir sein könnte. Stadelmaier empfahl mich sogar als Theaterleiter, dann seien mich alle als Kritiker los. Ich mochte diese publizistischen Kämpfe.

Ich sah die Gefahr des Scheiterns von *Suchers Leidenschaften*, aber ich ließ mich nicht beirren. Mit Elfriede Jelinek ging es los. Zwei Drittel der Plätze waren verkauft. Ich machte mich über die Roman-Obszönitäten der Jelinek lustig, lobte aber andererseits ihre Stücke. Ich freute mich, dass das Publikum sich über meine Formulierungen und über die ausgesuchten Zitate amüsierte, die die Schauspielerin Elisabeth Rath süffisant vortrug.

Ich knöpfte mir zuerst den Roman *Die Klavierspielerin* vor, der 1983 erschienen war. Ich dozierte bedacht professoral, dass mich die Geschichte der Klavierlehrerin Erika Kohut, die es nicht zur Pianistin gebracht hat, die dafür aber eine außergewöhnliche Karriere als entschlossene, geradezu fanatische Voyeuristin einschlägt, Peepshows besucht und Pornos guckt, nicht sonderlich amüsiert habe. Dass mein Vergnügen während der Lektüre nicht größer geworden sei, gefiel den ersten Damen.

Ich freute mich so lange über die Publikumsreaktionen, die ich genau so erhofft hatte, als ich meinen ersten Vortrag für diese Reihe schrieb, bis ich in der linken Proszeniumsloge Elfriede Jelinek höchstselbst erblickte. Ich erschrak. Ich sprach schneller. Ich sprach leiser. Ich wollte nur noch weg. Weg von den Menschen. Raus aus dem Theater. Zurück in die Anonymität.

Der zweite Abend, einen Monat später: Thomas Bernhard. Auf dem Plakat des Bayerischen Staatsschauspiels klebte in Rot: Ausverkauft! Ich fühlte mich grandios: narzisstische Selbstüberschätzung.

Meine Mutter hat keinen dieser Vorträge erlebt. Sie hätte sie – womöglich – gemocht, hätte – womöglich – erlebt, dass die Zuhörer begeistert waren, hätte ihre Meinung über mich und meine Intellektualität – womöglich – vielleicht zum Positiven verändert. Einen Kommentar hatte sie trotzdem parat: »Du musst schon sehr von dir überzeugt sein, dass du dich so großspurig vermarktest! Ich denke mir, was die Leute an dir wohl schätzen, ist deine Mittelmäßigkeit. Du bist einer von ihnen. Mittelgut. Ein literarischer Clown mit einer Halbbildung. Verrückt, dass so etwas ankommt.«

Hätte ich nicht einen gesunden Narzissmus, ich wäre an meiner Mutter gescheitert. Selbst als ich mit den *Leidenschaften* in vielen Städten auftrat – nach München kamen Weimar, Wien, Zürich, Hamburg, Essen, Bochum und Paris mit *Les Passions de Bernd Sucher*, schließlich übernahm das Bayerische Fernsehen die Reihe als *Suchers Leidenschaften aus dem Schlachthof* – meine Mutter blieb dabei: Kaiser kann mehr!

Wie ein Getriebener gierte ich nach neuen Erfolgen, nach neuen Aufgaben. Immer wieder versuchte ich, mich neu zu erfinden: als Lektor, Fernsehautor, Opernregisseur, Kritiker, Lehrbeauftragter an der Universität und an der Deutschen Journalistenschule. Es musste immer etwas Neues kommen, etwas Seriöses, etwas, womit ich meiner Mutter imponieren konnte. Was sie ein wenig beeindruckte, war meine Aufnahme im rotarischen Club München Hofgarten. Peter Kaisser, ein renommierter Orthopäde und ein geradezu fanatischer Theater- und Opernliebhaber, fragte mich, ob ich mir eine Mitgliedschaft bei Rotary vorstellen könnte. Mir schmeichelte diese Anfrage. Ich sagte zu. Der »Fall Sucher« landete im Aufnahmeausschuss. Nachdem ich bei einem Essen bewiesen hatte, dass ich mich zu benehmen wusste, wurde abgestimmt. Von Anfang an wusste Peter Kaisser, dass ich nicht als lediger Heterosexueller auftreten wollte, sondern als Homosexueller mit einem Partner. Just dies und – wie mir später berichtet wurde – auch meine öffentlich kundgetane jüdische Identität führte zu einigen Diskussionen unter den Herren. Schließlich wurde ich akzeptiert. Klaus Pinckernelle, damals, 2004/05, der Präsident, begrüßte mich im Club. Ich wurde gebeten, noch ein paar Worte zu sagen, und ich sagte den Herren einige offensichtlich verstörende Worte. Worauf Klaus Pinckernelle nach Sekunden der absoluten Stille bloß einen kurzen Satz formulierte: »Wir wollen Sie doch, Freund Sucher!«

München, 20. 9. 2004
Gestern bin ich Rotarier geworden. Habe die Herren erschreckt und verblüfft. Sagte, dass ich mich nicht mit Thomas Mann vergleichen möchte, aber er sei auf die Rotary-Mitgliedschaft stolzer gewesen – falls man stolz steigern könne – als auf den Nobelpreis, was die Rotarier nicht davon abgehalten habe, ihn bereits 1933 vor die Tür zu setzen. Club Hofgarten hätte zwei Gründe – falls je nötig, was ich nicht hoffe –, mich loszuwerden: Ich sei schwul und jüdisch. Fühlte mich gut nach diesem Bekenntnis.
Bei den Landtagswahlen in Sachsen und Brandenburg bleiben die Regierungsparteien CDU und SPD trotz herber Verluste jeweils stärkste politische Kraft, aber: In beiden Ländern ziehen Rechtsextremisten in die Landesparlamente ein! Mamsi ruft gleich nach den Hochrechnungen am Sonntagabend an. Sie malt die Situation schwarz. Ähnliche Ängste überfielen sie auch nach den ersten Erfolgen der NPD.
Gestern beschwor sie mich, weniger offen zu sein. Sie findet es falsch, dass ich mit meinem Jüdischsein »angebe« und allen, die es wissen wollten (oder auch nicht), erzählte, dass ich homosexuell bin. Auf meinen Einwand, dass ich mit meiner Religion nicht angebe, sie nur nicht verstecke, wie sie, kommt bloß ein schnippisches: »Dann mach halt so weiter!«

Ich wollte mich erklären und schrieb einen Brief.

Liebe Mamsi!
Unser Telefonat am Sonntag hat mich verstört. Ich verstehe Deine Angst vor dem Rechtsrutsch. Aber Deine Reaktion kann doch nicht sein, sich zu verstecken – als Jude, als Jüdin, als Homosexueller. Im Gegenteil: Wir müssen uns zeigen und kämpfen – wie die Juden im Warschauer Getto, als am 19. April 1943 aufständische Juden den nationalsozialistischen Besetzern erbitterte Gefechte lieferten. Du und Deine Mutter, ihr habt euch, wie all die anderen, nur gefügt. Das war feige! Und statt euren Glauben zu leben und nach Palästina auszuwandern, habt ihr gewartet, bis ihr abgeschlachtet werden würdet. So haben auch die Homosexuellen reagiert – und sie wurden gleichfalls in die KZ abtransportiert. Ich bin entschlossen, sollten die Rechten weiter zulegen, Deutschland zu verlassen. Nein, nicht nach Amerika möchte ich, sondern nach Israel. Ein Land, das Du gemieden hast und meidest.
Ich bitte Dich also, mir weder meine Demonstration des Jüdischseins noch mein öffentliches Coming-out vorzuwerfen. Ich finde es übrigens immer noch skandalös, dass Du Dich von Paps und seinem Vater hast so demütigen lassen und uns Kindern verboten hast, zu Mitgliedern der Jüdischen Gemeinde zu werden.
Denk mal darüber nach!
Dein Sohn Bernd

Ich schickte diesen Brief wirklich ab – erhielt aber nie eine Antwort. Doch ich fand sie in einem kleinen Spiralblock, versteckt in einer der Krokotaschen, in ein Kuvert gesteckt, das zugeklebt war.

Bitterfeld, 22. Juni 1946
Ich hoffe, dass diesen dünnen Block nach meinem Tod mein Sohn, den ich hoffentlich gebären werde – und er soll Bernd heißen –, finden wird. Sollte ein anderer ihn

finden, so möge diese Person diese Eintragungen lesen – und das Schriftstück dann vernichten. Ich werde sie zeit meines Lebens bei mir tragen – welche Reisen, Fluchten oder Verfolgungen mir das Schicksal auch auferlegen wird. Dies ist kein Tagebuch, kein Testament. Es ist eine Beichte. Sie enthält alles, was ich nicht sagen kann. Nicht meinem Mann. Nicht meinen Freundinnen – hab ich denn überhaupt eine einzige Freundin? Sind sie nicht alle ermordet worden? Und ich habe überlebt. Musste überleben!
Ich habe seit dem 8. Juni meinen Kopf gemartert, ob ich mit der jüngsten Vergangenheit beginne oder mit meiner Jugend und den Geschehnissen während der schlimmen Zeit. Seltsam, dass ich den Naziterror, diese Schreckensherrschaft, so verniedliche. Ich habe mich entschlossen, mit dem Jetzt anzufangen, denn das, was ich über das Davor schreiben möchte, peinigt mich weit mehr. Dieser Abschnitt meines Lebens wird mir eine Ehrlichkeit abfordern, von der ich weiß, dass ich sie mir nicht werde abringen können.
Ich habe vor vierzehn Tagen Heinz Sucher geheiratet. Einen Mann, der mir intellektuell unterlegen ist. Aber ich habe mich in ihn verguckt. Beim ersten Sehen habe ich mich verliebt! Obwohl er kaum eine Schulbildung besitzt; obwohl er ein Christ ist; obwohl sein Vater Juden verachtete und noch heute verachtet; obwohl dieser bigotte Mann sich als bekennender Protestant mit dem Regime arrangiert hat. Heinz hat Witz und Charme. Er ist patent. Er ist ein Verführer – und ich hoffe, dass er mir ein guter Ehemann sein wird. Seinetwegen habe ich mich auf demütigende, verletzende Abmachungen eingelassen, die sein Vater ihm und mir diktierte. Ich habe darauf verzichtet, unsere Kinder, falls ich welche bekommen darf, jüdisch zu erziehen. Das ist Verrat! An meinen Wurzeln, auch wenn ich nie eine sehr gläubige Jüdin war und Got-

tesdienste nur sehr selten besuchte und wohl auch nicht
häufig besuchen werde. Aber ich glaube an einen G'tt.
Einen, der es mit uns Juden nicht besonders gut meint.
Ja, ich habe mich in einer Kirche trauen lassen. Ich werde
die Fotos verstecken und sie nie meinen Kindern zeigen.
Ja, ich habe das Glaubensbekenntnis gesprochen – ich
wurde dazu gezwungen. Aber ich werde es kein zweites
Mal tun, auch nicht bei Taufen oder Konfirmationen. Ich
habe es für Heinz getan, den ich liebe. Trotzig, entschlossen. Ja, ich traue mich, es zu schreiben: hingebungsvoll.
Wie ein schutzloses Kind habe ich mich ihm ausgeliefert.
Weil er ein Mann ist ohne Arg und ohne List. Glaube ich.
Einer, der mich nicht wieder wegschicken wird.
Wie der andere, den ich geliebt habe – aber immer mit
einem schlechten Gewissen. Er hieß Mateusz – ein polni-
scher Adliger. Niemand soll forschen, wer er war. Ein her-
zensguter Junge. Seiner Zuneigung – es war bei ihm Liebe
auf den ersten Blick – verdankte ich meine Flucht aus
dem Lager. Ich war seine Geliebte – für kurze Zeit. Es war
ein verheimlichtes Verhältnis. Seine Eltern ahnten wahrscheinlich nichts. Wir liebten einander zuerst im Gesinde-
zimmer einer Magd, die uns eigentlich zusammengeführt
hatte. Für ihn war ich ein gefährliches Abenteuer – er für
mich die Rettung.
Davor lag die Hölle. Ich meine nicht die Selektion nach
der Ankunft im Lager, als der SS-Mann uns abzählte und
jede zehnte Frau erschoss. Ich war die Nummer Sieben.
Ich meine nicht die Zwangsarbeit auf den Feldern, das
Ernten von Kartoffeln. Ich meine auch nicht die Schläge
der brutalen Aufseherinnen. Ich meine nicht die Prügel
und die Hasstiraden unserer Peiniger. Schrecklich waren
die nächtlichen Besuche der SS-Offiziere. Sie drangen in
unsere Baracke ein und rissen Mädchen von den Prit-
schen. Meine Mutter musste zusehen, wie sie mich her-
auszerrten. Es war nicht nötig, ihr zu erzählen, was da-

nach passierte. So sprachen wir nicht darüber. Aber jetzt schreibe ich davon.
Die Offiziere – und es war nie derselbe in all den Monaten, Wochen, Nächten – brachten mich raus an die Luft. Dort wartete eine Aufseherin und scheuchte mich in die Baracke, in der das Personal wohnte. Dort musste ich mich nackt ausziehen und waschen. Dann wurde ich nackt zu dem Mann geführt, der in einem Nebenzimmer auf mich wartete. Nackt auch er. In der Hand eine siebenstriemige Reitgerte. Ich musste mich auf das Bett legen – erst auf den Rücken. Er drohte, wenn ich nicht täte, was er fordere, würde er zuschlagen: »Du weißt, wir sind da nicht zimperlich!« Und sie alle bestanden darauf, dass, was auch immer sie mit mir machten, ich nicht schreien dürfe. »Geheule mag ich auch nicht!« Sie alle sagten dasselbe. Sie schliefen lieber mit ihrer Frau als mit so einem Judenflittchen. Aber von all diesen Juden sei ich eine besonders hübsche – und so schön jung. Der Erste, der mich nahm, freute sich besonders: »Eine Jungfrau, das gibt's ja nicht – so viel Glück muss man haben. Nur schade, dass das jetzt so eine Sauerei geworden ist!« Zärtlichkeiten gab es keine, von keinem der Männer. Grob und schnell befriedigten sie sich. Ich dachte, während sie in mich eindrangen, an meinen ersten Freund Arthur Blau. Ich versuchte, mir sein Glück in Palästina vorzustellen. Ich hörte nicht hin, wenn sie mich Hure hießen oder Judensau. Ich versuchte, sie nicht anzusehen. Einige aber forderten genau dieses. Ich sollte sie bewundern für ihre Schönheit, für ihren durchtrainierten Körper. Für ihr Genital.
Am schlimmsten waren diejenigen, die mich sofort auf das Bett warfen und mich anal penetrierten. Die Schmerzen waren grässlich. Einmal hatten sich zwei junge Kerle zusammengetan. »Lutsch meinen Schwanz!«, befahl der eine. »Stell dich nicht so an, das ist ja nicht das erste Mal, dass dir einer den Schwanz in den Arsch steckt! Das mögt

ihr doch – eure Judenkerle sind doch Hengste, die alle Nummern draufhaben.«
Ich hatte es geschafft, nach der Hochzeit nicht mehr daran zu denken. Dennoch: Ich spiele Theater. Und hoffe, dass wir so selten wie möglich beieinanderliegen. Ich fürchte mich aber nicht nur vor diesen sexuellen Kontakten. Ich habe auch Angst vor meinen Kindern, die er zeugen wird. Werde ich ihnen eine gute Mutter sein können? Mir ist jede Zärtlichkeit ein Graus. Küsse – schrecklich, was mich verwundert, denn nie wollte ein SS-Mann Küsse. Oft kam ich mit Wunden von diesen Vergewaltigungen wieder auf meine Pritsche.
Waren die Männer schon fürchterlich, so trieben die Frauen, die Aufseherinnen, es noch schlimmer. Ab und an kamen sie, meist zu dritt, des Nachts und befahlen mir, mich vor der Baracke in den Schmutz zu legen. Ich musste ihnen die Schuhe küssen. Ich musste ihnen einen Hund vorspielen und bekam dafür ein Rindl vom Brot. War ich ein unerzogener Hund, bellte ich nicht hündisch genug, gab es Schläge mit der Lederpeitsche. Sie besaßen die gleichen wie die Offiziere. Siebenstriemig.
Ich litt Schmerzen. Ich litt Demütigung. Ich litt Selbstverleugnung.
Ich schämte mich. Weil ich es war, die dieses Unglück für meine Mutter und mich heraufbeschworen hatte. Egoistisch wollte ich nach einem Aufenthalt in Venedig nicht sofort nach Hamburg aufs Schiff, sondern noch einmal nach Leipzig, Abschiednehmen von meinen Freundinnen. Hier wurden wir verhaftet. Wir besaßen schon die Schiffstickets und die Visa.
Ein verwöhntes Mädchen war ich. Ich liebte Luxus: den Horch mit Chauffeur, die Villa, die Reisen. Ich war hochmütig, arrogant. G'tt hatte ich vergessen. Seit dem Transport zweifle ich nicht mehr, dass wir assimilierten Juden von G'tt die Rechnung präsentiert bekommen haben für

unseren Undank, für unsere Abkehr. Seit der Hochzeit fürchte ich, dass Schrecklicheres mir noch passieren könnte, dennoch gehe ich diesen Weg jetzt konsequent weiter. Ich verleugne meine Herkunft, meinen Glauben – und versperre, womöglich, meinen Kindern den Weg zurück. Wie werde ich ihnen mein Verhalten erklären können? Wie begründen, warum wir nicht nach Palästina wollten? Wahrscheinlich möchten sie auch wissen, was an der Assimilation so gut gewesen ist. – Meine Antwort kann nur sein: gesellschaftliche Anerkennung. Vermögen. Ich muss mir eingestehen, dass die assimilierte Jüdin, die ich nun bin, keineswegs anerkannt ist in dieser protestantischen Familie. Ich werde geduldet – und wahrscheinlich imponieren meinem Schwiegervater der Reichtum meiner Eltern und die Aussicht, dass sein Sohn womöglich eine Unternehmerin geheiratet hat.
Wenn ich auf mein Leben sehe – ich bin jetzt gerade einundzwanzig Jahre jung –, waren nur die ersten siebzehn Jahre glückliche. Die Jacobis und die Artmanns haben ihre Leben verkorkst – und mich dazu. Wie kann ich meinem Mann Unbildung vorwerfen, wenn ich selber es nicht einmal zum Abitur gebracht habe.
Was wünsche ich mir? – Nichts für mich! Alles für meinen Sohn. Er wird, wenn er denn geboren sein wird, richtigstellen, was ich falsch gemacht habe. Er wird, darum bitte ich Dich, G'tt, mein Leben, das im Konzentrationslager endete, obwohl ich lebe, fortführen und erreichen, was mir zu erreichen versagt geblieben ist. Versagt bleiben wird. Alles gäbe ich, ihn von Erfolg zu Erfolg zu führen. Sogar mein Leben. Er soll, er muss mir recht geraten. Körperlich und psychisch gesund.
Halt! Doch ich wünsche etwas für mich: Freude an Vertrautheit und Zärtlichkeiten.
Zu dieser Beichte gehört auch, dass ich gestehe, mit Mateusz glücklich gewesen zu sein. Ich schlief gern mit ihm.

All das hätte meine Mutter mir sagen können. Sagen müssen! Ich war verstört und gedemütigt, weil sie mir so wenig Vertrauen geschenkt hatte. Meiner Schwester verschwieg ich den Fund. Ich wollte nicht mit ihr darüber sprechen, denn ich hätte sie verletzt. Meine Mutter dachte nur an einen Sohn und an dessen Aufstieg. Eine Tochter war nicht vorgesehen. Der Sohn – nicht der Ehemann, nicht die Tochter – sollte der Rächer sein und eine Renaissance der Familien Jacobi und Artmann einleiten. Sie träumte von einem Wiederaufstieg mit mir. Ich durfte nicht versagen.

Keine Kümmerin, sondern ein Mann, ein Regisseur, ein Theaterleiter, ein Alleskönner und ein Überalldabei veränderte mein Leben noch einmal entscheidend: August Everding. Er lud mich im September 1994 zu einem Gespräch ins Prinzregententheater, in den großen königlichen Saal, das Pausenzimmer von Ludwig II. Ich ahnte nicht, was er von mir wollte.

Ich erzählte meiner Mutter von der Verabredung.

»Was wird er schon wollen? Wahrscheinlich darfst du auf eine Gastspielreise mit.«

Warum, frage ich mich seit dem Tod meiner Mutter, musste ich sie immer in meine Pläne einweihen? Warum bin ich nie erwachsen geworden? Obwohl ich wusste, dass sie mir nie zuriet, sondern immer nur warnte, schalt, miesmachte. Wiederholungszwang. Ich sehnte mich bei meiner Mutter – und allein bei ihr – danach, gedemütigt zu werden. Immer wieder suchte ich diesen Schmerz der Erniedrigung. Ich wollte verstoßen werden. Nicht, um mich selbst zu bemitleiden, sondern, weil ich die mir zugefügten Qualen nutzte, um etwas zu leisten. Oder einem Menschen, der mir etwas bedeutete, zu gefallen. Der Tadel meiner Mutter war der Kraftstoff, der meinen intellektuellen und emotionalen Motor speiste.

August Everding, den Spötter einen »Cleverding« nannten, war es gelungen, im Münchner Prinzregententheater 1993 die Bayerische Theaterakademie zu gründen, die nach seinem

Tod seinen Namen erhielt. Everding wünschte sich ein »Lehr- und Lerntheater«.

»Sie wissen, lieber Herr Sucher, dass ich sehr gern sehr schnell auf den Punkt komme.«

Ich lächelte.

»Sie wissen auch, dass mir die Theaterakademie sehr am Herzen liegt. Da ich mich jedes Mal ärgere, was die Kritiker über meine Inszenierungen schreiben – dem einen gelte ich als brillant, dem anderen als ein Dummkopf; und beide haben nicht hingesehen –, möchte ich gern einen Kritikerstudiengang an der Akademie etablieren. Ich denke, Sie sind der richtige Mann, ihn zu gründen und zu leiten. Sie müssen sich nicht gleich entscheiden.«

»Erst einmal möchte ich Ihnen danken, dass Sie mir diese Aufgabe zutrauen. Dass Sie mir nicht gram sind für meine zuweilen nicht eben höflichen Bemerkungen zu Ihren Arbeiten.«

»Hab ich längst vergessen.«

»Ich brauche keine Bedenkzeit. Ich möchte dieses wunderbare Angebot annehmen. Jetzt gleich.«

Ich erklärte August Everding, dass ich erste Erfahrungen mit der Lehre schon hinter mir hätte, bei den Münchner Theaterwissenschaftlern, an der Deutschen Journalistenschule in München und am Moskauer Gitis-Institut. Nach vierzehn Minuten war das Gespräch beendet.

»Karl Köwer, der künstlerische Direktor, wird sich bei Ihnen melden. Er ist der Koordinator des Lehrbetriebs, er hat alle Studiengänge eingerichtet und wird Ihnen helfen. Die Bayerische Theaterakademie ist leider keine eigenständige Hochschule. Alle Studiengänge sind woanders untergebracht. Ich denke, die Kritiker sollte man leicht an der Universität unterbringen, bei den Theaterwissenschaftlern. Eine Kooperation: Die Studenten werden eingeschrieben sein an der Uni, finanziert wird das Ganze von der Akademie.«

Als ich meiner Mutter von dieser neuen Wirkungsmöglichkeit erzählte, konnte sie ihre Skepsis einmal mehr nicht verbergen.

»Der Herr Everding traut dir aber viel zu. Ich denke, er überschätzt dich. Die wenigen Seminarchen in Moskau und München sind doch nicht zu vergleichen mit der Leitung eines eigenen Studiengangs. Ich rate dir, sag das ab – das schaffst du nicht. Überhaupt, was passiert dann mit der *Süddeutschen*? Hörst du dann dort auf, das wäre fatal. Dieser Posten ist der einzige, der dir Sicherheit bietet und eine Rente.«

Meine Mutter sprach sich in Rage.

»Eine Professur hättest du viel früher anstreben müssen. Wenn du in Ann Arbor geblieben wärst, dann hättest du sie schon längst. Aber diese Chance hast du dir entgehen lassen. Schlimm, dass Wolfgang das alles mitmacht. Aber wahrscheinlich lässt du ihm gar keine andere Wahl.«

Schon am nächsten Tag meldete sich Karl Köwer. In wochenlanger Arbeit entwickelten wir gemeinsam ein Konzept, beschrieben die Ausbildungsinhalte, arbeiteten ein Curriculum aus. Köwer, ein Mann, der Regie studiert hatte, erwies sich als besonders gebildet, sympathisch und sehr bescheiden. Ein Künstler und ein Manager, der in allen Verhandlungen sein Licht unter den Scheffel stellte. August Everding und Karl Köwer wollten für mich eine Professorenstelle schaffen. Ich gebe zu, dass diese Aussicht, Professor zu werden, Honorarprofessor mit einem gut dotierten Honorar, mich sehr reizte.

Dieser Entwurf eines Kritikerstudiengangs ging mit einem Begleitbrief August Everdings an die Theaterwissenschaftler. Dort tagte man lang – und entschied sich dagegen. Der Grund der Absage war ich. Das Institut, der Lehrstuhlinhaber und seine Kollegen konnten sich eine Professur für einen Journalisten nicht vorstellen. Dass ich – wie sie – schon einige Bücher publiziert hatte, zählte wenig.

Everding gab dennoch nicht klein bei – und ich auch nicht. Wolfgang riet mehr als einmal, diesen Kampf um vier Buchstaben und einen Punkt – Prof. – aufzugeben. Aber Everding hatte gleich nach der Absage eine brillante Idee. Er sei sehr befreundet mit dem Intendanten des Bayerischen Rundfunks, Albert Scharf, der, wie alle Intendanten zuvor, laut Satzung zugleich der Präsident der Hochschule für Fernsehen und Film sei. Außerdem habe er den Kultusminister Hans Zehetmair schon über sein Kritikerprojekt informiert, und der sei sehr angetan von der Sucher-Lösung.

»Die Geburt der Tragödie war ein Klacks, verglichen mit der Gründung des Studiengangs ›Theater-, Film- und Fernsehkritik‹«, schrieb ich 2017 in der Festschrift zum 20-jährigen Jubiläum. Das war keine Übertreibung. Hätte August Everding nicht so glänzend sein Netzwerk genutzt, hätte ich nicht jeden seiner Vorschläge angenommen und befolgt – »Albert Scharf erwartet Sie um sieben Uhr morgens in seinem Büro im Funkhaus!«; »Rufen Sie mich bitte heute gegen ein Uhr morgens an – da werde ich wieder zu Hause sein!«; »Morgen müssen Sie unbedingt Prof. Klaus Schreyer treffen, er ist in der HFF zuständig für unsere Gründung – er ist ein schwieriger Mensch!« –, hätte ich August Everding nicht gehorcht: Es gäbe diesen Studiengang nicht.

Meine Mutter, der ich nicht jeden Schritt erklären wollte, fragte jeden zweiten Tag nach, ob es denn noch etwas würde.

»Lass es einfach. Du merkst doch, dass keiner einen Professor Sucher haben will! Du bist ein Journalist, der nebenbei ein wenig über Literatur parliert, und kein Hochschullehrer. Dafür braucht es mehr als eine pfiffige Schreibe und den Glauben an die eigene Grandiosität.«

Monatelang diskutierten Professor Schreyer, Karl Köwer und ich über ein Curriculum. Herr Schreyer maßregelte den Unterhändler der Theaterakademie unverschämt unziemlich, und mir machte er deutlich, dass er mich nicht für den geeigneten Mann hielt. Aber August Everding schützte mich; das war mein Trumpf, und Professor Schreyer konnte nicht stechen! Wir trafen uns immer in der Wohnung des HFF-Professors, der seinen fast nadellosen Weihnachtsbaum bis März stehen ließ, mit den unausgepackten Geschenken darunter. Die Verhandlungen verliefen alles andere als entspannt. Streit lag in der Luft.

Zwei Jahre dauerte es, bis ich auf einer Professoren-Vorschlagsliste der Hochschule für Fernsehen und Film stand; nicht an erster Stelle, das hatte Klaus Schreyer offensichtlich verhindert. Der Minister ließ sich indes nicht unter Druck setzen. Während dieser vielen Monate verging keine Woche, in der meine Mutter mir nicht vorschlug aufzugeben.

»Das wird nichts! Dich will keiner! Sieh doch endlich ein, dass dieser Beruf eine Nummer zu groß für dich ist! Sei froh, dass du es mit deinem Talent zu einem *SZ*-Kritiker geschafft hast! Außerdem: Du bist doch schon viel zu alt für etwas Neues!«

»C. Bernd Sucher, Feuilletonredakteur und Theaterkritiker dieser Zeitung, ist vom bayerischen Kultusminister zum Honorarprofessor ernannt worden. Sucher unterrichtet seit 1984 an der Deutschen Journalistenschule, seit 1986 am Theaterwissenschaftlichen Institut der Ludwig-Maximilians-Universität und seit 1994 an der Universität Moskau.«

Diese kleine Meldung erschien am 14. Juni 1996 im Feuilleton der *SZ*. Als ich von der Überreichung der Urkunde in die Redaktion kam, hatten die Sekretärinnen die Glastür zu meinem Büro mit einer Lorbeerschleife geschmückt und ein Schild festgeklebt: Herzlichen Glückwunsch! Die Kollegen hielten sich zurück, außer Wolfgang Werth und Peter Buchka, die sich beide mit mir freuten.

Am Nachmittag ging ich einkaufen. Bei van Laack ein Hemd, bei Lodenfrey einen Anzug, bei Hermès eine Krawatte, bei Ed. Meier ein Paar Schuhe. In jedem Geschäft bat ich, meinen Einkauf erst einmal nicht mitnehmen zu müssen – ich würde später vorbeikommen und die Tüte abholen.

»Auf welchen Namen dürfen wir Ihren Einkauf zurücklegen?«

»Professor Sucher, bitte.«

Titel – ich wusste es schon beim Doktor – machen nur am ersten Tag Spaß, aber da sehr! Sie sind allein nützlich, wenn man es mit Ärzten zu tun hat.

14. Juni 1996

Hurra! Ich bin Professor. Jetzt habe ich es schriftlich – eine Urkunde! Meine Kollegen verhalten sich spielverderberisch. Allein Peter Buchka und Wolfgang Werth gratulieren. Und die Sekretärinnen. Viele Freudeeinkäufe gemacht. Ein toller Etroanzug, schwarz, mit feinen Streifen in Violett. Mamsi würde ihn zu aufdringlich finden.

Im Sommersemester versuchte ich so etwas wie ein Try-out des Studiengangs. Ich bot ein Kritikerseminar bei den Theaterwissenschaftlern an, für das sich viele Studierende angemeldet hatten. Ich konnte unter den Teilnehmern auswählen – und hatte viel Glück dabei. Unter den Studenten waren Clemens Prokop, der heute in meinem Studiengang unterrichtet und die Weichen für das Feuilleton der Zukunft im Netz gestellt hat, ohne zu vernachlässigen, dass auch im Netz die Sprache erstes Kommunikationsmittel ist; und Stefan Fischer, heute – und dies seit Ende seines Studiums im Jahr 2000 – mein Assistent und zugleich Dozent. Mit beiden verbindet mich nicht allein berufliches Interesse. Sie sind längst Freunde!

Die Feier in unserer Wohnung richtete Wolfgang aus. Eingeladen waren alle, die an dieser schwierigen Geburt beteiligt waren. Auch ein Professor der Theaterwissenschaft, denn das Institut hatte sich bereit erklärt, die zukünftigen Studenten des zweijährigen Aufbaustudiengangs zu Vorlesungen, Übungen und Seminaren zuzulassen. Mit einiger Verspätung traf August Everding ein und entschuldigte sich: »Ach, hier ist

Käfer zugange, ich komme gerade von einem Empfang, da gab's Dallmayr!« Everding – Everything and everywhere. Meine Eltern kamen nicht.

Mein Vater war zu diesem Zeitpunkt nach seinem Schlaganfall schon sehr krank, die Reise wäre zu beschwerlich für ihn geworden. Meine Mutter hätte durchaus nach München fliegen können. Sie gratulierte nur kurz am Telefon. Auch meine Schwester kam nicht und gratulierte mir auch nicht. Das Verhältnis zu ihr war bis zu ihrem Tod 2016 ein sehr schwieriges. Wir hatten uns als kleine Kinder gut verstanden. Aber bald schon herrschte Krieg: Mein Vater zog sie mir vor; für meine Mutter war sie uninteressant. Ihr erlaubten die Eltern alles, was sie mir verboten. Sie wurde nie geschlagen. Sie durfte die Schule mit der sogenannten Mittleren Reife abbrechen, als sie nicht mehr weiterlernen wollte. Sie durfte einen ungebildeten Kleinunternehmer heiraten. Die Hochzeitsfeier, an der ich mit Ronald teilnahm, fand in einem Gasthaus an der Mosel statt. Ohne die Eltern des Bräutigams. Keine Reden, keine Tränen, keine Musik – dafür aber viel Wein. Und Betttücher aus Frottee, eine grauslige Erinnerung.

Die Telefonate mit meiner Mutter wurden seltener. Meldete sie sich, dann begann die Unterhaltung mit dem Vorwurf, ich hätte längst anrufen müssen. Und wenn ich sie anrief, war ihr erster Satz: »Du meldest dich gewiss, weil du Sorgen hast – ich hatte dir vorausgesagt, dass du mit diesen drei absonderlichen Berufen nicht zurechtkommen wirst.«

Ich kam zurecht. Aber der Süddeutsche Verlag geriet in die Krise. Vorbei die Zeiten, da es egal war, wie viel ein Hotelzimmer kostete, wie viele Seiten das Feuilleton am Tag beanspruchte, wie umfangreich ein Text wurde. In den Achtziger- und Neunzigerjahren unterschrieben die Chefs die abenteuerlichsten Reiseabrechnungen. Für die Berichte aus Avignon wohnte ich stets eine Woche in der legendären Oustau de Baumanière, häufig in einer Suite, was meine Mutter wiederholt dazu trieb, mir vorherzusagen, dass die Zeitung so ein Snobgehabe nicht lange mitmachen werde. Es stimmt, meine Hotelwahl wurde neidisch beäugt.

Der Oscar-Wilde-Spruch, er könne auf alles verzichten, nur auf Luxus nicht, gefällt mir. Mit ihm konnte ich meine Mutter erzürnen. Immer wieder erinnerte sie mich an ihr Schicksal, an ihren Absturz. Ich wusste, dass ich viel Glück in meinem Leben hatte. Ich danke noch heute jeden Abend G'tt dafür, und wenn ich an einer Kirche vorbeikomme, gehe ich hinein und preise ihn. Nur weiß ich nie, wohin ich schauen soll: Maria ist es nicht und nicht Jesus am Kreuz.

Coburg, 10. November 1989
Was für eine Nacht! Die Berliner Mauer ist offen! Ich erfahre davon im Dampfbad des Hotels Traube. Der Kameramann, mit dem der Regisseur Gernot Runge und ich unterwegs sind – der BR dreht mit mir an vier Orten vier Kommentare zur Situation der bayerischen Theater –, stürmt herein und ruft: Die Mauer ist gefallen! Ich haste wie die anderen drei Herren unter die Dusche. Rauf aufs Zimmer. Fernsehen an. Und da sehe ich sie. Glückliche Menschen in Trabis. Menschen auf der Mauer.
Ich rufe zu Hause an. Mamsi ist am Apparat. »Wir werden hoffentlich alles wiederbekommen, das Haus und gewiss die Grundstücke! Paps freut sich auch sehr.« Seltsam, dass sie nicht darüber spricht, Menschen wiederzusehen, mit denen sie jahrelang nur korrespondiert und denen sie Päckchen geschickt hat.
Im Hotel Diskussionen bis weit nach Mitternacht – immer bei laufendem Fernseher. Wir überlegen, an die nahe Grenze zu fahren, entscheiden uns schließlich dagegen.

Nürnberg, 11. 11. 1989
Trabis in der Stadt. Die Nürnberger jubeln den Ostlern zu und schenken ihnen Obst und Geld. Laden sie ein zu Bratwürsten. Rührend.
Werde mich bald aufmachen, mein Geburtshaus zu sehen.

Ich betete auch für die Gesundheit meines Vaters, hoffte, dass er sein Haus noch wiedersehen würde und an den Gräbern seiner Eltern beten könnte. Er alterte rasch. Aus dem stattlichen Mann mit den schwarzen Locken wurde ein Männchen mit schlohweißem Haar. Die Krankheit hatte ihn sehr verändert. Wahrscheinlich war die Vorfreude, das Haus wiederzusehen, die Gräber der Eltern und Großeltern zu besuchen, ehemalige Freunde wiederzutreffen, zu groß. Er hat Bitterfeld nie wieder besucht.

Meine Mutter verzieh ihm seine Gebrechlichkeit nie, weil sie dadurch im Haushalt Abläufe organisieren und sich um Behördengänge kümmern musste. Sie schalt ihn für Vergesslichkeiten und jedes Ungeschick. Als er bei einem Aufenthalt in Bad Gastein das Zimmermädchen damit nervte, dass er nach Kartoffeln im Bad verlangte – er meinte Seife –, beschimpfte ihn meine Mutter grob: »Du bist ja schlimmer als ein Kleinkind.«

Später verließ er kaum noch das Haus. Er kleidete sich nicht mehr sorgfältig und schlurfte in einer Trainingshose durchs Haus. Und er begann zu trinken – heimlich. Meine Mutter hatte sich entschlossen, die Tage auf der Couch zu verbringen, zu lesen, zu dösen und sich verwöhnen zu lassen – von zwei Frauen. Meine Schwester hatte zwei Polinnen verpflichtet, die meinem Vater halfen, meine Mutter bei guter Laune zu halten. Sie hatten, auf seinen Wunsch, ihm im Keller einen Vorrat an Wein und Bier bereitgestellt. Eine von den beiden Frauen kümmerte sich mehr als nur pflegerisch um meinen Vater. Evelin vertraute mir an, dass mein Vater mit ihr ein Verhältnis habe und er sie, aber das war Vermutung nur, dafür extra entlohnte. Selbst wenn meine Mutter davon gewusst haben sollte, es wird sie nicht gestört, sondern sie in ihrem Urteil über ihren Mann wohl eher bestärkt haben.

Besuchte ich meine Eltern, meist nur für wenige Stunden, dann fragte mein Vater viel, erkundigte sich auch nach Wolfgang und interessierte sich sogar für meine Arbeit. Meine

Mutter schwieg. Ich weiß nicht einmal, ob sie uns überhaupt zuhörte. Wenn mein Vater den Raum verließ – er ging in den Keller –, begann sie zu reden und schickte eine der Polinnen hinterher, sie möge nachschauen, was ihr Mann da mache. Sie beklagte sich über meinen Vater, nannte ihn einen Alkoholiker. Sehr lange habe auch ich meinen Vater verachtet, nicht erst nach meinem Coming-out. Ich sah in ihm einen zwar charmanten, aber recht ungebildeten Verlierer, einen Schwächling, der von seiner Frau dominiert wurde, die ihn nie im Unklaren darüber ließ, dass sie ihn gering schätzte. Doch je heftiger sie meinen Vater beschimpfte und kritisierte, umso entschlossener nahm ich ihn in Schutz. Viele Jahre verzieh ich ihm weder die Schläge noch die Beschimpfungen. Auch sein Verhalten gegenüber meiner Mutter, die Betrügereien und die nächtlichen Streitereien im Schlafzimmer empfand ich immer als extrem schmutzig. Diese Geringschätzung währte bis zu einer Osternacht 1996.

Ich war nach Hamburg gereist, weil meine Mutter eine Augenoperation plante und für eine Woche ins Krankenhaus musste. Meine Schwester und ich beschlossen, meinem Vater Gesellschaft zu leisten. Die erste Nacht verbrachte ich in einem Hotel, die zweite zu Hause, in meinem ehemaligen Kinderzimmer. Wir, mein Vater und ich – meine Schwester war zu ihrem Mann gefahren –, gingen gemeinsam in den Garten, schauten in den Sternenhimmel.

»Ich habe bei deiner Erziehung viele Fehler begangen«, begann mein Vater. Und er erzählte, wie meine Mutter ihn gebeten hatte, mich zu züchtigen, weil sie sich selbst zu schwach dafür fühlte. Und er habe gehorcht. Mit Tränen in den Augen beschrieb er mir, dass er sich in dieser Ehe nach Zärtlichkeit gesehnt – und sie nie erhalten hatte. Meist habe er mich gar nicht schlagen wollen, nicht wegen schlechter Noten oder irgendeiner Aufsässigkeit. Aber er habe es machen müssen. Nur einmal sei es sein eigener Entschluss gewesen zu prügeln, nachdem er erfahren hatte, dass ich Männer liebte.

Er ging ins Haus. Ich setzte mich auf die Schaukel, die seit Kindertagen im Garten stand. Er kehrte mit zwei Gläsern und einer Flasche Rheingauriesling zurück.

»Ich möchte mich bei dir entschuldigen.« Er sprach leise. Sehr langsam. Jedes Wort schien ihm eine Pein. »Kannst du mir vergeben?« Ich schwieg. »Es ist so wichtig, dass ich weiß, dass du mich nicht verachtest. Ich werde nicht mehr lange leben. Du hättest so viele Gründe, mich zu verachten: meine Schwäche, meine Schläge, mein Lebenswandel – und dein Können habe ich nie gelobt.«

Ich stieg von der Schaukel und nahm meinen Vater in den Arm. Wortlos. Unter Tränen. Auch die Sentimentalität hat mir mein Vater vererbt. Meine Mutter habe ich nur sehr selten weinen sehen.

Wir sprachen die ganze Nacht. Er erzählte mir von seiner Frau, die er liebte und die ihm das Lieben so schwer mache. Er wisse, dass sie sich einen ganz anderen Mann ersehnt habe, »einen Intellektuellen wie dich«. Dass er sie nur hatte halten können, weil sie zu feige war, ihn zu verlassen.

»Sie war froh, mich zu haben. Sie hat mir gezeigt, dass sie ganz andere Männer verdiente als mich. Mich hat sie nur genommen, weil ich der Erste war, der ihr nach ihrer Rückkehr nach Bitterfeld Sicherheit geben konnte. Sie mochte mich. Heute mag sie mich nicht mehr. Wir sind zusammen, weil wir es nicht geschafft haben, uns zu trennen – wegen der Kinder, der Finanzen. Ihre Verachtung quittierte ich mit Rohheit, auch sexueller, und mit den Affären mit anderen Frauen.«

Schließlich erklärte er mir, woran ihr erstes Kind gestorben sei. Und warum er meine Mutter nie verlassen habe. Diese Osternacht brachte mich meinem Vater näher. Ich begriff, dass meine Mutter nicht nur mich, sondern auch ihn verkorkst hatte. Konnte sie nicht anders? Oder bestrafte sie uns nur stellvertretend, weil sie jener Männer, die sie gemartert hatten, nie habhaft werden konnte? War ihre Kaltherzigkeit eine Lust oder nicht vielmehr ein Schutz aus Angst vor neuerlichen Verletzungen? Wie viel böser Wille stand hinter ihren Taten? Oder anders gefragt: Waren ihre Angriffe nichts als Flucht? Flucht vor Nähe, vor Liebe, vor neuerlichen Enttäuschungen?

Als wir meinen Vater im Jahr 2000 zu Grabe trugen, dachte ich an diese nächtlichen Stunden. Er ist am 28. Juli gestorben – er hatte sich gewünscht, verbrannt zu werden. Ich versagte ihm seinen letzten Wunsch aus einem, wie ich noch heute glaube, triftigen Grund: Ich wollte mich richtig von ihm verabschieden. Dazu gehörte das letzte Geleit und nicht der letzte Vorhang. Ich wollte kein Theater in diesem wichtigen Augenblick. Aus der Aussegnungshalle wurde er zu den Klängen der Barcarole aus Jacques Offenbachs *Hoffmanns Erzählungen* getragen – es war die einzige Oper, die mein Vater je aufgeführt gesehen hatte. In der Hamburgischen Staatsoper 1981. Es war eine Einladung von mir – und meine Eltern kamen widerwillig mit, neugierig mehr auf das Haus als auf die Oper. Meinem Vater gefiel Jürgen Flimms Inszenierung, obwohl es im Venedig-Akt schneite. Er fand an dieser ausgebuhten Aufführung, die Flimm Jahrzehnte später als seinen schlimmsten Misserfolg wertete, nichts falsch. Meine Mutter behauptete, dass die Vorstellungen, die sie als Kind in Leipzig besucht hatte, weit besser gewesen wären. Es war gewiss eine Lüge.

Die Barcarole und Sonnenblumen zum Abschied. Ich hielt eine Rede, berichtete, dass mein Vater das Größte geschafft hatte, was ein Vater seinem Sohn schenken kann: die Bitte, ihm zu vergeben. Meine Worte waren keine Abrechnung, sondern Erinnerung an einen Mann, der ein wenig glückliches Leben geführt hatte und der zu schwach gewesen war, sich ein glücklicheres zu erkämpfen. Als ich mich bückte, um auf die Schaufel Erde zu schippen, fiel meine Brille auf den Sarg. Beherzt schippte ich weiter, lud so viele Steine auf die Schaufel wie möglich. Hätte ich mehr Mut gehabt, ich hätte, wie bei jüdischen Beerdigungen durchaus üblich, das Grab zugeschaufelt.

Meine Mutter rächte sich an ihrem Mann ein letztes Mal. Öffentlich. Sie weigerte sich, an der Beerdigung teilzunehmen. Ich beschwor sie, ich bettelte, ich gemahnte sie an Pflichten, an das gute Benehmen. Sie blieb dabei und behauptete, zu schwach zu sein, behauptete, der Arzt hätte ihr von diesem Gang abgeraten. Sie hatte ihn gar nicht konsultiert. Als wir mit einigen wenigen Trauergästen am Mittag nach Hause kamen, hatte sie von den Polinnen rasch im Garten den Tisch decken lassen. Daneben ein vorbereitetes kaltes Büfett mit allem, was mein Vater gemocht hatte. Auch Lachstoast. Aus dem Weinkeller hatte sie eine Magnumflasche Champagner holen lassen. Meine Mutter war sehr guter Dinge.

Freitag, 4. August 2000
Heute Paps zu Grabe getragen. Nur einige ehemalige Arbeitskollegen sind gekommen. Ein paar Nachbarn. Die zwei Polinnen. Minka, Nico, Wolfgang und ich. Mamsi weigerte sich, uns zu begleiten. Sie blieb zu Hause. Als wir zu viert in den Uckermarkweg kommen, sitzt sie bereits im Garten. In einem bunten Sommerkleid! Ich bin wütend! Es gibt Champagner. Mamsi feiert den Tod von Paps. Eine Befreiung? Ist ihr Entschluss, nicht mit auf den Friedhof zu kommen, die Rache für die Vergewaltigungen in der Ehe? Ich müsste ihr sagen, wie mies ihr Verhalten ist. Bin zu feige.

Meine Schwester bewunderte die Gelassenheit meiner Mutter; ich fand sie – angesichts von vierundfünfzig Ehejahren – widerlich. Ich erinnerte mich, dass ich die beiden beim Abendessen zu ihrer goldenen Hochzeit auseinander gesetzt hatte, einander gegenüber und nicht nebeneinander. Die Gäste hatte meine Sitzordnung irritiert. Ich hatte sie unbewusst gewählt, und keiner von beiden hatte protestiert.

War es eigentlich klug, sie in einem Grab zu beerdigen?

Ich diskutierte sehr lange mit meiner Mutter, ob sie nicht lieber auf dem jüdischen Friedhof beerdigt werden mochte.

Ich erklärte ihr, dass dann der Rabbiner reden und beten könnte. Doch sie wollte in Vaters Grab. Wieso?

»Der Rabbiner weiß doch gar nicht, wer ich bin. Dein Großvater und dein Vater haben mir verboten, mein Judentum zu leben und dich und deine Schwester jüdisch zu erziehen. Außerdem habe ich es deinem Vater versprochen, mich zu ihm zu legen.«

»Aber er wollte doch verbrannt werden?«

Sie schwieg. Wir hatten nie darüber gesprochen, ob sie überhaupt glaubte oder ob sie – nach der Verfolgung – diesen G'tt verachtete. Ich habe sie nie beten sehen. Jedes religiöse Gespräch, das ich anzuzetteln versuchte, beendete sie abrupt. Wenn ich ihr indes erklärte, dass ich Jean-Paul Sartre schätzte, schimpfte sie, dass Nihilismus etwas Schreckliches sei.

Zunächst dachte ich, dass meine Mutter eine lustige Witwe werden würde. Ich verließ sie schon am Abend der Beerdigung. Sie war gut gelaunt. Ich musste mich nicht sorgen, dass sie nicht würde schlafen können.

»Jetzt haben wir über das Wichtigste nicht gesprochen«, sagte sie beim Abschied. »Beutelt die Zeitungskrise den Süddeutschen Verlag eigentlich auch? Und wie gehst du damit um?«

Mein Vater war noch keine sechs Stunden unter der Erde, und sie bewegte die Frage, was für Auswirkungen die Zeitungskrise auf meine Karriere haben könnte.

Ja, die Krise war zu spüren. Ich geriet unter Druck – aus vielerlei Gründen.

»So gut wie Ihnen geht es in der Zeitung niemandem«, empfing mich der Chefredakteur Hans Werner Kilz. »Sie verdienen als Professor, Sie verdienen mit Ihren Vorträgen, Sie verdienen mit Ihren Büchern – jetzt machen Sie auch noch Hörbücher. Sie wissen, dass wir sparen müssen. Wir schätzen Ihre Arbeit durchaus, aber der Exklusivvertrag, den wir mit Ihnen geschlossen haben, nachdem Sie auf Ihren Redakteursposten verzichteten, ist zu hoch dotiert. Könnten Sie sich vorstellen, freiwillig weniger zu verdienen, um es uns möglich zu machen, Ihre Nachfolgerin besser zu bezahlen.«

Dieser Überfall kam überraschend. Zumal ich meinen Verzicht auf die Festanstellung und die Bereitschaft, als freier Exklusivautor zu arbeiten, schon für ein großes Entgegenkommen hielt.

Statt um Bedenkzeit zu bitten oder Ausflüchte zu erfinden, reagierte ich sofort.

»Gut, Herr Kilz, ich verzichte auf ein Drittel meiner Pauschale als Exklusivautor«, sagte ich Sekunden nach seiner Frage.

Statt eines Drittels fehlte bei der nächsten Gehaltsabrechnung fast die Hälfte meiner Bezüge. Just in diesen Tagen kamen noch andere Schläge. Der Theaterkritiker der *FAZ* unterstellte in einem hinterhältig denunzierenden Artikel, dass ich parteiisch sei, dass ich die Theater, auf deren Payroll ich wegen meiner *Leidenschaften*-Vorträge stünde, schonte. Er suggerierte den Lesern, ich würde wahrscheinlich nicht honorarlos auftreten. Richtig war, dass nicht die Theater mich zahlten, sondern deren Fördervereine. Mein Nachfolger Christopher Schmidt, der 2017 viel zu jung starb, machte Herrn Kilz auf den Artikel aufmerksam, und der stellte mich vor die Alternative, entweder keine Vorträge mehr in Theatern zu halten oder keine Kritiken mehr in der *Süddeutschen* zu schreiben. Diesmal wehrte ich mich und schlug vor, dass ich über keine Produktionen der Theater schreiben würde, in denen ich auftrat. Er war einverstanden. Nur bedeutete dieses Zugeständnis, dass die großen Häuser für mich verloren waren: das Burgtheater in Wien, das Zürcher Schauspielhaus, das Odéon in Paris, das Bochumer Theater und andere mehr.

Es gab noch eine Möglichkeit, mich zu verletzen. Der Verlag führte ein, dass niemand mehr für eine Übernachtung ausgeben dürfte als einhundert Euro. Ich verabredete mit der Sekretärin, die die Reisen buchte, dass sie bitte weiterhin die

Hotels reservieren möge, die ich bevorzugte; ich würde die nötige Summe draufzahlen.

Doch die Sekretärin wurde angewiesen, auch für den Herrn Professor Zimmer unter einhundert Euro zu finden. So fand ich mich eines Tages in einer billigen Pension in Berlin. Kurfürstendamm, Ecke Joachimsthaler Straße. Des Nachts schienen die Busse direkt über mein Bett zu fahren. Kein Kaffee ins Zimmer, Abreise elf Uhr. Ich reiste nach Hause und beschloss, diesem Elend ein Ende zu bereiten.

Warum, fragte ich mich, bemerkte niemand, dass ich weit sensibler war, als man es von mir annahm. Zeit meines Lebens dachten fast alle, dass mein Selbstbewusstsein unerschütterlich stark sei, dass Selbstzweifel gar nicht aufkommen konnten. Begabter Großkotz, lästerten wohl die meisten meiner Kollegen.

Peter Buchka, einer der angenehmsten Menschen in der Redaktion, ein kluger, witziger, diskreter und integrer Mann, wollte mich auf die Probe stellen, denn er hielt mich für stark, selbstbewusst und ein wenig hochnäsig. Er staunte nicht schlecht über seine Fehleinschätzung.

»Deine Kritik ist richtig toll, sie ist morgen der Aufmacher«, sagte er mir an einem Nachmittag im Oktober 1992.

Ich war in Wien und wollte noch am Nachmittag von dort nach Berlin zu einer Premiere in der Schaubühne fliegen.

»Danke, Peter. Morgen kriegst du einen Text aus Berlin, der wird noch besser.«

Peter Buchka reagierte nicht.

Ich telefonierte meine Texte immer einem Stenografen in den Block und bat dann darum, mir den redigierten Aufsatz ins Hotel zu faxen. Ich hatte mit diesem Herrn, der von ausgesuchter Höflichkeit war und so intelligent, dass er Texte zusammenschusterte, wenn er sein Geschriebenes nicht mehr entziffern oder dechiffrieren konnte, schon schlimme Erfahrungen gemacht. Sein bester Streich, der mir eine Pein war, gelang ihm mit einer Kritik über Gertrude Steins Drama

Doktor Faustus Lights the Lights, das eigentlich ein Opernlibretto ist, 1938 entstanden und unaufführbar, wie die Inszenierungen, die ich erlebte, bewiesen. Der gute Stenograf, Herr Maier, ersetzte sowohl das Substantiv als auch das Verb des Titels durch das deutsche Wort »leicht« – und das Wunder geschah: Die Sätze ergaben einen kruden Sinn. Die Richtigstellung in der nächsten Ausgabe: Bitte ersetzen Sie vierundvierzig Mal leicht durch lights. Nach dieser Erfahrung bestand ich darauf, dass ich seine Mitschrift auf jeden Fall vor der Veröffentlichung zu lesen bekommen sollte.

An diesem Freitag aber kam kein Fax. Peter Buchka, so hieß es, schaffe es erst später zu redigieren. Von der Post im Flughafen Tegel rief ich wieder in der Reaktion an – und wenig später traf dort meine Kritik ein. Nein, es war nicht mehr meine. Keine Fehler des Stenografen, Peter Buchka hatte, offensichtlich, wie ein Berserker gestrichen. Die Anschlüsse funktionierten nicht. Meine Argumentation war nicht nachzuvollziehen. Ich war verzweifelt, aber zu stolz, meinen Kollegen zur Rede zu stellen. Außerdem hatte der um 16:10 Uhr anderes zu tun, als mit mir über Striche zu diskutieren.

Ich flog nach Hamburg, las im Flieger immer wieder meine Kritik und verstand nicht, warum sie so verstümmelt werden musste. Ich wollte dort kurz meine Eltern sehen und dann zurück nach München. Meine Mutter bemerkte meine Verstörung. Sie wollte wissen, was passiert sei.

»Du überschätzt dich, immer. Gewiss wird der Buchka dich mit den Strichen eher verbessert haben.« Wieder beschrieb sie, wie viele Rückschläge ich im Lauf meines eher sehr mühsamen Aufstiegs hatte hinnehmen müssen. »Und in eine seriöse Talkshow lädt man dich auch nicht ein. Ich habe dich in dieser Schmuddelsendung gesehen.«

Diese Bemerkung kannte ich schon, und sie ärgerte mich, denn meine Mutter hatte recht.

»Ich denke, das sollten Sie machen, das steigert den Verkauf!« Margit Ketterle vom Deutschen Taschenbuch Verlag hatte von einem Privatsender eine Anfrage erhalten, ob ich nicht Lust hätte, in Hans Meisers Talkshow aufzutreten. Thema sei die Nacktheit. Ich hatte in dem Buch *Hummer, Handkuss, Höflichkeit,* das den Untertitel *Das Handbuch des guten Benehmens* trug, mir unter anderem Gedanken über »aggressive Nacktheit« gemacht. Der Verlag sagte für mich beim Sender zu, und ich freute mich auf den Auftritt. Fernsehen – und kein drittes Programm wie bisher immer. Endlich würde meine Mutter mich auch einmal sehen können.

Doch dieser Nachmittag wurde ein Desaster. Der Talkmaster hatte eine Prostituierte eingeladen und einen jungen Mann, den man für Geld mieten konnte, um sich vor kleinem oder großem Publikum zu entblößen. Nachdem die Spielregeln erklärt worden waren und das Publikum wusste, wann es klatschen und johlen musste, ging es los. Ich hatte null Chancen, Begeisterungsstürme auszulösen. Zudem sprach Herr Meiser die beiden beim Vornamen an und mich mit Herr Professor; die drei duzten einander, ich siezte sie alle. Ich hatte nach den ersten Statements nur ein Ziel, möglichst unbeschadet aus diesem Gespräch herauszukommen. Ich wand mich erbärmlich. Als Meiser von mir dann auch noch wissen wollte, ob die Lust am Ausziehen etwas mit Bildung zu tun habe, war es aus. Die Lust, sich auszuziehen, sich also zu exhibitionieren, sagte ich, nähme in dem Maße zu, wie die Intelligenz abnähme. Das Publikum schwieg. Irgendwann schnellten die Tafeln mit der Klatschaufforderung in die Höhe. Ich war erlöst.

In München angekommen, nahm ich ein Taxi zum Hotel Vier Jahreszeiten in der Maximilianstraße, weil ich dort die *Süddeutsche* vom Abend kaufen konnte. Mein Text wieder auf der ersten Feuilletonseite – in voller Länge. Nichts gestrichen, nichts verändert.

Was sollte das? Warum hatte Peter Buchka mich so verunsichert?

Vor der Haustür im Lehel stand Inge Kühl, die Sekretärin von Joachim Kaiser, die jahrelang mit dem Starkritiker Karl Heinz Ruppel, der mich sehr schätzte, liiert war.

»Regen Sie sich bitte nicht auf! Ihr Text wird morgen in voller Länge im Blatt sein.«

Ich fragte, was dieser üble Scherz sollte. Inge Kühl erklärte, dass niemand in der Redaktion ernsthaft daran glaubte, dass mich diese Fassung irritieren würde. Bernd, so habe Peter Buchka gesagt, habe ein Selbstbewusstsein, das für drei Personen reiche. Nur sie habe gewarnt. »Er ist weit weniger stabil und selbstsicher, wie er vielleicht wirkt – und ihr glaubt.«

Ich vermochte meine Selbstzweifel erstaunlich gut zu verstecken. Aber sie nagten immer an mir. Bekam ich nicht sofort einen Kommentar zu einem Text, welcher Art auch immer, grämte ich mich. Spätestens nach zwei Tagen fragte ich nach, ob man unzufrieden sei. Ich bewunderte und bewundere noch heute Autoren, die genau wissen, dass sie alles richtig gemacht haben. Ich gehe prinzipiell davon aus, dass meine Arbeit misslungen ist. Erst die Bestätigung macht mich glücklich – aber wehe, sie bleibt aus.

Zwei, die mich in meinem Tun immer unterstützten, waren Joachim Kaiser und August Everding. Kaiser sparte nicht mit Lob und ließ mir von Beginn an viel Raum. Nie wollte er selbst einen Termin übernehmen, den ich für mich ausgesucht hatte. Ich respektierte ihn und sah ihn durchaus auch als mein Vorbild; er war ein wenig stolz darauf, mich zur Zeitung geholt zu haben. Unser Umgang wurde ein vertrauter. Seine Frau und er luden uns zum Spargelessen zu sich nach Hause, wo ich illustren Gästen begegnete, auch der zauberhaften, ein wenig böszungigen Margit Saad, der Witwe des Regisseurs Jean-Pierre Ponnelle.

Der Abend war amüsant – Joachim Kaiser war ein gewitzter, gut gelaunter, furioser Unterhalter. Boshaft zuweilen und immer von einer intellektuellen Klarheit, wie ich sie selten bei anderen Menschen erlebt habe. Er belustigte die Menschen an seinem Tisch mit Geschichten von Autoren, Regisseuren, Sängerinnen, Schauspielern, Kritikern, die alle ihr Fett abbekamen.

Natürlich luden wir die Kaisers auch zu uns ein. Joachim Kaiser war ein Gourmand-Gourmet, ein Leckermaul mit kulinarischen Ansprüchen. Er liebte Luxusprodukte: Trüffel – ob weiß oder schwarz –, Kaviar, Krebse. Wurde er eingeladen, so hielt er sich nie zurück, lud er ein, konnte es passieren, dass er die Rechnung nicht beglich – »Das Essen war viel zu schlecht, um Sie dazu einzuladen.«. Kaiser war Protestant, aber er besaß eine wunderbare jüdische Chuzpe.

Meine Zeitungskarriere wäre anders verlaufen ohne die wohlwollende Unterstützung dieses Ausnahmejournalisten, der mir Lehrmeister und Ansporn war. Ich war beglückt, als er bereits im ersten Jahr einen meiner *Leidenschaften*-Vorträge besuchte und lobte. Als ich dann gar auf Reisen ging, spottete er liebevoll, dass ich ihn wohl überflügeln wollte. Als letztlich auch Paris auf meiner Agenda stand und ich im Odéon auftrat, war er sichtlich verblüfft und ärgerte sich, dass er keine einzige Fremdsprache ordentlich beherrsche.

Meinen Rückzug aus der Redaktion und dem Kritikerberuf bedauerte er, aber er unternahm keine Versuche, mich zu überreden, zurückzukehren. Nach der Erfahrung mit der Berliner Pension, mit den Kollegen in der *SZ* und in der *FAZ* entschloss ich mich, die Zeitung zu verlassen. Mein Unterhalt war gesichert. Aber ich fürchtete, durch diesen medialen Abgang vergessen zu werden. Wolfgang respektierte meine Entscheidung, meine Mutter wetterte:

»Wie kannst du diese sichere Position aufgeben? Die *Leidenschaften* wird irgendwann – bestimmt schon bald – niemand mehr hören wollen! Deine Verträge an der HFF sind Zeitverträge. Vielleicht wird man den Studiengang auch mal einsparen, denn – machen wir uns nichts vor – von gesellschaftlicher Bedeutung, wie die Journalistenschulen zum Beispiel, ist er nicht. Und denk dran: Du wirst absolut bedeutungslos. Alles, was du bist, bist du durch und mit der Zeitung.«

Die Situation in der *SZ* war unerträglich geworden, nicht zuletzt, weil Jürgen Flimm, ein Freund von Hans Werner Kilz, Stimmung gegen mich machte und sich auf die Seite von Gerhard Stadelmaier schlug. Das war erstaunlich. War es doch Flimm, der mir bei den Salzburger Festspielen 2001 und 2002 einen jeweils sechswöchigen Workshop anvertraut hatte. Studenten – Dramaturgen, Regisseure, Bühnenbildner und Kritiker – sollten in Salzburg Proben besuchen, Regisseure treffen und mit mir zusammen erkunden, wohin die jeweiligen Theaterreisen führten. Finanziert wurde dieses wunderbare Unternehmen von einer Hamburger Stiftung. Missklänge gab es erst nach der Veröffentlichung einer ersten Dokumentation – Jürgen Flimm fühlte sich darin zu wenig gewürdigt.

München, 25. Juli 2005
Sehr geehrter Herr Kilz,
nach den beiden Gesprächen, in denen Sie Ihrem Duzfreund Jürgen Flimm mehr Glaubwürdigkeit zugestanden als mir, der Feuilletonredaktion und den Fakten; nach Ihrem Brief; nach den ergebnislosen Gesprächen mit Herrn Dr. Zielcke; nach einer unangemessenen E-Mail des Theaterredakteurs Schmidt vom 6. Juli möchte ich Ihnen mitteilen, dass ich der Süddeutschen Zeitung *als Autor nicht länger zur Verfügung stehe.*
Ich wünsche Ihnen und der Zeitung Erfolg.
Mit freundlichem Gruß,
C. Bernd Sucher
c/c: Herr Dr. A. Zielcke, die Redaktion, die Gesellschafter

Meine Mutter war bestürzt. Einige meiner Kollegen auch, manche wollten mich umstimmen. Am Donnerstag, dem 28. Juli 2005, beauftragte ich eine Spedition, mein Büro auszuräumen.

»Und jetzt?«

Am 26. Juli 2005 stellte meine Mutter mir diese Frage zum ersten Mal. Bis zu ihrem Tod am 3. Oktober sprach sie keine anderen Worte mehr als diese. Ich weiß nicht, ob sie je eine Antwort erwartete. Ob sie mich hörte, als ich mit ihr sprach.

Hamburg, Vier Jahreszeiten, Dienstag, 19. 12. 2000
Mamsi liegt auf der Couch, angezogen, aber unter einer Wolldecke. Sie sieht irgendeinen Film. Ihre Freude über meinen Besuch ist gering. Die Pralinenschachtel von Rottenhöfer, die ich auf den Tisch stelle, grapscht sie sich sofort, reißt das Band auf, zerknüllt das Papier und nimmt sofort ein Nugatteil in den Mund. Danke sagt sie nicht. Ich frage, ob ich den Fernseher ausschalten darf. »Nein, ich will zu Ende gucken!« Ich mache mir einen Kaffee und warte, schaue mit. Ein Heimatfilm. Öd. Nach zwanzig Minuten ein Happy End. »Darf ich ausschalten?« – »Wenn du unbedingt willst.« Ich tu's, beginne von einer Reise nach Wien und einer nach Paris zu berichten. Sie hört nicht zu. »Glaubst du, mich interessiert das? – Erzähl lieber, wie es dir im Beruf ergeht. Du hast mir nie was von einer Gehaltserhöhung erzählt.« Ich lüge etwas von Zulage. Mich nervt dieser Besuch. Rufe nach nicht einmal zwanzig Minuten ein Taxi. Letzte Frage: »Warst du inzwischen mal an Paps Grab?« Sie antwortet nicht. Ich wiederhole die Frage. »Nein! – Was soll ich da? Mich würde er auch nicht besuchen. Aber ich hab ihn überlebt!« Sie ist noch härter geworden. Als der Taxifahrer klingelte, küsste ich ihre Stirn. Von ihr keine zärtliche Geste. »Du musst mich nicht so oft besuchen, Minka kümmert sich ja um mich. Dich brauch ich nicht.«

Sonntag, 28. 10. 2001
Besuch bei Mamsi. Keine halbe Stunde lang. Sitzt zusammengesunken im Sessel. Ein viel zu großer gelber Pullover, auf den Knien ein braun kariertes Plaid. Kaum Gespräch. Keine Fragen, auch auf Aufforderung nicht. Wenn sie redet, dann aggressiv: »Red nicht so einen Scheiß!«, sagt sie zu allem, was ihr nicht ge-

heuer ist. Sie ist mit ihren Gedanken nicht bei mir. Eingesponnen wie eine Raupe in ihrem Kokon. Ich störe. Immer wieder: »Verpass dein Flugzeug nicht!« Bei meiner Ankunft schaute sie die Übertragung eines protestantischen Gottesdienstes! Vielleicht wäre es gut gewesen, mitzugucken? Was soll ich tun – wenn es auf nichts eine Reaktion gibt?

Sonntag, 30. 6. 2002
Peter Glaser hat den mit 21 800 Euro dotierten Ingeborg-Bachmann-Preis gewonnen für seinen Text Geschichte von Nichts. *Erstmals seit 1995 ein Österreicher. Spannende Wahl. Treffen mit Tom in der Halle des Vier Jahreszeiten. Viel zu schönes Wetter für drinnen. Wir reden über englische Komponisten, erzähle von meiner anhaltenden Händel-Euphorie. Er empfiehlt mir Ralph Vaughan Williams'* Sea Symphony. *Vor dem Abflug Schlenker zu Mamsi. Lag, wie immer, auf der Couch. Fernseher an. Erstaunlich wach und geradezu gesprächig. Mein Buch – die* Leidenschaften *bei Claassen – hat sie noch immer nicht gelesen. »Hab reingeschaut.« – »Das ist kein Bilderbuch!« Sie wird laut und schreit, ich sei unverschämt. »Du machst es dir wie immer in deinem Leben sehr einfach. Geh einfach.« Ich haue ab, ohne ihr die Hand zu geben oder sie zu umarmen. Muss ich sie überhaupt besuchen, wenn sie mich eigentlich gar nicht sehen und sprechen will? Reichen nicht die Telefonate? In der Lounge treffe ich Matthias Hartmann; wir reden über seine Arbeit in Bochum. Er scheint sehr zufrieden. Ist überheblich wie immer. Abendessen bei Charles.*

Samstag, 11. 1. 2003
Kurz Mamsi besucht. Auf der Couch. Fernseher läuft. Keine Freude. Die Pralinen nimmt sie, bemerkt allerdings, dass ich sie nicht aus München mitgebracht habe. »Ist dir wohl zu viel Aufwand für deine Mutter!« Ich widerspreche. Sie ist erstaunlich schnippisch. Ich frage, ob ich ihr berichten soll, was so war in den letzten zwei Monaten. Sie will nichts hören. Je älter ich

würde, desto mehr würde ich zu einer Plaudertasche, zu einem Papagei. Warum tue ich mir diese Besuche an? Sie sind immer fürchterlich. Nach zwanzig Minuten verlasse ich sie. Ich küsse sie auf die Stirn, sie gibt mir die Hand, die linke. Turbulenter Rückflug. Ich ärgerte mich, dass ich sie überhaupt besucht habe.

Hamburg, Vier Jahreszeiten, Dienstag, 28. 9. 2004
Heute Mutter besucht. Nicht gesprächig, aber auf manche Fragen antwortet sie. Manchmal wirr: »Herr Wagner ist fett geworden!« – »Hat er dich besucht?« – »Nein.« – »Woher weißt du's dann?« – »Weiß ich nicht.« Sie hat keine eigenen Zähne mehr. Mümmelt. Ist plötzlich sehr abwesend. Schaut mich selten nur an. Auf dem Weg zur Bushaltestelle: das kleine zweigeschossige, mit dunklen Ziegeln gedeckte Haus wiederentdeckt. Zwischen Ermland- und Uckermarkweg, auf dem Kronstieg; war früher ein Badehaus, in dem wir immer samstags in die Wannen stiegen, als wir noch kein Bad besaßen.

Hamburg, Sonntag, 9. Januar 2005
Mamsi hat Geburtstag. Komme mit einem Tulpenstrauß, den sie nicht beachtet. Inzwischen steht ihr Bett im Wohnzimmer, dort, wo zuvor das Sofa stand. Es ist ein Krankenhausbett, man kann die Höhe verstellen, und es hat einen Galgen – nennt man das so? Dort hängt ein Griff herab, der ihr hilft, sich aufzurichten. Aber will sie das überhaupt noch? Sie ist sehr mager geworden und sehr klein. Sie spricht kein Wort. Am Vormittag sie zu besuchen war nicht klug. Denn um 10:30 Uhr kommen zwei Pfleger, sie aus dem Bett zu holen, zu waschen, ihr eine Thrombosespritze zu geben und sie so zu salben, dass sie sich nicht wund liegt. Sie heben sie nicht aus dem Bett, sondern ziehen sie hoch, nachdem sie ein Kunststofflaken unter ihren Körper gepfriemelt haben. Sie schreit laut um Hilfe. Ich verlasse das Zimmer – wie feige! Sie schreit weiter. Nachdem das Bett neu bezogen ist, wird sie wieder runtergelassen, aber nicht von der Kunststoffplane genommen. Sie wird ausgezogen. Ich will meine

Mutter nicht nackt sehen. Sie wird gewaschen. Sie schreit. »Aufhören!« Als sie wieder ruhig im Bett liegt, die Männer gegangen sind, nachdem die Betreuerin, eine Polin, die ich noch nicht kannte, mir eine Tasse Kaffee gebracht hat, versuche ich ein Gespräch. Vergebens. Sie wendet sich von mir ab, dreht den Kopf zur Wand. Ich streiche vorsichtig über ihr langes weißes Haar – und weine.

Mir war der Anblick eines Menschen als ein Bündel oder Häufchen Elend immer ein Graus. Als ich meine Mutter in den Monaten vor ihrem Tod besuchte, kam sie mir vor wie ein hilfloses Kind. Meine Mutter war nie groß, aber eine stattliche Frau. Nun war sie klein wie eine Zwergin. Sie musste mit einem kleinen Kran aus ihrer Lagerstatt gehoben werden, während die Bettwäsche gewechselt wurde. Sie musste gewaschen und gefüttert werden. Ich war zu feige, mir diese Prozeduren anzusehen, und verließ den Raum. Ich ertrug es nicht, den Menschen, der mein Leben bestimmt hatte, so hilflos zu erleben. Ich weigerte mich zu helfen. Einmal musste ich es. Meine Schwester hatte meine Mutter für eine Woche in ein Pflegeheim gegeben, sie wollte acht Tage Ferien genießen. Ich hatte ihr einen Besuch bei Mamsi versprochen, die sich auf mich zu freuen schien. Sie bat um Spargelsalat von Dallmayr. Zu dieser Zeit durften Passagiere noch Flüssigkeiten ins Flugzeug nehmen, also reiste ich mit dreihundert Gramm Spargel in Vinaigrette nach Hamburg, nahm ein Taxi zum Pflegewohnstift Alsterkrugchaussee. Ein großes Backsteingebäude. 2. Stock. Ein Einzelzimmer. Meine Mutter in einem weißen Nachthemdchen – wie ein Totenhemd. Die weißen Haare ungekämmt. »Endlich!«, flüstert sie.

Ich gebe ihr ein Küsschen auf die Wange, sie lässt es geschehen. Ich packe das Kunststoffschälchen mit den Spargelspitzen aus und eine Portion Mousse au Chocolat.

Auf dem Flur suche ich nach einer Schwester, ich bitte um ein Tablett, zwei Teller, Messer, Gabel und Löffel. Aus den

Zimmern dringen Schmerzensschreie und Hilferufe. Ich möchte mir die Ohren zuhalten. Wieder bei meiner Mutter, richte ich sie im Bett auf, fixiere die Matratze und lege ihr das Kopfkissen in den Rücken. Sie wimmert. Ich setze das Tablett auf ihre Knie. Sie schaut mich hilflos an. Verstört. Dann bricht es aus ihr heraus, sie könne nicht mehr mit Messer und Gabel essen. Sie mache es wie im KZ, sie stopfe sich alles vom Teller in den Mund. »Wenn du magst, kannst du mir helfen. Die Schwestern füttern mich auch.« Ich weigere mich. »Na los! Stell dich nicht so an!« Ich stell mich an. Sie nimmt eine Spargelstange nach der anderen vom Teller, die Salatsoße tropft ihr aus dem Mund, rinnt das Kinn herab auf das Laken. Ich stehe auf, will aus dem Raum. »Stell dich nicht so an – wir essen hier alle so!« Ich setze mich wieder ans Bett. Ich spüre Mitleid für diese Greisin, und zugleich widert mich dieser Anblick an. Ich finde den Ort so unwürdig wie dieses Essenfassen. »Jetzt kannst du mir den Mund sauber machen und die Finger.« Ich gehe zum Waschbecken, finde einen Lappen und tue, was sie sich wünschte. »Und jetzt die Schokoladenmousse.« Ich füttere meine Mutter, meine Augen füllen sich mit Tränen. Da sind sie wieder: die Bilder von Gretti, die mir den Brei zu essen gab – meine Mutter hat es nie getan. Die Bilder von den gemeinsamen Essen. Meine Mutter schimpft, weil ich die Gabel mit der ganzen Faust zum Mund führe; sie erregt sich, dass ich mit fettigem Mund aus dem Glas trinke und nicht zuvor die Serviette benutzte. »Sitz gerade! – Du schmatzt! – Schlürf nicht! – Wann lernst du endlich, dich zu benehmen, in deinem Alter war ich perfekt!«

Wie froh bin ich, als sie aufgegessen hat. Sie ist müde.

»Ihre Mutter macht uns viel Arbeit«, sagt die Schwester bei meinem Abschied. »Sie schikaniert uns sehr. Immer wieder ruft sie uns ans Bett und hat die sonderbarsten Wünsche.« – »Zum Beispiel?« – »Sie möchte Silberbesteck, von Cromargan könne sie nicht essen. Dabei sehen Sie ja, sie frisst mit den Fingern.« – »Wie bitte?!« Die Schwester entschuldigt sich und macht weiter: »Immer wieder fordert Ihre Frau Mutter, dass man den Chauffeur ruft, sie nennt ihn Herr Egon, der sie nach Majdanek fahren soll. Sie habe da noch eine Rechnung offen. Und dann schreit Ihre Frau Mutter, dass sie es der Elsa zeige, wer von ihnen beiden die Stärkere ist.«

Verstört fliege ich nach München zurück – Elsa? Ihre Mutter konnte nicht gemeint sein, sie hieß Elise. Ich recherchiere und finde eine Elsa Ehrich, Oberaufseherin des Lagers Lublin-Majdanek.

»Artmann, vortreten!«

Von einem Appell am Abend hatte mir meine Mutter erzählt. Ein einziges Mal. Nachdem wir Claude Lanzmanns *Shoa* gemeinsam angesehen hatten. Sie stammelte. Sie sprach, als führte sie ein Selbstgespräch. Sie sah mich nicht an. Sie weinte nicht. Sie erinnerte sich – für sich.

Nach der Rückkehr ins Lager wurden die Häftlinge erneut gezählt. Und es wurden Verstöße gegen die Lagerordnung geahndet. Wenn Häftlinge fehlten, dauerten die Abendappelle stundenlang. Meine Mutter sollte an diesem Tag bestraft werden. Eine Aufseherin hatte bemerkt, dass eine Polin ihr bei der Arbeit etwas zugesteckt hatte – einen Apfel. Er wurde ihr weggenommen. »Die Strafe bekommst du beim Appell!«, brüllte die Unteraufseherin Gunhild Becker. Die polnische Magd, Janina, wurde gemaßregelt.

Margot Artmann trat vor. Sie wurde geprügelt, und alle schauten zu. Niemand hatte Mitleid mit ihr. Manche hielten diese Züchtigungen sogar für gerecht, hatten sie doch schon mehrfach erlebt, dass diese polnische Frau der jungen Artmann etwas in die Hand gedrückt oder in die Tasche ihrer Jacke geschoben hatte. Meine Mutter schrie nicht. Sie weinte nicht einmal. Erst in der Baracke, auf ihrer Pritsche schluchzte sie. Wegen der Schmerzen gewiss, doch die Demütigung war das Schlimmste.

Wie konnte meine Mutter nach diesen Erfahrungen meinen Vater auffordern, mich zu züchtigen, und zuschauen, wie er schlug? Eine befreundete Psychologin nennt es Sadismus. Erklärte, dass meine Mutter dafür eigentlich nicht verantwortlich gemacht werden könne, denn sie habe als junges Mädchen Dinge erlebt, die sie nie hat bewältigen können. Sie habe wohl nicht einmal in der Ehe eine emotionale Bindung aufzubauen vermocht. »Sadisten«, so erklärte sie. »haben panische Angst vor Emotionen!« Das Verhalten meiner Mutter sei für mich sicher schwer verständlich, aber die Zurücksetzungen, die sie erfahren habe, könnten dazu geführt haben, dass sie sich für die Frustrationen räche. Dass es meinen Vater und mich träfe, also Männer, passe gleichfalls ins Muster.

Am 31. Oktober 1998 beging August Everding sehr pompös, barock und fröhlich seinen 70. Geburtstag, obwohl er schon von seiner schweren Krankheit gezeichnet war. In seiner Loge ließ er sich feiern, auch von Sir Peter Ustinov. Meine Mutter fand es bedauerlich, dass niemand mich aufgefordert hatte zu sprechen. Am Ende des Festes, als Everding in einem hohen Sessel, der eher einem Thron glich, die Glückwünsche der geladenen Gäste entgegennahm, ging ich zu ihm, dankte für sein Vertrauen und entschuldigte mich für einen unverschämten Artikel, den ich in der Zeitschrift *Theater heute* einst publiziert hatte. Nicht dass ich mich meiner heftigen und flapsigen Kritik geschämt hätte, aber ich wollte ihm erklären, dass ich damals noch mit unangemessenem, karrieristischem Furor geschrieben hatte. Ich ging in die Hocke vor ihm und bat ihn stockend um Verzeihung; er legte seinen Arm auf meine Schulter: »Bernd, ich habe Ihren Artikel doch gar nicht gelesen.« Seine klare, überraschend hohe Stimme schien zu kichern.

»August Everding ist tot« meldete bald darauf die Bayerische Theaterakademie, die damals noch nicht seinen Namen trug. Die Redaktion rief am Mittag des 26. Januar 1999 – es war ein Dienstag – bei mir zu Hause an. Eine Viertelstunde später stieß ich mit dem Fuß gegen einen metallenen Archivschrank – und hatte Tränen in den Augen. Ich erinnerte mich an unsere gemeinsamen Kämpfe um die Einrichtung des Studiengangs, an Champagner in Zinnbechern – in der Halle des Münchner Hotels Vier Jahreszeiten – und an Gespräche, die alle ihren Ausgang in der Gretchenfrage in Goethes *Faust* hatten: »Nun sag, wie hast du's mit der Religion?« Ich schrieb wie in Trance. Die Familie Everding bedankte sich für diesen anrührenden Text; meine Studenten, die diesen Fünfspalter in den Übungen »Nachrufe schreiben« zu lesen bekamen, empfanden ihn als sehr persönlich, er trug den Titel »Eine Ahnung vom Paradies – Zum Tod von August Everding«.

Viele Leser reagierten, es gab Anrufe und Briefe. Marcus Everding meldete sich wenige Tage nach dem Requiem in der Frauenkirche, um sich im Namen seiner Familie für den »einfühlsamen Text« zu bedanken. Offensichtlich hatte auch Herzog Franz von Bayern ihn aufmerksam gelesen. Er bat mich wenige Wochen danach zusammen mit anderen Herren auf Schloss Nymphenburg zum Abendessen. Ich war sehr stolz auf diese Einladung. Meine Mutter fragte mich, ob ich denn nicht wüsste, was die Wittelsbacher während der Nazizeit getrieben hätten. Ich wusste es nicht.

»Dir würde es ja sowieso nichts ausmachen, wenn diese Familie zu den Mitmachern oder Mitläufern zählen würden. Dir graust es ja auch nicht vor Bayreuth!«

24. Februar 1999
Einladung auf Schloss Nymphenburg. Habe mich sehr gefreut. Mutter freut es wohl auch, aber sie macht mir die Sache madig, weil sie vermutet, die Wittelsbacher wären Nazis gewesen. Ich habe recherchiert, waren sie nicht. Sie wurden verfolgt!

Ich hatte keine Lust, meine Mutter anzurufen. Ich schrieb ihr einen Brief.

Liebe Mamsi!
Bei allem Verständnis für Dich, ich finde es schon aberwitzig, dass Du erst einmal von allen Menschen, die zur Zeit von Hitlers Machtergreifung erwachsen waren, annimmst, sie müssten Nazis gewesen sein. Die Wittelsbacher waren es nicht. Im Gegenteil: Sie wurden verfolgt. Nein, sie mussten sich nicht unter Hühnerkot verstecken – und Du hattest das schlimmere Los. Aber kann man Leid bemessen, klein oder groß machen?
Fakt ist: Zu den Machthabern des Dritten Reiches hielt das Haus Wittelsbach im Gegensatz zu vielen anderen deutschen Adelsfamilien geschlossen Distanz; mehrere Familienmitglieder suchten im Ausland, in Ungarn, Italien und den USA, Schutz. Einige Familienangehörige der Wittelsbacher wurden in die Konzentrationslager Sachsenhausen, Flossenbürg und Dachau verschleppt. Als sogenannte Sonderhäftlinge hatten sie zwar einen privilegierten Status – ich höre Dich schon ›siehst du!‹ sagen –, mussten aber dennoch um ihr Leben fürchten. Sie hatten Angst wie Du, Mamsi. Und sie bekamen mit, was Du erlebtest. Die Baracke, in der die Wittelsbacher in Flossenbürg untergebracht waren, befand sich in Sicht- und Riechweite des Krematoriums.
Ich denke, ich kann diese Einladung ruhigen Gewissens annehmen. Bitte keine weiteren Kommentare.
Dein Sohn Bernd

Mir wurde die besondere Ehre zuteil, am Tisch des Gastgebers zu sitzen, neben Kardinal Wetter. Zum ersten Mal goldenes Besteck. Zum ersten Mal Bedienungen in Livree. Vorspeise und Hauptgang wurden serviert, zum Dessert wurde man an ein Büfett gebeten. Spätestens da wurde mir klar: Ich bin ein bürgerlicher Aufsteiger, geboren in Bitterfeld, in Hamburg aufgewachsen. Während ich mich brav als Bernd Sucher vorstellte, hörte ich von den anderen nur »Württemberg«,

»Sachsen-Coburg«, »Baden«, »Hohenlohe« oder »Sachsen-Weimar-Eisenach«. Der Abend endete abrupt. Ich lief am Nymphenburger Kanal zurück. Allein. Zufrieden. Mit meinem Schreiben hatte ich es an eine königliche Tafel geschafft. Ein Erfolg, gewiss – und doch ein lächerlicher.

Meine Mutter ließ nicht locker. Sie beschwor mich, nach dem Abschied von der *SZ* weiter als Kritiker zu arbeiten, und erinnerte mich daran, dass ich doch ein recht gutes Verhältnis zu Giovanni di Lorenzo gehabt hätte.

»Er ist jetzt Chefredakteur bei der *Zeit*, ruf ihn doch mal an. Vielleicht hilft er dir.«

»Er muss mir nicht helfen. Ich bin ausgelastet mit den *Leidenschaften* und dem Studiengang. Ich brauch keine Zeitung mehr.«

Wieder war es meiner Mutter gelungen, mich zu verunsichern und mich zu etwas zu bewegen, was ich eigentlich nicht vorhatte und nur unternahm, um es ihr recht zu machen. Ich vereinbarte einen Termin mit Giovanni di Lorenzo in Hamburg. Das Gespräch in seinem Büro war offen und freundlich. Er könne sich mich durchaus in der Feuilletonredaktion vorstellen. Wir machten uns gemeinsam auf zum Theaterredakteur, der zuvor in Stuttgart gearbeitet hatte und den ich als Korrespondenten zur *Süddeutsche Zeitung* geholt hatte. Unser berufliches Verhältnis zu dieser Zeit war aufgeräumt und sachlich, streitlos. Umso überraschter war ich, dass er nur sehr zögerlich auf di Lorenzos Vorschlag einging, mich zu beschäftigen. Schon sehr schnell bemerkte ich, dass ihm der Gedanke an meine Mitarbeit missfiel. Ich gab recht bald auf, mit ihm über meine Texte zu diskutieren. Ich begriff, dass er diese Konkurrenz nicht schätzte. Meine Mutter hatte mich in diese Sackgasse geschickt. Sie hörte jedoch auf, in diese Wunde Salz zu streuen. Sie fand eine andere.

1996 lud mich Wolfgang zu einer wunderbaren Reise mit der Queen Elizabeth II. ein – von Hamburg nach New York. An Bord ein Musicalunternehmer, der sich seine Überfahrt mit Vorträgen verdiente. Der erste hatte die Subventionen im deutschen Kulturbetrieb zum Thema. Er ließ die Zuhörer wissen, dass das subventionierte Theatersystem in Deutschland unsinnig sei, dass die vielen Musicalproduktionen bewiesen, dass man mit Kultur Geld verdienen und es nicht darin versenken müsse. Mich ärgerte diese dreiste Dummheit. Ich schrieb ihm einen Brief, in dem ich ihm erklärte, dass ich mir nach der Rückkehr erlauben würde, über seine Ausführungen in der *Süddeutschen Zeitung* zu berichten. Er bat um ein Treffen und sagte die geplanten anderen Vorträge ab. Nun hatte er ein Problem und der Entertainmentdirektor an Bord gleichfalls. Obwohl wir zahlende Gäste waren, wollte ich beiden aus der Patsche helfen und schlug vor, zwei Abende mit ihm über die verschiedenen Subventions- und Mäzenatenmodelle zu diskutieren. Gesagt, getan. Bei der Ankunft in New York wurde ich gefragt, ob ich nicht Lust hätte, selbst Vorträge auf dem Schiff zu halten. Ich hatte Lust, sagte zu und fuhr in den folgenden Jahren mehrfach mit der QE2 über den Atlantik, westwärts, ostwärts.

»Was soll denn diese völlig sinnlose Tingelei! Jetzt machst du dich vollends lächerlich. Seichte Vorträge für reiche Leute auf einem Luxusschiff, nur um umsonst zu essen und nach New York zu kommen.« Meine Mutter war entrüstet. »Je älter du wirst, desto kindischer wirst du und machst jeden Kram. Ich warte nur drauf, dass du für Kinder wieder Kasperletheater spielst.«

Doch irgendwann begannen mich diese Transatlantikreisen zu langweilen. Schiffsreisen aber faszinierten mich weiterhin, weshalb ich das Angebot von Hapag-Lloyd gern annahm, auf der MS Europa *Leidenschaften auf See* zu präsentieren. Meine Mutter waren diese »Lustkutterfahrten«, wie sie sie nannte, ein geradezu obszöner Graus. Sie seien mein Untergang als ernst zu nehmender Intellektueller. Wenn sie meinen beruflichen Werdegang beschrieb, so war dieser ein nicht endender Abstieg. Ihr Sohn hätte Professor in Amerika werden können oder einer der ersten deutschsprachigen Kritiker, stattdessen sei aus ihm ein Clown geworden, der mit seinem bisschen Wissen Menschen unterhalte, die noch dümmer seien als er selber. Meine Schwester sah die Sache nicht viel anders.

Donnerstag, 5. Juli 2001
Wolfgang und ich sind auf dem Weg nach Avignon, zum Theaterfestival. Nachdem wir erst am Nachmittag München verlassen konnten, übernachten wir schon in Bregenz, in einem kleinen, sehr schönen Schlosshotel. Als ich aus dem Bad komme, steht auf dem Tisch eine größere Holztruhe. Ich ziehe mich an.

»Mach sie doch auf!«

Ich öffne den Mahagonideckel – finde eine Karte und eine Uhr. Glashütte. Gold, das Ziffernblatt schwarz, am Boden nummeriert: 0010. Dazu eine Karte: Lieber N., magst Du mich heiraten?

Ich umarme ihn – und sage nichts. Nehme die Uhr, binde sie ums rechte Handgelenk, wie immer. Wir betreten den Speisesaal. Es gibt Champagner.

»Die Uhr ist viel zu edel für mich«, sage ich und meine es nicht. Ich starre sie an und dann ihn und dann wieder die Uhr.

Die Gänseleberterrine wird serviert. Wir sind immer noch stumm.

Die leeren Teller werden abserviert.

»Jaaa!!!«

Was für ein Abend! Wir feiern in meinen Geburtstag und feiern unsere Liebe.

Auf der Weiterreise überlegen wir, wohin wir unsere Freunde einladen könnten. Ich musste gar nicht überlegen. Wolfgang wusste längst, wo. Sils-Maria, ein Ort, den wir beide sehr mögen und den ich erst durch ihn kennengelernt hatte, sollte es sein. In Les-Baux-de-Provence, im Hotel Baumanière – noch so ein Lieblingsort von uns –, überlegen wir bereits den Text für die Einladungskarte: »Wir trauen uns was im Engadin!«

Die Kluft zwischen meiner Mutter, meiner sorgenden Schwester und ihrem Mann wurde immer größer und gipfelte 2002 in einem Desaster. Dann kündigte ich meiner Mutter auch noch an, dass wir vorhätten, eine sogenannte eingetragene Lebensgemeinschaft einzugehen.

»Seid ihr denn beide meschugge geworden«, höhnte meine Mutter.

Und auch meine Schwester mokierte sich über diese »bescheuerte Idee«.

Minka und ihr Mann blieben dem Fest fern, schickten eine merkwürdige Absagekarte, die mir deutlich machte, dass ich mich ihr gegenüber wohl nicht immer richtig verhalten hatte. Auf ihrer Karte stand nur: »Wir werden nicht mitfeiern! Zu dumm, zu dick, zu arm. Minka und Nico«

Das war ein Schlag! An unserem Hochzeitstag schickten sie einen Lilienstrauß ins Hotel, einen sehr üppigen. Zwei Worte nur und beider Namen: »Herzlichen Glückwunsch, Minka und Nico«

Meine Mutter konnte nicht mehr reisen. Und wie würden Wolfgangs Eltern sich verhalten?

Die Planungen liefen rasant: Einladungen wurden verschickt: Am 21. Juni sollte es im Hotel Sonne, nach einem Aufstieg ins Fextal, ein Abendessen geben für diejenigen, die von weit her anreisten; am nächsten Tag eine Zeremonie in der Kirche. Eine unserer besten Freundinnen, Gabi Ebbecke, die mich 1998 dafür gewonnen hatte, ein Buch über Paris zu schreiben, das ein Jahr später bei Prestel erschienen war, freute sich, die Maîtresse de Plaisir sein zu dürfen. Alles wurde akribisch geplant. Wir waren uns einig, dass wir nur Menschen einladen wollten, die uns zugetan waren und wir ihnen, dass wir also keine beruflichen Rücksichten nehmen würden.

München, 1. 1. 2002
Was wird dieses Jahr mir bringen? Eine Hochzeit! Heißt nur nicht so. Gewagt? – Gewagt! Die Verantwortung füreinander wird größer. Die Angst vor Verletzungen auch. Ich werde das Zündeln lassen; ich muss ja nicht die schlechten Gewohnheiten meines Vaters übernehmen. Bringt Ehe Sicherheit? – Nein. Und wie werden wir uns nun Fremden vorstellen? »Mein Mann«?
Ich möchte die Leidenschaften *ins Fernsehen bringen – unbedingt. Und es soll* Leidenschaften*-Publikationen geben und Hörbücher. Und, überhaupt, ich muss mehr Bücher schreiben! Mutter mosert schon, dass von mir gar nichts mehr Gescheites käme. Marianne Hoppe erzählte mir mal, sie habe ihren neugeborenen Sohn in den Armen gehalten und sich gedacht: »Der ist mir nicht gelungen!« Fürchterlich! Mamsi denkt gewiss oft ähnlich. Lebe ich nur das Drama des begabten Kindes oder nicht auch das Drama eines Sohnes einer verfolgten Jüdin, die sich nichts so sehr wünscht wie eine Rückkehr in das Jahr 1933, als die Welt, ihre Welt, noch in Ordnung schien? Was ihr unmöglich war, fordert sie von mir: Erfolg, Reichtum, gesellschaftlichen Aufstieg, Karriere.*
Aber mir fehlt noch verdammt viel: der Chauffeur, die Villa, das Personal – und das Wichtigste: eine intakte Familie. Ich werde für sie ein Gernegroß sein, der immer klitzeklein geblieben ist.
Und das vergangene Jahr? – Für uns beide ein sehr schönes und harmonisches. Für die Welt ein fürchterliches. Ich werde die Bilder nicht mehr los von den Terroranschlägen am 11. September.

Am Morgen des 21. Juni 2002 entdeckten wir an unserer Zimmertür ein Plakat, das gewiss Herr Kienberger hatte anbringen lassen. Das war sein Humor: »Möge es Ihnen nicht so ergehen wie Swiss Air!« Die Fluglinie war im März des Jahres liquidiert worden. Nachmittags ein Gewitter in den Bergen.

Ich betete, vielmehr sprach mit G'tt, er habe wichtigere Aufgaben, als sich um unser Wetter zu kümmern, aber es wäre schon fein, wenn am Nachmittag die Berge zu sehen wären und die Sonne. Er hatte ein Einsehen: Der Regen verzog sich schnell. Abends ein Essen auf der Terrasse des Hotel Sonne. Unser Hund Balzac kläffte um die Wette mit den zwei Königspudeln des Malers Igor Sacharov-Ross. Anke Röder, inzwischen Professorin der Theaterwissenschaft an der Universität in Leipzig, hielt eine Rede. Es ging um Eros und Thanatos. Wir haben ihr alle sehr aufmerksam zugehört – und nichts verstanden. Eine sternenklare Vollmondnacht. Wundervoll. Ein wenig beschwipst abgestiegen zum Waldhaus.

Am nächsten Mittag trafen Wolfgangs Eltern ein, sie hatten sich wirklich in letzter Minute entschieden anzureisen. Um sechzehn Uhr ein Gottesdienst mit Musik. Wir hatten vereinbart, dass Wolfgang aus dem Neuen Testament lesen würde, ich aus dem Alten. Wir sahen in unseren feinen Anzügen aus wie Konfirmanden. Wir wollten zusammen mit Wolfgangs Eltern vom Hotel zur Kirche St. Lorenz in Sils-Baseglia runterlaufen, doch Wolfgangs Mutter entschied anders. Wenn schon Hochzeit, dann auch mit Kutsche. Und so wurde es gemacht. Das Ehepaar nebeneinander und wir ihnen gegenüber. Wolfgang mit einer Bibelausgabe der katholischen Kirche, ich mit einer Buber-Übersetzung.

Vor der Kirche standen schaulustige Silser und einige Urlauber. Drinnen voll besetzte Bänke. Alle Damen mit Hüten. Ruth und Willi Rehmann in der ersten Reihe. Wolfgang und ich neben dem Altar. Unsere Freunde musizierten. Orgel, Querflöte, Oboen, Klarinette, Geigen, Cello. Händel und Bach. Clemens Prokop hielt eine kurze Rede, keine Predigt. Seine ersten Worte: »Bernd möchte viel Gott und wenig Christus. Wolfgang möchte beide.« Es waren keine launigen Sätze, die Clemens sagte. Ernsthaft machte er sich laut Gedanken über unseren Entschluss, vor Wolfgangs Eltern und unseren Freunden öffentlich zu bekennen, dass wir einander lieben, achten und schützen wollten. Dann lasen wir unsere Texte. Und schließlich beteten wir alle gemeinsam ein Vaterunser. Ja, ich brauchte das Taschentuch, das ich eingesteckt hatte. Ich vermisste meine Mutter und meine Schwester. Ich fühlte mich sehr alleingelassen.

Wir hatten, so dachten wir, an alles gedacht bei dieser Zeremonie und doch Wichtiges außer Acht gelassen. Die letzten Töne einer Bearbeitung von Johann Sebastian Bachs Konzert in d-Moll für Oboe, Violine und Streicher waren verklungen. Irgendjemand musste aufstehen. Es tat sich nichts. Dann schnappte Wolfgang, der rechts von mir saß, mit der linken Hand meine rechte, und wir rannten durch den Mittelgang ins Freie. Draußen Schaulustige. Allmählich kamen alle anderen heraus in den Sonnenschein. Glückwünsche, Küsse. Und enttäuschte Neugierige, die keine Braut entdecken konnten.

Am frühen Abend. Champagnerempfang in der Halle. Alle Herren im Smoking, alle Damen in Roben. Nur wir beide trugen Frack. Viele Geschenke. Und ein besonderes: eine bemalte Holzplastik von Rupprecht Geiger. Es wurde ein amüsanter, harmonischer Abend. Nur einmal wurde ich traurig. Als Wolfgangs Mutter an unserem Tisch für alle hörbar bemerkte, dass es doch eigentümlich sei, dass niemand von meiner Familie angereist sei.

Den Hochzeitstanz, den alle forderten, verweigerten wir unseren Freunden. Wir setzten uns unter einem großen Regenbogenschirm – auch er ein Geschenk – auf den Parkettfußboden – und wurden umtanzt. Regina Schmekens Schwarz-Weiß-Foto von dieser Szene steht auf unserem Klavier in der Stadtwohnung.

Als ich meiner Mutter von dem Fest erzählen wollte, weigerte sie sich, mich anzuhören. Auch meine Schwester mochte von dem Schickeriaevent, so nannte sie unser Fest, nichts wissen. Überhaupt ließ beider Interesse an mir rapide nach. Dass ich mich in der jüdischen Gemeinde engagierte, dort Lesungen anbot und in den G'ttesdiensten an Jom Kippur wichtige synagogale Texte vortrug, beeindruckte sie nicht. Minka fand dieses jüdische Getue übertrieben; meine Mutter packte wieder »Moischele tit sich groiß!« aus. Aber, immerhin, ihr fiel kein Argument dagegen ein.

Das hatte sie parat, als ich ihr Ende November 2004 am Telefon erzählte, dass Kardinal Wetter mich zu einem Abendessen und einer anschließenden Diskussion über »kulturelle Fragen« in die Katholische Akademie eingeladen habe.

»Schämst du dich nicht, diese Einladung anzunehmen. Hast du vergessen oder verdrängst du, was die Katholen während der Nazizeit gemacht haben?«

Meine Mutter, die keine große Freude an Romanen hatte, war eine begeisterte Leserin von Dokumentationen. Sie wusste also – und bläute es mir während dieses Gesprächs, das eigentlich ein Monolog war, nochmals ein –, dass die deutschen Bischöfe sich hatten anstecken lassen von der nationalen Euphorie. Meinen Einwand, dass später auch katholische Priester verfolgt wurden, ließ sie nicht gelten.

»Wirst du dazu etwas sagen?«

»Ja.«

Sie legte den Hörer auf.

Vor dem Essen wurden wir Gäste – es waren etwa zwanzig – darauf aufmerksam gemacht, dass wir nur sprechen, also diskutieren dürften, wenn seine Eminenz uns dazu auffordere. Nach dem durchaus üppigen Dinner, bei dem auch an Wein nicht gespart wurde, verließen wir das große Speisezimmer und gingen in die Bibliothek. Kardinal Wetter begann ein Lamento über den Niedergang der Theaterkunst, die die Werte des Christentums allzu oft außer Acht lasse oder gar negiere. Es gebe so viel Schmutziges in den Theatern.

Schon jetzt wollte ich widersprechen – hielt mich aber höflich zurück. Doch diese Zurückhaltung gab ich nach des Kardinals nächstem Satz auf. Nur ein Leben als Christ, sagte Herr Wetter, sei ein lebenswertes.

»Verzeihen Sie, dass ich widerspreche. Ich bin Jude und Ihr

Gast, und ich halte mein Leben durchaus für lebenswert, auch ohne Christus.«

Aller Augen starrten mich an. Die Schriftstellerin neben mir, Keto von Waberer, murmelte: »Sie trauen sich was.«

Seine Eminenz reagierte. »Ich wusste nicht, dass Sie jüdischen Glaubens sind. Ich hätte es anders formulieren müssen.«

Und schon begann er einen verschwiemelten Diskurs über die abrahamitischen Religionen. Er wollte gar nicht mehr aufhören, schaffte dann aber die Kurve, indem er damit schloss, dass Juden und Christen sich doch eine gerechte und vor allem intakte Welt wünschten. Auch diesen Satz mochte ich so nicht stehen lassen.

»Ich weiß, Eminenz, dass wir uns nur zu Wort melden sollten, wenn wir von Ihnen gefragt werden. Dennoch: Spätestens seit Heinrich von Kleists Lustspiel *Der zerbrochne Krug* wissen wir, dass die Welt eine zerstörte ist. Wir werden sie nicht wieder kitten können. Wir können nur Fehler vermeiden im Umgang mit dieser Welt und mit den Menschen.«

Stille.

»Sind Sie alle dieser Meinung«, fragte der Gastgeber in die Runde. Eine vorsichtige Diskussion begann – und wurde Punkt zweiundzwanzig Uhr beendet. Der Kardinal schenkte jedem ein Buch *Licht der Weihnacht*, Autor: Friedrich Wetter. Als ich um eine Widmung bat, fragte er, was ich denn mit diesem Bändchen anfangen wolle.

»Ich werde es meinem Mann schenken und würde Sie bitten, es Wolfgang Rehmann zu dedizieren.«

Wolfgang freute sich mäßig über das Geschenk. Ich war sehr zufrieden mit meinem doppelten Outing: ein schwuler Jude. Und meine Mutter, der ich die schwule Widmung verheimlichte, freute sich, dass ich dem Katholen Paroli geboten hatte.

6. Mai 2005
Gestern Mutter besucht. Sie sieht sterbenskrank aus. Sie nimmt mich nicht mehr wahr. Nur ab und an stammelt sie »Und jetzt?« Ich wische ihr mit einem Tuch den Speichel vom Kinn. Ich bleibe keine zehn Minuten. Ich ertrag sie nicht! Ich ertrag mich nicht ...
Heute Anruf vom BR. Sie laden mich ein zu einem einstündigen Gespräch in der Reihe »Meine Musik«, wobei der Redakteur sich durchaus vorstellen kann, auch über die Leidenschaften *zu sprechen. Ich akzeptiere und stelle eine Liste meiner Lieblingsstücke zusammen, zu denen ich auch etwas sagen kann: Strawinskys* The Rake's Progress, *das Wiegenlied der Ann Truelove für ihren Tom;* Don Giovanni, La Bohème, *ein Auszug aus der Bach-Kantate* Es ist nicht Gesundes an meinem Leibe, Tristan und Isolde.

Am Ende des Gesprächs möchte der Moderator wissen, ob ich so etwas wie ein Lebensmotto habe. Gewiss – blitzt es in meinem Hirn – erwartet er jetzt Goethe, Schiller, Wilde, Proust. Ich aber sage: »Holt's der Teufel, G'tt gibt's wieder!«
»Wie bitte?«
»Das ist ein Spruch meiner jüdischen Großmutter, die im KZ umgekommen ist. Der Satz ist ein konditionaler. Was auch immer der Teufel sich holen mag, G'tt gibt es wieder. Ich mag diese optimistische Sicht auf die Welt. Der Satz hat sich bewahrheitet: Alles, was ich freiwillig gegeben habe oder was mir unfreiwillig genommen worden ist, habe ich wiederbekommen. Immer war es mehr als der Verlust. Das betrifft übrigens nicht nur Materielles, sondern auch Emotionen.«
Dann spielten sie die von mir gewünschte Arie des Eléazar aus der Oper *La Juive* von Jacques Fromental Halévy: »Rachel, Quand Du Seigneur la Grâce Tutélaire«.
Während der Beerdigung meiner Mutter erklang keine Musik! Ich hätte das, was ich mir verbat, machen sollen. Eine protestantische Musik am Grab der Jüdin spielen, die neben

ihrem Mann, dem Protestanten, liegen wollte: die Arie *Erbarme Dich* aus Johann Sebastian Bachs *Matthäus-Passion*.

21. Mai 2005, Schabbat
Habe mir gestern Abend auf YouTube die Aufzeichnung der Wiener La juive-*Aufführung angesehen von 2003. Allein. Wolfgang ist in London, Sitzung der internationalen Partner. Sehr spät ins Bett gegangen. Fürchterlicher Traum. Mein Vater erscheint in meinem Kinderzimmer mit der Peitsche und brüllt: Lass diesen Judenscheiß. Großvater Oswald wollte, dass du Protestant bist. Ich prügele dich windelweich, wenn du nicht sofort aus der jüdischen Gemeinde austrittst und dich nochmals konfirmieren lässt, damals hast du geschummelt, ich weiß es genau! Kein Glaubensbekenntnis gesprochen! Du bist Christ. Meine Mutter eilt dazu: Du bist Jude! Mein Vater kommt näher. Er schlägt zu. Ich will fliehen. Ich will schreien. Doch meine Füße kleben am Boden, wie angeleimt; kein Ton bricht aus mir hervor. Mamsi umarmt mich. Nicht auf Anfang, Bernd, sagt meine Mutter – auf Ende.*

Am 10. Mai 2015, knapp zehn Jahre nach dem Tod meiner Mutter, stehe ich auf der kleinen Bühne der Theaterakademie August Everding. Philipp Moschitz hatte mit Schauspiel- und Musicalstudenten einen Dreißigerjahre-Liederabend inszeniert mit dem Titel »Wochenend und Sonnenschein – oder: Davon geht die Welt nicht unter«. Es war ein historisch-musikalisches Abenteuer. Ich führte als Conférencier durch das Programm. Erklärte, was nach der Reichstagswahl 1930 passierte, beschrieb den Aufstieg der NSDAP und den Siegeszug Adolf Hitlers; ich sprach über die rasante Entrechtung der Juden.

Nach dem Moorsoldatenlied, das 1933 von Häftlingen des Konzentrationslagers Börgermoor bei Papenburg im Emsland geschrieben und gesungen wurde, zog ich aus meiner Hosentasche ein Requisit. Einen Judenstern. Gelb und groß.

Ich heftete ihn mir auf die Brust, auf die Herzseite, zögerlich, ängstlich. Ich hatte während der Proben von diesem Moment an nur mit einer tränenerstickten Stimme sprechen können. Am Premierenabend weinte ich nicht, aber ich sprach extrem langsam, was zu sagen ich mir vorgenommen hatte:

»1933 Entfernung jüdischer Beamter, Ausschaltung jüdischer Künstler, Schriftsteller und Journalisten. 1935 erste Schilder: Juden unerwünscht; meine Großmutter durfte sich nicht mehr auf die Parkbänke in Leipzig setzen, meine Mutter musste vom Städtischen Gymnasium ins jüdische Lyceum wechseln; und die Nürnberger Gesetze zum, wie es hieß, ›Schutze des deutschen Blutes und der deutschen Ehre‹ wurden verabschiedet, Aberkennung des Wahlrechts für Juden; Verbot von Eheschließungen von jüdischen mit nichtjüdischen Menschen; jüdischen Kindern wird verboten, mit nichtjüdischen Kindern zu spielen und die gleichen Umkleidekabinen in den Sporthallen und Schwimmbädern zu benutzen. 1936 Olympische Spiele in Berlin – die antisemitischen Schilder werden für die Zeit entfernt; 1937 Arisierung von jüdischen Unternehmen; 1938 jüdische Vermögen über fünftausend Reichsmark müssen angemeldet werden; Verordnung über Streichung der Approbationen aller jüdischer Ärzte; danach können jüdische Ärzte nur noch als ›Krankenbehandler‹ für Juden tätig sein; jüdische Rechtsanwälte erhalten Arbeitsverbot; Reichspogromnacht; 1939 Einführung des Judensterns; jüdische Familien verlieren ihre Wohnungen und müssen in Judenhäuser ziehen; 1940 schließlich erste Deportation aus Pommern nach Lublin in Polen; erstes bewachtes Getto in Lodz wird errichtet; Befehl zur Errichtung des Warschauer Gettos, Deportation der Juden aus Elsass-Lothringen, Saarland, Baden nach Südfrankreich; hermetische Abriegelung des Warschauer Gettos. Lassen Sie mich hier, 1940, enden: Sie wissen alle, wie es weiterging und wie es endete. Ich habe Ihnen nur beweisen wollen, dass die Diskriminierung der Juden kein schleichender Prozess war, sondern ein rasanter – doch ein Eingreifen am Anfang wäre durchaus möglich gewesen, und ein Hinsehen war durchaus erlaubt. Auch dies wollte ich Ihnen und mit mir alle Künstler auf dieser Bühne an diesem Dreißgerjahreabend vermitteln. Nicht zuletzt, um uns alle zu sensibilisieren für alle rassistischen, antiislamischen und antisemitischen Aktionen und Verordnungen. Zu sensibilisieren, um dagegen zu protestieren.«

Da stand ich, keine fünfzig Meter entfernt von Hitlers Wohnhaus am Prinzregentenplatz, Haus Nummer 16, da stand ich im Anbau seines Lieblingstheaters. Ich, der Jude, der das Kainszeichen des nationalsozialistischen Deutschlands an diesem und dem folgenden Abend trug wie einen Orden. Meiner Mutter hätte dieser Auftritt sehr missfallen.

Ich bin erwachsen!

Nachbemerkung

Die geschilderten Erlebnisse meiner Mutter vor meiner Geburt basieren auf ihren Erzählungen und Aufzeichnungen, historischen Dokumenten und meinen Befragungen von Zeitzeugen. In manchen Fällen habe ich aus persönlichkeitsrechtlichen Gründen verfremdet und Begebenheiten vereinfacht. Auch wenn einige Begegnungen und Gespräche ausgeschmückt worden sind, gibt es keinen Zweifel daran, dass die beschriebenen Ereignisse größtenteils tatsächlich so passiert sind.

Dank

Dieses Buch hat eine lange Geschichte. Sie begann in den neunziger Jahren des vergangenen Jahrhunderts, als ich Margit Ketterle von meiner Familie erzählte. Ich verblüffte sie. Sie riet mir zu einer Publikation und formulierte zusammen mit mir ein Exposé. Ich schrieb die ersten zehn Seiten. Da Margit Ketterle kurz darauf ihre Agententätigkeit aufgab und Verlegerin wurde, was bedeutete, dass es sich verbot, das eigene Projekt zu realisieren; da ich zu dieser Zeit niemanden anderen kannte, dem ich genug Vertrauen entgegenbrachte, mit mir an dieser Familienchronik, die schließlich (auch) meine Autobiografie wurde, zu arbeiten, blieben die wenigen Seiten in der Schublade. Sie waren aus meinem Kopf und doch präsent.

Als Felicitas von Lovenberg als Verlegerin bei Piper begann, trafen wir uns zu einem Mittagessen. Wir kannten und schätzten einander seit der gemeinsamen Zeit in der Feuilletonredaktion der *Süddeutschen Zeitung*. Sie fragte nach möglichen Büchern von mir in ihrem Verlag, in dem meine ersten Publikationen, die zwei Bände »Theaterzauberer«, Ende der achtziger Jahre erschienen waren. Eine Woche später schickte ich ihr das Exposé und die zehn Seiten.

Mamsi und ich – Die Geschichte einer Befreiung ist da!

Ich bedanke mich herzlich bei Margit Ketterle, die an diese Geschichte sehr früh glaubte. Ich danke Felicitas von Lovenberg von Herzen für das Vertrauen, für den Zuspruch während der Arbeit und ihr Lob, das mich stärkte, wenn mir das Schreiben arg schwerfiel.

Ich bedanke mich bei Anne Stadler, die eine sehr gewissenhafte, sehr sensible Lektorin war. Auf sehr angenehme Weise fordernd – und mich schützend. In den Monaten des gemeinsamen Lesens und Veränderns und Verbesserns entstand eine Nähe, ohne die dieses Buch nicht die jetzige Form hätte erhalten können.

Schließlich gilt mein Dank Wolfgang A. Rehmann! Für ein gemeinsames Leben, das auf diesen vielen Seiten lebendig wird.

München und Lochenhäusl, im Mai 2019